高职院校思想道德修养与法律基础课教学参考用书

主 编 韩 松

副主编 杨晓岑 陈丽菁

天津社会科学院出版社

图书在版编目(CIP)数据

高职院校思想道德修养与法律基础课教学参考用书 /
韩松主编. -- 天津：天津社会科学院出版社，2021.8
ISBN 978-7-5563-0761-6

Ⅰ.①高… Ⅱ.①韩… Ⅲ.①思想修养–高等职业教
育–教学参考资料②法律–中国–高等职业教育–教学参
考资料 Ⅳ.①G641.6②D920.4

中国版本图书馆 CIP 数据核字(2021)第 177050 号

高职院校思想道德修养与法律基础课教学参考用书
GAOZHI YUANXIAO SIXIANG DAODE XIUYANG YU FALV JICHUKE
JIAOXUE CANKAO YONGSHU

出版发行：天津社会科学院出版社
地　　址：天津市南开区迎水道 7 号
邮　　编：300191
电话/传真：(022)23360165(总编室)
　　　　　　(022)23075303(发行科)
网　　址：www.tass-tj.org.cn
印　　刷：天津午阳印刷股份有限公司

开　　本：787×1092 毫米　1/16
印　　张：14.75
字　　数：304 千字
版　　次：2021 年 8 月第 1 版　2021 年 8 月第 1 次印刷
定　　价：78.00 元

前　言

党中央、国务院高度重视思想政治理论课建设。2019 年 8 月中共中央办公厅、国务院办公厅印发了《关于深化新时代学校思想政治理论课改革创新的若干意见》就新时代思政课改革创新提出了目标和要求。2020 年 9 月《求是》杂志发表了习近平总书记的重要文章《思政课是落实立德树人根本任务的关键课程》，文中指出："办好思政课，要放在世界百年未有之大变局、党和国家事业发展全局中来看待，要从坚持和发展中国特色社会主义、建设社会主义现代化强国、实现中华民族伟大复兴的高度来对待。"并且，对思政教师提出了殷切期望："办好思想政治理论课关键在教师，关键在发挥教师的积极性、主动性、创造性。"文章指出，要推动思想政治理论课改革创新，并提出了坚持"八个统一"的具体要求。习近平总书记为新时代思政课建设及改革创新进一步指明了方向。

高职院校思政课建设要积极适应新时代新要求，结合学校学生特点有针对性地开展。多年来，天津机电职业技术学院思政课教学改革效果显著。2020 年学院启动"思想道德修养与法律基础"在线精品课建设项目，在总结既往教学成果的基础上，进一步探索创新。本教师教学参考书结合教育部统编教材，针对学生关注的热点、教学中的重难点，以问题为导向，采用问题探究、理论解析、案例说明的方式，结合高职院校实际情况，通过大量针对性强、与学生联系紧密的案例将理论深度与高职学生学习特点结合起来，在时效性与生活化上下功夫，以利于提升思政课教学效果。

本书由韩松老师主编，杨晓岑、陈丽菁老师担任副主编，各章编写情况如下：绪论由姜明明老师、陈丽菁老师、周显晶老师编写；第一章由焦娜老师、杨晓岑老师、赵媛媛老师编写；第二章由杨晓岑老师、韩松老师编写；第三章由陈丽菁老师、韩松老师编写；第四章由韩松老师、杨晓岑老师编写；第五章由赵媛媛老师、陈丽菁老师、焦娜老师编写；第六章由周显晶老师、韩松老师、姜明明老师编写。

　　本书在编写过程中得到了学院及相关部门领导的大力支持，我们在此表示衷心感谢。由于编写水平有限，书中不足之处，敬请专家和使用本书的老师批评指正。

编者
2021 年 5 月

目　　录

绪　论

本章重难点

(一)中国特色社会主义进入新时代历史方位的判断依据

(二)如何成为有理想、有本领、有担当的时代新人

(三)新时代大学生如何提升思想道德素质与法制素养

问题一：新时代对大学生提出了哪些要求

(一)树立远大理想——"功崇惟志，业广为勤"

理想信念犹如人生的引航明灯。中华民族伟大复兴的中国梦是历史的、现实的、未来的，是国家的、民族的，也是每一个中国人的，更是青年一代的。大学生心中秉持信仰、理想、信念，脚下才能有无穷力量，才能实现青春梦想。站在新时代的起点，大学生既需要远大理想的指引——努力在实现中华民族伟大复兴的中国梦的生动实践中放飞青春梦想，又需要伟大思想的导航——以习近平新时代中国特色社会主义思想为指南，不断武装头脑、指导实践。广大青年要以新思想为引领，让勤奋学习成为青春远航的动力，让增长本领成为青春搏击的能量，向着远大理想奋进。

案例1：2020，她们才是乘风破浪的姐姐！

什么是真正的乘风破浪？是敢于大胆尝试、勇于突破自我，是危难来临坚守岗位、挺身而出，是心怀感恩、充满善意，是怀揣梦想、永远向前……2020年，这些乘风破浪的姐姐带给我们太多的感动。

"大姐"不大，却能托举嫦娥

嫦娥五号发射现场，"95后"小姑娘周承钰格外引人注意。她是文昌发射场最年轻的女指挥员，也是嫦娥五号探月任务连接器系统指挥员。她出生于1996年，是单位里最小的几个人之一，却被同事亲切地唤作"大姐"。这个贵州土家族小姑娘很能吃苦，是出了名的硬角色，在一次3公里测试中，她以极强的耐力和速度，超过了一多半男同事，大

家彻底对她刮目相看。在动力系统的队伍里，"大姐"是目前为止换岗位最频繁的一个。到单位的两年半时间里，她一共参加了5次测发任务，可是由于任务需要，她在每次任务中的定岗都不一样。"大姐"也不是生来就是大姐，生活中的周承钰爱睡懒觉、吃零食，也爱逛街买买买，"90后"年轻人的小爱好在她身上一样不少。但在工作上她却表现得异常坚韧，执行力强，敢于大胆尝试，勇于突破自我，完全看不出是一个爱玩的小女生。

12年间，她让1804名女孩走出大山

张桂梅，一个无比响亮的名字，云南华坪女子高级中学校长，许多学生都亲切地叫她"张妈妈"。许多年前，一次次目睹贫困女生辍学悲剧，张桂梅心中萌生一个梦想——办一所免费高中，让大山女孩有书读。不被理解，甚至被挖苦、嘲笑，张桂梅始终没有放弃梦想。终于，她把别人眼中的不可能变为现实。2008年，全国第一所公办免费女子高中建成开学。12年间，这所学校让1804名女孩，考入大学，走出大山。她没有房子、没有财产，十几年来一直住学生宿舍，63岁的她身患20多种疾病，每天早上起床，脚疼得不敢着地，但她仍咬牙坚持，每天陪伴学生晨读、上课、自习，她点亮了无数大山女孩的人生梦想。最让她欣慰的是，许多学生大学毕业后选择回归大山，选择去最艰苦的岗位。学生们经常对她说，长大后我就成了你。

你们都是天使，是真正的乘风破浪的姐姐，每一个平凡的你都灿若星辰！

（文章参见：《人民日报》）

案例2：读了《可爱的中国》，她开始真正了解父亲

一

茶山，一个地处浙江省淳安县中洲镇、被群山掩藏的小村庄。这里是一片革命的热土，流传着很多英雄的故事——半个多世纪以来，这里的人们不辞辛劳，寻找当年中国工农红军北上抗日先遣队留在这里的故事和足迹。

2011年6月27日，方志敏烈士的女儿方梅来到了茶山。随着方梅对方志敏烈士的足迹一次又一次的追寻，在这里沉睡了七十多年的革命往事开始走出大山，逐渐为人们所知晓。

2016年，淳安县委县政府为曾在茶山战斗过的革命先烈建起了一座宏伟的纪念馆。各地的人们纷纷前来，深情缅怀方志敏等老一辈革命先烈的感人事迹与崇高精神。

茶山人民把方梅当成了自家人，方梅也动情地说："茶山就是我的家！"

茶山，有了一个响亮的名字——红色茶山。

二

2021年4月6日下午，时隔五年，方志敏烈士子女中唯一健在的、已是八十九岁高龄的方梅,再次风尘仆仆地来到淳安,缅怀父亲方志敏等革命烈士。

4月8日,方梅抵达她曾多次造访的茶山。一下车,乡亲们就围上来与她握手。不远处,"欢迎茶山女儿方梅女士回家"的横幅十分醒目。此情此景,让方梅的眼睛不禁湿润起来。她站在村口放眼四望——村庄掩映在青松翠柏的怀抱之中,改造后的村居焕然一新,村路硬化后变得宽阔平坦……只是几年不见,茶山村的变化竟如此巨大,方梅不由连连赞叹。

乡亲们把方梅请进村口的接待室,为她端上热气腾腾的鸡蛋茶。吃着鸡蛋茶,面对茶山亲人们温暖的笑脸,她深情地说道:"谢谢兄弟姐妹们,我又回家了!"

大家知道方梅的心思,休息了一会儿,便把她扶进了挂有方志敏烈士大幅照片的方氏祠堂。这里是方志敏曾经主持召开"茶山会议"的地方,也是方梅心心念念的场所。坐在方志敏烈士照片和"中国工农红军北上抗日先遣队"旗帜下,方梅感慨万千。她心里明白,茶山的乡亲们把她当作亲人一样看待,是源于大家对方志敏等红军烈士的尊敬与热爱。她感到很欣慰,因为她亲眼看到了茶山的巨大变化,看到了茶山人民的日子越过越甜美。她想,父亲这一辈革命者当年不惧抛头颅、洒热血,为之不懈奋斗的理想,正在眼前的这片热土上变成现实,她为此感到激动、感到自豪。

这时,九十二岁的方田生老人缓缓打开一个旧纸包,放到方梅面前。纸包里面是近百个已经生有铜绿的旧铜板。方田生老人说:"这是当年北上抗日先遣队的红军到村里时留下的饭钱。我母亲在世时跟我说过,家里珍藏着这些铜板,但我那时候年轻,并没有在意。去年整修房子的时候,在房梁上发现了这个小纸包,里面就是我母亲一直小心保管的铜板。"

围在一旁的老人们,你一言我一语,讲起了当年方志敏带领红军来到茶山村时的情景。

当时,当地群众由于对红军还不了解,加上国民党反动派的宣传误导,村里的青壮年听说有"当兵的"要来茶山村,都早早躲进了大山里,留在村里的只有少数老人和小孩。方志敏来到茶山村后,找到村民方炳南等人,向他们宣传革命道理,告诉他们,"我姓方,你们村里的人也姓方,是一家人。我们是穷人的队伍,是为穷人打天下的。不用害怕,把山上的人叫回来吧!"

村民们听了这话,便纷纷回到家里,为红军烧饭做粿,还杀了两头猪慰劳红军。红军吃了村民的食物都按价付钱,军民关系十分融洽。在茶山的日日夜夜,红军战士纪律严明,不拿群众一针一线。有些村民不愿意收红军的钱,等到队伍离开的时候,红军战士们就会在他们的屋子里、桌子上,悄悄留下一堆铜板……

三

1934年7月,寻淮洲、乐少华、粟裕等领导的红七军团改编为北上抗日先遣队,开赴闽浙皖赣边区活动。10月,中央红军主力离开中央苏区,随后红七军团与方志敏领导的红十军会合,合编为红十军团,并成立以方志敏为主席的军政委员会。红十军团承担着掩护红军主力转移的艰巨任务,危险重重,前路凶险。方志敏毅然担当起这一重任,"党要我做什么,虽死不辞。"

1935年1月8日,红十军团在军政委员会主席方志敏、军团长刘畴西、政委乐少华、参谋长粟裕、政治部主任刘英等人的率领下进入中洲一带。1月9日,红十军团军政委员会在茶山村召开了一次紧急会议,中心议题是决定今后的战略方针,最终决定将部队全部带回赣东北苏区休整。

红十军团离开茶山后,一路艰难跋涉,多次遭遇敌军重兵。方志敏率领的先头部队本已脱险,但为接应军团主力,方志敏又复入重围。方志敏说:"我因大队伍尚在后面,在责任上我不能先走。"随后,方志敏指挥红十军团与敌人多次激战,奈何敌众我寡,损失惨重,王如痴、刘畴西等将领被捕。1935年1月29日,饱受饥寒的方志敏在怀玉山区也不幸被捕。

除了方志敏烈士外,在淳安、中洲一带还留下了许多革命前辈的身影——1935年12月,中共闽浙赣省委派省独立师政治部主任刘中林、共青团皖南特委书记何英,率一支游击队进入淳遂歙交界的山区,在中洲一带开展武装斗争;1936年1月至1937年2月,在中洲一带还活跃着一支由中共开化仁宗坑区委书记程灶林领导的游击队,程灶林及队员余松松、张金田等在激烈的战斗中牺牲;1937年2月,中共皖浙赣省委书记关英为与浙南的粟裕、刘英等率领的挺进师取得联系,率独立团三百余人进入淳安的茶山等村,以连为单位分三路向浙南进军,历经一场场艰苦卓绝的英勇奋战,三百余名红军大部分牺牲,只有二十余人杀出重围,进入皖南,后被编入新四军……

2013年,中国工农红军北上抗日先遣队纪念馆在茶山启动建设,2015年基本完工,整个项目占地面积一百二十余亩,主体建筑面积七千余平方米。2016年9月23日正式开馆。

这一天,方梅也赶到现场,为开馆仪式剪彩。面对被群山包围的纪念馆,方梅心潮起伏,久久难以平静……

四

方梅对父亲革命精神的了解,是从读《可爱的中国》开始的。父亲对党的忠诚和对新中国的美好畅想,使她决定要在自己的有生之年,把方志敏坚定的爱国主义精神宣传好,让更多的后来人在革命前辈的精神感召下,成为国家建设的栋梁之材。

方梅曾经说:"我别的本事没有,就是不怕苦。我花了二十年时间,前十年收集资料,后十年写作。我跑遍了父亲生活和战斗过的每一个地方,采访了上千人。每到一个地方,人们听说我是方志敏的女儿,都热情地接待我。"

方梅出生于1932年11月,江西省弋阳县湖塘村人。1949年9月就读于烈士子弟学校,1954年参加工作,1986年退休于江西省航运管理局。当年,由于战争环境严酷,方梅一出生就与父母分离,被寄养在弋阳县一个山坳中的农户家里。1935年8月6日,方志敏英勇就义,时年三十六岁。方梅的母亲缪敏也因叛徒告密而被捕入狱。在这之前,方梅一共只见过父母两次面,还都是在他们匆忙行军的途中。"虽然我与父亲接触时间太少,但听养父母说,父亲对我格外疼爱。他最后一次来看我,把我抱起来亲了又亲,并嘱咐养母,'革命一定会成功,请你好好将我的梅梅带大,我们全家人都很感激你……'"

就读烈士子弟学校之后,方梅开始识字读书。后来母亲缪敏把方志敏的遗著《可爱的中国》送给了方梅,并在扉页上题写了一段话:"梅儿,这本书是你爸爸在狱中用血泪写出来的遗言,你要反复地精读,努力地学习,用实际行动来继承你爸未竟的事业!"从这一天起,方梅开始真正了解父亲,有了一份特殊的父爱。她说:"我很快就被书中的内容所吸引,尽管有不少字不认得,但什么叫祖国,以及父亲对祖国深深的热爱,在我的思想里引起很大震动,让我得到前所未有的启示。后来,我看了父亲写的《我从事革命斗争的略述》《清贫》等文章,对父亲和他的革命精神又有了更多的了解和体会。"

后来,方梅花了二十年的时间,数易其稿,一部满含心血的四十余万字文学传记《方志敏全传》,由解放军出版社出版了。2006年5月,方梅又完成了《方志敏和他的亲人们》的书稿写作,并付梓。

想起艰辛漫长的写作之路,方梅深有感触地说:"每当清晨我展纸写稿,仿佛看见父亲就站在我面前,向我微笑,期待女儿坚持工作,希望女儿生活幸福;睡梦中,我因看见父亲指挥战斗,而坐起来大声呼喊;写到父亲被敌人杀害前发出铿锵的声音,'我能舍弃一切,但是不能舍弃党、舍弃阶级、舍弃革命事业。'我心潮起伏,那呼声仿佛就在耳边。"

五

方梅对茶山有一种特殊的情感,这种情感已融进了她的血脉。受到中洲镇党委政府的邀请后,方梅欣然前往——2015年5月29日,她来到淳安县中洲镇,为中洲镇中心小学的方志敏雕像揭幕。当日,八十三岁高龄的她还给七百多名中洲镇中小学生讲述了方志敏等革命烈士的英雄故事。2021年清明时节的淳安茶山之行也一样,每到一处,在爱国主义教育、特别是对青少年教育的大事上,方梅都不辞辛苦,决不"打折扣"。

一路上,方梅在茶山革命烈士纪念馆、宋村乡中心小学等地,先后做了"缅先烈,爱祖国,做贡献"的爱国主义教育演讲。在孩子们面前,方梅谆谆教诲:"为什么方志敏烈士被捕后无论面对拷打还是利诱,都不叛变、不投降? 因为他始终坚信中国共产党一定能取得最终的胜利,也一定能带领中国人民把他梦想中'可爱的中国'变为现实。我们现在的美好生活,我们身处的可爱的中国,就是他坚持的理由和动力。希望同学们能好好学习,未来把中国建设得更强大、更美好。"

她还对同学们说:"爱国要有真本事。把书读好,把本领练好,这样才能为我们的祖国做贡献。"

那天晚上,方梅住在茶山脚下"中国工农红军北上抗日先遣队纪念馆"的招待所里,有位企业家慕名前来拜访。谈话间,他说起自己正在茶山建设一个项目,其中包括方志敏烈士塑像工程。方梅听后心生疑虑。等那位企业家走后,她问随行的摄影师方长建:"长建,方志敏烈士的塑像是谁投资的?"方长建对这个项目十分清楚,向她解释说:"这是由中洲镇党委政府投资的,请了一位雕塑家,要雕塑一尊方志敏烈士的全身像。等作品完成了,就竖立在茶山村,请您放心。"听完这番话后,方梅才如释重负地说道:"方志敏烈士的形象,千万不要沾染商业气息!"

之后,方梅不顾一路劳顿,坚持要去位于淳安县梓桐镇的雕塑工作室,亲眼看一看方志敏烈士的雕塑小样。在梓桐镇,方梅见到雕塑小样后,紧紧握住雕塑家的手说:"看了小样,很是满意,你把方志敏的坚韧不拔和对祖国美好未来的畅想,都体现了出来,十分感谢!"

当方梅看了另一处的方志敏头像雕塑后,她又提了一个建议:"一定要多参考方志敏烈士的其他照片资料,不但要把方志敏烈士坚定的共产主义信念表现出来,还要把方志敏烈士最美好的一面表现出来。"

深山之中,绿水岸边,方梅亲眼见证了父亲心底的那个梦想——"中国一定有个可赞美的光明前途",正一步步变为现实。她坚信,这愿望的实现"决不在辽远的将来,而在很近的将来"!

(文章参见:《人民日报》)

(二)练就过硬本领——"把学习作为首要任务"

机遇只眷顾有准备的人。不断增强的本领才干,是青春焕发光彩的重要源泉,大学生要想成就一番事业,必须要有丰富的知识、过硬的本领,求真学问,练真本领,求真理、悟道理、明事理,把学习作为一种责任、一种精神追求、一种生活方式。当代大学生正处于学习的黄金时期,应该把学习作为首要任务,一是把要认真学习习近平新时代中国特色社会主义思想,坚持学而信、学而思、学而行,坚定信念,昂首迈进;二是要广泛学习各种专业知识技能,坚持干什么学什么、缺什么补什么,不断提高自身素质和干事创业能力;三是要高度重视实践,积极发扬马克思主义的学风,在实践中发现、检验和发展真理,切实提高解决实际问题的水平,不断增强工作本领。

案例 3：11 门满分、10 门 99 分、47 门超 95 分……他却说自己是"学 zha"

本科四年总共 73 门课，其中 11 门满分，10 门 99 分，47 门 95 + ，65 门 90 + ——凭借这张无敌的"学霸"成绩单，来自南京航空航天大学理学院的周长宇，在南航校长特别嘉奖答辩的现场，引发全场惊叹。

"在同学们眼中，我是学神，是学霸，但我把自己定义为学'zha'。"在观众们的疑惑中，周长宇说，"这个'zha'是扎根到知识深处的'扎'"。周长宇说，学习没有捷径，自己的成绩都是一步一步扎扎实实走出来的。

他的成绩单上不是分数，而是"天文数字"

三年来，周长宇的平均绩点达到可怕的 4.9，大一下、大二上更是连续两个学期必修绩点 5.3，连续 5 个学期位列专业第一，推免综合成绩位列全院第一，打破南京航空航天大学理学院历史纪录。在 2019 年学业奖学金评审中，他以必修绩点 5.3、平均绩点 5.1 排名全校第一。之所以绩点能超过 5.0，周长宇介绍，是因为难度比较大的 A 类课程有加分 5 分的机制，而他在几乎全部 A 类课程中都拿到了 5.0 + 的绩点。

三年前，16 岁的周长宇在省内压线考入南航，通过层层选拔进入理学实验班。作为学院里年龄最小的同学，快节奏、高难度的数学课程让他备受煎熬。他暗下决心，踏实奋进。不满足于老师的要求，书本上每一个公式的推导，每一条定理的证明，他都仔细揣摩，在一步接一步的逻辑推导中，感受数学的独特魅力。

从早上 8 点到晚上 10 点，周长宇整天"扎"在课堂、自习室、图书馆。每天学习 10 余个小时，这样的一天对他来说不是某一天，而是三年以来，一千多个日日夜夜的每一天。入学至今，他累计借阅图书 226 本，借阅量超越 98% 的读者，荣获"借阅达人"称号，其中包括 120 余本理工类的专业书目以及天文、小说、历史等各类"闲书"，广泛的阅读让他在专业知识之外有了更广阔的人文视野。

时隔六年为南航捧回最高奖

"数学能力的提升给了我更多的自信和动力，促使我在竞赛的道路上不断探索。"周长宇说。2019 年的夏天，天气闷热异常，他与队友一起全身心投入到全国大学生数学建模竞赛的紧张集训中，努力学习每一个模型，认真对待每一次作业，最终斩获了南航自 2013 年以来唯一一个全国一等奖，取得历史性突破。

"正因我们不断训练，不断培养默契，国家一等奖才能水到渠成，时隔六年再度为南航捧回最高荣誉。"直至现在，周长宇依然记得连续几十次的反复调试后突然出现正确结果的那份兴奋。

全国大学生数学竞赛一等奖、校高等数学竞赛数学专业组一等奖、外研社杯全国英语阅读大赛校赛一等奖……满屏的奖状是周长宇努力的证明。难得的是,周长宇致力于用所学知识解决生活中的实际问题,他主持的校级大创项目《激光血液图像处理系统上位机软件设计》就是脱胎于如何免除看病抽血时扎针痛苦的思考。

专业之外,他还利用课余时间提升计算机和英语水平,掌握 C,C++,MATLAB,LINGO,SAS 等多门编程语言,在江苏省和全国计算机等级考试中均获得优秀,英语四六级均在 600 分以上。

被著名数学家收入门下

过去的一年,他化身"学扎本扎",扎根数学土壤,用更深的根结出更好的果。在竞争激烈的保研大战中,他与清北等 985 名校的学子同台竞技,顺利通过中科院数学与系统科学研究院的推免生选拔,被著名数学家袁亚湘院士的课题组录取。袁亚湘院士听说周长宇要参加南航校长特别嘉奖的答辩,还特意录制了一段视频为他"打 call",称赞"周长宇同学对数学非常热爱,数学基础非常扎实"。

周长宇平时与同学们也在相互促进,共同发力。他所在的宿舍全寝保研,获评标兵宿舍,所在班级平均绩点达 4.22,获评标兵班级和江苏省先进班集体。

数学实力的增强让周长宇有了帮助他人的力量。三年来,周长宇在校学业与发展支持中心担任教员,获评四星级教员。他负责出制数学系 17 级周测试卷、模拟卷,承担《线性代数》《高等数学》《概率论与数理统计》小班辅导;他在学支线上答疑群和理学院考研答疑群累计解答数学问题百余条,受益人数超过 200。

保研面试成功后,他组建保研信息交流群,分享保研信息,为考研学子解答数学难题。他还在 CSDN 上撰写并发布博文,与更多的人分享数学之美,累计发布博文 64 篇,其中数学类文章 30 篇,累计阅读量超过 8 万。

在答辩的最后,周长宇说:"过去的三年里,最幸运的事莫过于选择了数学,最大的收获莫过于学会了坚持!"

(文章参见:《荔枝新闻》)

(三)勇于担当作为——"大事难事看担当"

一代人有一代人的长征,一代人有一代人的担当。凡勇于担当者,皆富有敢于亮剑、敢于牺牲、无私奉献的革命精神,从黄继光舍身堵枪眼、董存瑞舍身炸碉堡、王进喜舍身入泥浆到"最美逆行者",他们正是以一种无私奉献、敢于牺牲的担当精神,为大家,舍小家,不顾自身安危,用血肉之躯,筑起一道道钢铁长城,成为中流砥柱,国之栋梁。大学生要同全国各族人民一道,珍惜韶华、奋发有为,自觉担负起时代赋予青年的历史重任,勇做走在时代前列的奋进者、开拓者、奉献者,做知行合一的实干家。

案例4:和袁隆平是同学! 这位91岁院士把一切献给"吃瓜群众"

2018年,中国成为世界上最大的西瓜生产国和消费国。然而这背后,蕴藏了一位老人毕生的心血和初心,她是中国工程院院士吴明珠,1953年毕业于西南农学院,和袁隆平院士是同一届的校友。她培育了30多个品种,包括"皇后"甜瓜、"8424"西瓜等,为新疆及全国的甜瓜、西瓜事业作出了突出贡献。如今,91岁的吴明珠患上阿尔兹海默症,已经认不出人,但与种瓜相关的事还时常被她提起。

1930年,吴明珠出生在武汉,在国运困厄中长大的她从小立下报国之志。1950年,吴明珠和一批与新中国同呼吸共命运的学子进入西南农学院(现西南大学)学习,同学中就有袁隆平。在小小的试验田里播种、挑大粪等农活没难住吴明珠。21岁生日那天,她在日记上激情满怀地写下"人生最美好的事情就是你创造出来的一切都能为人民服务"。1955年,新疆维吾尔自治区成立,急需各类干部人才,吴明珠向组织请求赴新疆支援建设。临行前,年轻的同事们开着大车唱着《我们新疆好地方》为她送行。吴明珠默默许下心愿,"我一定扎根新疆,报效祖国"。这一年,她25岁。

这之后的岁月,她习惯了吐鲁番夏季的高温,习惯了吃馕、吃羊肉,还学会了一口流利的维吾尔语。为了研究瓜,她曾和同事夜穿戈壁,睡在废弃窑洞;为摸清家底,吴明珠走遍了吐鲁番全地区300多个生产队。自此,当地的甜瓜有了基本档案。1962年底,吴明珠和同事一起选育出了红心脆、香梨黄、小青皮等。

20世纪90年代,她的团队又选育出了知名的"8424",成为江浙一带早熟优质西瓜主栽品种并逐渐向北方各省扩展。吴明珠的成功离不开家人的支持,丈夫杨其祐是吴明珠的大学同学。1955年,吴明珠去新疆的决定遭到了全家人的反对,杨其祐却笑着给她打气道:"你先去,等我毕业了就去找你。"1958年春节,他们在鄯善县结婚。婚后,两人总是聚少离多,为了照顾妻子,杨其祐申请调到鄯善县一个农技站工作。杨其祐学识渊博,熟读外文文献,当吴明珠的研究遇到难题,他总是为妻子出主意、想办法,有时候吴明珠太忙,就打电话让丈夫帮着去瓜地授粉。尽管要在戈壁滩上跑三四十公里,杨其祐也总是欣然前往。遗憾的是,由于条件艰苦加上饮食长期缺乏营养,1986年,杨其祐因病去世,时年57岁。在生命的最后阶段,杨其祐艰难地伸出三个手指,笑眯眯地祝贺吴明珠培育的皇后、芙蓉、郁金三个新品种通过甜瓜品种审定。在吴明珠心中,瓜的地位极重。

1983年,好不容易盼来首次评职称,最有资格申报的她却没有报送申请材料。别人问为什么,她说:"正赶上给瓜授粉,不能为了职称而误了农时。"当选为中国工程院院士后,新疆农科院准备为吴明珠修"院士楼",她坚决谢绝:"我一年大半住在育种基地,要那么大的房子干什么?"

70 多岁时,吴明珠还在和时间赛跑。夏秋在新疆,冬季到海南天天在瓜地做试验。80 岁的生日会上,吴明珠许下两个愿望,都跟瓜有关。生日会后,她又下地去了——去为实现愿望而下地。81 岁那年,她没有征兆地糊涂了,记忆力一落千丈。有时候,她会突然要出门,嘴里还嘟囔着"瓜该授粉了"。有时,她会把儿子误认为同事,询问瓜田里的进展瓜,在她的大脑中,顽强地与阿尔兹海默症抗争。

(文章参见:《人民日报》)

案例 5:热议丁真,也别忘了背后的他们

近段时间,康巴小伙子丁真火了。那清澈的眼神、纯真的笑容,给人们留下深刻印象。他的家乡,四川省理塘县也备受网友关注。人美景美的吸引力,带来了不少流量,也在一定程度上带动了当地发展。

讨论"丁真现象",是有价值的。其意义就在于,人们把更多的目光投向平日里很少关注的地区,把更多的注意力聚焦到相对贫困地区。由此而论,无论是以美景吸引游客、以电商打通特色农产品销路,于经济社会发展都很有益。同时,走红的丁真,也有了属于个人的更大发展平台,未来可期。"丁真现象"的溢出效应,愈加显现。

值得注意的是,人们看到的是丁真一个人在镜头前的精彩,看不到的是无数人的支撑与托举。人帅、景美只是当地发展的惊鸿一角,背后是无数人在数年间乃至数十年间的拼搏奋斗。丁真的家乡曾经属于贫困地区,在 2000 年,全县农村总人口的 96.75% 几乎都处于绝对贫困状态。如今,乘着脱贫攻坚、全面小康的东风,这里已经摘帽脱贫,迎来美好生活。从曾经吃不饱饭、少人问津的贫困县,到现在的"网红城市",这个地方经历了质的蜕变,并充满魅力地展现在世人面前。

可以说,成就丁真的,是他自己的先天条件,也是时代发展提供的广阔舞台,更是数不清的干部群众为一个地区发展进步而付出的艰辛。只有真正看到"丁真现象"所折射出来的基层干群的"真"、脱贫攻坚的"真"、拼搏奋进的"真",才能懂得这团"大火"燃烧得多么难能可贵。

有人说,丁真凭一己之力改变家乡面貌。此话虽"不假",却也有些言过其实。毕竟,即便没有此时此刻的"丁真现象",理塘何尝停下过发展的脚步,何尝停止过追求美好生活的节拍?中国广大贫困地区之所以能"苟日新,日日新,又日新",是因为有无数人在推动着发展列车向前、向前、再向前。那些年纪不大就白了头的基层干部,那些下沉一线、驻村攻坚的扶贫干部,是一股不能被忽视的蓬勃力量。

真正的英雄,是帮家乡摆脱贫困的人,丁真仅是这个群体中的一员。在中国 960 万平方公里的土地上,勤勉的、奉献的、扎根的党员干部,数不胜数。一位扶贫干部的孩子

说:"2020 年,就是感觉到爸爸工作的伟大,太伟大了。"从这个意义上讲,无论是脱贫攻坚还是全面小康,无论是一人走红还是一地爆火,由表及里足以说明,扶贫是系统性工程,致富也是系统性工程,需要所有人齐心合作。

(文章参见:《人民日报》)

问题二:大学生为什么要提升思想道德素质和法治素养

做有理想、有本领、有担当的时代新人,必须具备良好的思想道德素质和法治素养,大学生只有培养和提高自身的思想道德素质与法治素养,才能适应中国特色社会主义建设的需要。

(一)思想道德和法律都是调节人们思想行为、协调人际关系、维护社会秩序的重要手段

法律是成文的道德,道德是内心的法律。思想道德和法律虽然在调节领域、调节方式、调节目标等方面发挥的作用和方式存在很大不同,但是二者作为社会上层建筑的重要组成部分,共同服务于一定的经济基础。中国特色社会主义思想道德为中国特色社会主义法律提供价值基础。中国特色社会主义法律为中国特色社会主义思想道德建设提供制度保障。一个社会的和谐发展,一个国家的长治久安,在很大程度上取决于全体社会成员的思想道德素质。强化道德对法治的支撑作用,很重要的一点,就是要发挥好道德的教化作用,促进公民明是非、辨善恶、守诚信、知荣辱,以道德伦理滋养法治精神。

案例 1:《民法典》明确个人信息法律定义、为"霸座"划出法律底线

相信您和我一样,有过这样类似的经历:刚买完房,就接到了装修公司打来的电话,车险还没到期,就接到了保险公司的轰炸,甚至连一些骗子给你打电话,都能喊出你的名字。是谁在泄露我们的个人信息?早在十多年前,《法治进行时》的报道中,就把"个人信息"和"人肉搜索"推到了舆论的风口浪尖。

由演员高圆圆主演的电影《搜索》于 2012 年上映,里面刻画的恰恰是被网络暴力逼到人生死角的故事,那么,如今实施的《民法典》当中,对隐私权进行了怎样的规定,对于网络暴力又有怎样的限制?

我们再来说说"霸座",这个词您一定不陌生,无论是天上的飞机,还是地上的高铁长途车,总能见到那种蛮横无理的霸座者,他们的那种理直气壮,一度让人怀疑道德的底线究竟在哪儿?

有了《民法典》,面对霸座者,我们不再是简单从道德层面谴责,而是可以理直气壮地跟

他说:"你违约了。"我们常说:"无规矩不能成方圆。"随着社会的进步,规矩意识已经形成社会的广泛共识,而《民法典》的实施让道德上的"不应该"变成了法律上的"不允许"。

(文章参见:《法制进行时》)

(二)思想道德素质和法治素养是人应该具有的基本素质

新时代为大学生的成长成才提供了广阔的舞台,也对大学生的能力和素质提出了更高的要求,既需要提高科学文化水平和专业能力,又需要提高思想道德素质和法治素养。思想道德素质是人们的思想观念、政治立场、价值取向、道德情操和行为习惯等方面素养和能力的综合体现,反映着一个人的思想境界和道德风貌。法治素养是指人们通过学习法律知识、理解法律本质、运用法治思维、依法维护权利与依法履行义务的素质、修养和能力。良好的思想道德素质是促进个体健康成长、社会发展进步的重要保障和基础。而良好的法律素质对于保证人们合法的实施行为,依法维护各种正当的权益,履行法定义务,弘扬社会主义法治精神具有重要的意义。一个人良好的思想道德素质和法律素养是在学习中升华、内省中完善、自律中养成、实践中锤炼的结果。在生活中,应当始终恪守思想道德和法律,通过理论学习和实践体验,牢固树立坚定的理想信念和正确的世界观、人生观、价值观,陶冶高尚的道德情操,增强尊法、学法、守法、用法的自觉性,逐步树立对社会主义法律的信仰,不断提高自身的思想道德素质和法治素养。

案例2:"这486万欠款,我来还!"

陈文华,50岁,江苏省常州市竹箦镇人。几年前,他的哥哥意外死亡,留下了486万元债务,其中大部分是建筑工程款和务工者的工资。面对突如其来的变故,弟弟陈文华主动站出来,坚持替哥哥偿还这些欠款。

哥哥意外离世留下巨额欠款,他决定"认账"

早在15年前,陈文华曾跟自己的二哥一起在无锡做建筑工程,两人吃苦耐劳,攒下了些钱。2013年,陈文华由于身体原因,回到了家乡经营养老院和农庄生意。当年年底,兄弟二人已对合伙的生意进行了两清,两人无账务钱款上的关系。

然而,2014年9月,陈文华的二哥在开车时发生意外,猝然离世,这给陈家带来了难以承受的打击,但更让人头疼的事情是,哥哥离世后不久,家里陆续来了不少讨债的人。原来,哥哥在单独承包工程时,欠下了486万元的建筑工程款,这里面,绝大部分是农民工的工资,还有的是小包工头的工程款。

由于这些欠款基本上都没有书面证据,除了少部分借款他知晓外,大部分欠款他并不知情。当时,周围就有人劝说陈文华不要认这些"烂账",连自己的妻子,一开始也不同意。

陈文华的妻子吕丽平说,一开始,我也不怎么支持(还款),后来我老公也劝我,说人家做工也不容易,我想想也是,我们要是在外面打工,人家欠我们的钱不还,我们心里也不好受。后来,我就支持他了。

陈文华觉得,农民工出去打工不容易,虽然每个人的钱算起来不多,但是对他们家里的影响还是很大,于是他决定,帮哥哥偿还这笔巨额欠款。此外,陈文华说,他其实还有更深层的考量。

陈文华说:"我哥以前和我们在一起口碑挺好的,总不能因为这事出了以后,让他活着的时候没骂名,死了以后给人家留个骂名,我们后面的子孙后代都会有影响的。"

陈文华表示,作为我们来说,留点资产,给自己的子女固然是很好,但再想想,还是踏实做人,诚信做事,把这个无形的资产留给子女,其实对他们的一生,反而帮助是更大的。

变卖资产,4 年已还 300 多万元

之后,陈文华与每一位债主制定了详细的还款计划,还在自己的电脑上列了一张表格,其中明确了各种欠款的还款日期和数据。为了替哥哥偿还这些欠款,陈文华卖掉了自己的房子和农庄的股权,4 年多来,他已陆陆续续还上了哥哥欠下的 300 多万元。

除了变卖多年攒下的资产,陈文华还把自己经营的养老院每个月 2 万元左右的结余用于还钱。为了节省开支,这几年,陈文华很少花销,连吃的菜也都是自己种的,身上的衣服一穿就是好几年。

陈文华说,子女们要买点东西,也要满足他们,但自己基本上不添置什么东西,一家人到饭店去吃顿饭,几乎是没有过。

计划两年内还清债务,最想带家人旅游

现在,陈文华计划,剩下的 100 多万元在两年内还清。等把哥哥的欠款还完,他最想做的,是带家人去旅游。他说,无债一身轻,那时候出去旅行,看什么应该都是最美的。

按照法律,弟弟在没有继承哥哥遗产的情况下,对哥哥生前的债务是没有偿还义务的。哥哥如果没有足够的遗产来偿还债务,这笔债务也将因为哥哥的去世而消灭。

对于陈文华来说,486 万不是一个小数字,陈文华本人也不是一个特别富有的人。但陈文华明知可以不必还,而顶着巨大的生活压力去还这笔"债",就显得格外地难能可贵。

毕竟,法律只能调整法律所能调整的事项。法律并不禁止人们通过自己的善行,去解决法律本身解决不了的问题。法律是社会的底线,但法律并不拒绝人情味儿。

也正因为法律和道德的这种良性互补,才保证了社会既具有了规则的刚性,也充满了人情的温暖。

(文章参见:《人民日报》)

问题三：大学生如何提升思想道德素质和法治素养

（一）发挥好学校、家庭的协同作用

学校在提高大学生思想道德素质和法律素质中起着主导作用，要充分落实"三全育人"要求。其中，思政课是主渠道、主阵地，其他课程也要利用各自课程资源开展课程思政，与思政课同向而行，形成大学生思想道德与法律素质培养的合力。除此之外，无论是学生管理部门，还是教学服务部门，同样承担着育人职责，在日常的管理、服务活动中要履职尽责、遵规守法，营造良好的校园环境。

"父母是孩子的第一任教师"，家长对思想道德与法律素质的认知程度、情感体现、价值判断将以言传身教的方式直接影响子女的思想道德素质与法律素质的高低。家长示范作用的影响是巨大的，如果家长能够勤俭持家，积极乐观，必然有助于培养孩子艰苦奋斗、拼搏向上的精神；如果家长能够诚信待人、扶危助困，必然有助于培养孩子诚实守信、乐于助人的精神。因此，学校有必要与家长之间建立长效沟通机制，将学校教育与家庭教育相结合。

（二）加强思想道德与法律知识、理论的学习

大学阶段是知识积累、技能储备的关键阶段，高职学生不但要学习相关专业知识、操作技能，为今后进入职业生涯做好准备，而且要成为德智体美劳全面发展的合格的社会主义事业的建设者和接班人。要加强学生对马克思主义理论的学习，加强学生对崇高的理想信念、正确的世界观、人生观、价值观、基本道德规范、基本法律素养等相关知识理论的学习，不断充实学生的头脑，提升其精神境界。

（三）注重理论联系实际、促进知行合一

思想道德素质和法律素质的养成仅仅靠课题及书本的学习是远远不够的，"纸上得来终觉浅，绝知此事要躬行"，实践是使大学生将理想信念、社会主义核心价值观、道德规范、法律素养内化于心、外化于行的重要手段，也是培养大学生思想道德素质和法律素质的必不可少的途径。通过引导大学生参加志愿者活动、社会公益服务活动等来培育大学生服务人民、奉献社会的精神品格，提高大学生解决实际问题的能力、增强社会责任感。

案例1："吊车侠"火场舍身救人

兰郡泽，男，满族，2001年4月出生在南杂木镇南杂木村的一个普通家庭，母亲经营

一家日杂店,他和父亲经营龙兴吊运公司,业务以出租吊车为主。

2019年5月2日清晨,他像往常一样提前到达施工地点准备施工,此时他发现一幢7层居民楼起火。起火点在一楼的一间日杂商铺,火势从日杂商店向上蔓延,浓烟很快将居民楼锁住,由于起火时间是早晨,店铺里面并没有人。该居民楼的一楼、二楼是商铺,三楼以上都有住户。三楼露台上,住户董女士和儿子正大声呼救。兰郡泽听到母子二人的呼喊,抄近路跑过来观察,发现楼上多户居民被困在家中,于是他赶紧把工作用的吊车开到现场,将铁臂伸展到三楼,操作吊车开始了"一个人的救援"。母子二人平稳落地后,兰郡泽又把吊车升到了四楼。吊篮出现在眼前,让绝望的莽先生看到了希望,一家人不到五分钟成功脱险。此时,火势越来越大,距离起火点十米不到的兰郡泽感受到了从未有过的炙烤,出了很多汗。随后,兰郡泽继续把吊篮升到五楼、六楼,再调整铁臂方向,转到单元的南侧。此刻,兰郡泽父亲闻讯赶到现场,在吊车外面做儿子的指挥员。半个小时不到,从八户居民家中救出了14名被困群众。被困者顺利救出后,兰郡泽随父亲悄悄离开,又回到工地继续干活,直到当天晚上微信朋友圈陆续传出他救人的话题和视频,他这才意识到,自己拯救了那么多人的性命。而兰郡泽的做法,也在很多人心中种下了一颗善良的种子。来自火场救援的更多细节让我们对"吊车侠"救人又有了新的认识。首先"吊车侠"是和父亲联手救人,"上阵父子兵"啊。而为了救更高楼层的住户,兰郡泽开着吊车离楼更近一步,主动离危险更近一步,可谓有勇有谋有情。被救的那个12岁的孩子主动要跟兰郡泽照相,虽然兰郡泽很低调,但他就是孩子心中此刻最闪亮的英雄,而这种危难中出手侠义相救,相信也会影响这个孩子在未来的选择。兰郡泽和他爸爸真的就是平凡生活里的"超级英雄"。

"吊车侠"兰郡泽的事迹传遍大江南北,网友们为他的壮举点赞,他也成为无数人心中的英雄。19岁的兰郡泽说:"平时父母就教育自己要乐于助人,遇到居民楼起火这样的事情一定会毫不犹豫地去救人,今后再有这样的事情还会继续去做。"他也确实按照他说的那样去做了。

他和父亲一起加入蓝天救援队

兰郡泽的事迹一经报道,引起了全社会的关注,他不但被评为抚顺"百姓雷锋",而且抚顺市文明委号召全市市民向他学习。兰郡泽家庭获得了抚顺市妇联授予的"最美平民英雄之家"荣誉,以及省市"最美家庭"称号。

荣誉接踵而至,兰郡泽获得"抚顺市见义勇为模范"称号,还入选"中国好人榜"见义勇为好人。他在荣誉面前没有迷失,还和父亲一起加入了抚顺市新宾县蓝天救援队,父子俩要为社会做更多贡献。

"我要用行动去帮助更多人。"2019年12月29日,兰郡泽说自己受到了很多人的关注,在以后的日子里将继续传递正能量,弘扬雷锋精神,希望每一个人都能尽自己所能去帮助别人,去奉献爱、传播爱。

兰郡泽说:"经抚顺市妇联牵线,2020年3月将到抚顺职业技术学院建工系开始新的大学生活,想多学一些知识,进一步提升自己,让自己更好地成长,这样才能更好地帮助别人,不辜负大家的期望。"

获"辽宁好人"是认可和鼓励

2019年12月27日,"辽宁好人"2019年度盛典在沈阳举行,兰郡泽获"辽宁好人"荣誉称号。兰郡泽说这项殊荣是对自己的认可和鼓励,"获得这个荣誉很激动,激励我将来做更多好事"。

兰郡泽的事迹经报道后,他获得了很多荣誉,他说这是他从来没想到、也没经历过的。他说:"这些荣誉有一些压力,我要把压力变成动力,用行动鼓励更多年轻人做个好人,多做好事。"

"我很小的时候,父母就教我怎样做人,怎样做事,教我做一个好人,一个对社会有贡献、能传递正能量的人。"兰郡泽说,希望能在今后的日子里掌握更多知识和技能,更好地回报社会。

疫情当前,他再次为家乡人民奉献爱心。

在疫情当前,"吊车侠"再次伸出温暖的双手,他得知南杂木村口罩紧缺的情况下,自费购买口罩,并免费送给有需要的人。2020年1月29日,"吊车侠"兰郡泽发了一条微信朋友圈,称将于当天上午8点左右在新宾南杂木东街新兴五金日杂店免费发放口罩,"口罩不贵请留给有需要的人"。

对于此举的初衷,他表示"就是做应该做的事"。据了解,此次"吊车侠"采购了300多个口罩免费发放,每人限领两个。荣誉与喧嚣过后,兰郡泽依旧是那个朴实无华的向上青年,感染你我,奉献爱,传播爱,传递温暖和正能量。"吊车侠"用实际行动一次又一次践行和弘扬雷锋精神。

热血热心,年轻有为,那一刻他想的只有救人,一个举动,成功挽救了14个生命!听到呼救声立即行动,是根植于内心的善良和热心使然;机智操作吊车救人,是快速分析形势后的有勇有谋。在生与死的关键时刻,他临危不惧,舍生忘死,勇敢救人的实际行动谱写了一曲令人感动的英雄赞歌。

(文章参见:人民网)

案例2:99名大学生志愿者一年来为西部基层群众提供法律咨询服务两万余人次

2019年度西部基层法律援助志愿服务行动在中西部11个省(自治区)招募了99名

应届法律专业大学生志愿者。截至今年8月,这些大学生志愿者共解答法律咨询22560人次,代写文书2247份,协助办理法律援助案件2166件,参与普法宣传852场次,整理法律援助案卷7436份。

据悉,西部基层法律援助志愿服务行动每年根据各地需求情况,确定项目实施地,在当地招募一定名额的应届法律专业大学生,志愿服务一年。该项行动自2017年实施以来,共在中西部11个省(自治区)226个县(区)招募了273名应届法律专业大学生志愿者,在提升西部地区公共法律服务水平方面发挥了积极作用。

司法部公共法律服务管理局有关负责人表示,目前2020年度西部基层法律援助志愿服务行动招募工作已完成,把一批政治素质好、专业知识过硬、具有奉献精神和责任意识、身体健康的优秀大学毕业生选拔到法律援助志愿者队伍中来。下一步将组织岗前培训、加强管理、完善相关保障,形成志愿服务全过程育人机制,不断提高志愿者的服务能力水平,更好地激发志愿者服务基层的热情,引导志愿者在决胜全面建成小康社会、决战脱贫攻坚中作出积极贡献。

西部基层法律援助志愿服务行动由司法部公共法律服务管理局和中国法律援助基金会共同组织实施,旨在解决西部边远贫困县法律援助机构人员短缺问题,壮大基层法律援助工作力量,并为高校毕业生到基层工作搭建平台,使其运用所学法律知识为中西部困难群众提供法律援助服务。

(文章参见:新华网)

本 章 小 结

本章主要讲授我们处在中国特色社会主义新时代、时代新人要以民族复兴为己任,使学生了解大学生活的特点,适应人生的新阶段,珍惜历史机遇,胸怀实现中华民族伟大复兴的中国梦,肩负接续奋斗的光荣使命,坚定理想,增强本领,勇于担当,提升思想道德素质和法治素养,立志为新时代贡献青春力量。

第一章　人生的青春之问

本章重难点

(一)社会属性是人的本质属性

运用辩证唯物主义和历史唯物主义的观点,阐释马克思关于人的本质的科学论断。"人的本质不是单个人所固有的抽象物,在其现实性上,它是一切社会关系的总和。"马克思的这一科学论断为考察人的本质提供了科学的思维方法。

(二)如何树立正确的人生观

树立科学高尚的人生追求,把"服务人民、奉献社会"作为人生的最高追求;保持认真务实、乐观向上、积极进取的人生态度;正确评价人生价值,不断增强实现人生价值的能力和本领,在实践中实现自己的人生价值。

(三)如何创造有意义的人生

大学生要在科学高尚的人生观指引下,正确对待人生矛盾,自觉抵制错误观念,努力提升人生境界,成就出彩人生。

问题一:如何正确理解马克思关于人的本质的科学论断

(一) 人是什么?

1. 中国古代对人的认识

中国古人对人的认识,集中在对"人性"善恶的论述中。

孔子把个人看作是社会中的一分子,主张把人放在与他人的相互关系中去把握,并由此确定了人际相处的基本规范。孔子对人性的思考,突出了人的衣食住行等基本需求满足之后对人的心灵的陶冶和道德修养的提高。他没有明言人性是善还是恶,而是认为人性应该朝着"仁"的方向塑造。

告子解释了何为"性",他说"生之谓性""食色,性也",食与色是人与生俱来的本能,所以无所谓善恶,"或曰:可以为善,可以为不善""或曰:有性善,有性不善"。他还用水做比喻说:"性,犹湍水也,决诸东方则东流,决诸西方则西流。人性之无分于善不善也,犹水之无分于东西也。"

孟子持有人性善的观点,他认为人具有动物所没有的高尚追求和行为准则,即"仁、义、礼、智",人所表现出的"恻隐之心,羞恶之心,恭敬之心,是非之心"等善端,"非由外铄我也,我固有之也"。

荀子说:"人之性恶,其善者伪也。"虽然荀子认为人性本恶,但他与孟子相同的是看到了人与动物有着根本的不同:"水火有气而无生,草木有生而无知,禽兽有知而无义,人有气有生有知,亦且有义,故最为天下贵也。""人之所以为人者,何已也? 曰:以其有辨也。"虽然人"生而好利",但仍可通过圣人"化性起伪"来进行改造,使人生因道德而有别于动物,从而更有意义。

扬雄(人性善恶混说)认为:"人之所好而不足者,善也;人之所丑而有余者,恶也。君子日强其所不足而拂其所有余,则玄道之几矣。"

王充(人性三等说)认为:"上品之人纯善无恶、下品之人纯恶无善,中品之人则善恶相混。"

中国古代的思想家们很早就开始观察和思考人与动物的区别、人性形成的根源等问题,说明了人性的不同表现,也提出人性是发展的等观点,但是由于没有很好地厘清人性究竟所指,因而没有说清楚人性本身的问题。但是,这些观察与思考还是给今天的我们很多启发。

2.西方社会对人的探讨

从古希腊阿波罗神庙中的"认识你自己"到《俄狄浦斯王》中记载的"斯芬克斯之谜",都表达了西方人探寻人类自身的愿望。

苏格拉底说:"道德与智慧初无差别,而邪恶系由无知而来。"

亚里士多德说:"人天生是个政治动物。"

黑格尔说:"精神……人之所以为人的本质……是自由的。"他把人视为绝对精神的客观外化,其本质是劳动。

费尔巴哈说:"作为自然本质,人就部应当有一个特殊的、超乎她的,超乎人的规定,正像动物不应当有超乎动物的规定,植物不应当有超乎植物的规定一样。"

在现代西方哲学中,坚持人本主义的思想家们对人的本质规定体现出非理性主义色彩。叔本华的"生活意志""生殖意志",尼采的"强力意志",弗洛伊德的"本我""自我""超我",萨特的"存在先于本质",都是人本主义思潮在这一领域中的具体表现;而在当代西方哲学家的视野中,科学主义思潮主张以科学的技术分析来定义人,如斯金纳站在

"人性科学传统的反动"的立场上,尖锐批评传统人文主义的"自主人"的概念。显然,人本主义与科学主义各执一端,片面理解了人的本质,但这些理论也为马克思人的本质观奠定了基础。

3. 马克思主义人的本质观

第一,"劳动或实践是人的本质"集中阐述于《1844年经济学哲学手稿》。马克思在《1844年经济学哲学手稿》中指出:"人的类特性恰恰就是自由的自觉的活动。"这一思想,提出人的生命活动有其特有的方式,即实践或劳动。实践活动是人和动物的最本质的区别,也是产生和决定人的其他所有特性的根据。这篇文章批判继承了黑格尔人的本质的理论,黑格尔看到了劳动的本质但他把人的劳动理解为抽象的精神的活动,而马克思认为人正是通过劳动实践改造了自然界,创造对象世界,证明了人是有意识的生命活动,而有意识的生命活动把人和动物区分开来。但马克思把人的有意识的活动当作"类特性",这个"类"在费尔巴哈那里是指人的自然本质,然而费尔巴哈没有把人看成是社会的历史的人,所以还存在很大局限,没有从根本上扭转到现存的社会实践上来。马克思这一思想是对费尔巴哈"类"认识的突破。

第二,"人的本质是一切社会关系的总和"集中阐述于《关于费尔巴哈的提纲》。马克思在《关于费尔巴哈的提纲》中指出:"人的本质不是单个人所固有的抽象物,在其现实性上,它是一切社会关系的总和。"人类社会存在两种关系,自然关系和社会关系。在社会关系中,生产关系是主要的社会关系,是"决定其余社会关系的基本的原始的关系"。首先,人的实践活动最先以改造自然为基础,人是自然界的一部分,是自然界发展到一定阶段的产物。人与自然是紧密联系的,人必须通过改造自然从中获取维持自身生存的生活资料。同时,人对自然的改造并不是孤立进行的,纯粹单个人的对自然的改造是不会永续进行的,人在改造自然的同时必然会与他人发生联系。人对自然多样的需求就要求人参与丰富多样的社会活动,最终形成丰富多彩的社会生活。其次,人的实践活动是对象化的社会活动,同时也是社会化的历史活动。人除了要在改造自然的过程中与他人发生关系,更重要的是要在社会生活中参加丰富多样的实践活动,这些实践活动包括家庭、朋友、同学等一切与人发生联系的活动,多样的活动相互联系、相互作用就构成了社会关系的总和,这种总和并不是各项活动的简单相加,而是在实践过程中有机的融合,是一个复杂的系统。马克思从社会的、历史的、实践的角度出发考察人,论证了人本质的内在规定性。

案例1:狼孩的故事

1920年,印度一个山村,人们在打死一只狼后,在狼窝里发现了两个由狼抚养大的女孩,大的 8 岁(取名卡玛拉),小的 2 岁(取名啊玛拉,因体弱死去)。狼孩自幼远离人类社会,在狼窝里长大,生活习性与狼别无二致。不会直立行走,只能用四肢爬行;白天睡觉,晚上活动,怕光怕火;不吃素食熟食,只吃生肉;不是用手拿着吃,而是放在地上用牙齿撕咬;不遮挡身体,不会说话,只会像狼一样引颈长嚎。卡玛拉在孤儿院用了 2 年时间才学会站立,用了 9 年时间才学会 45 个词和几句简单的话,到 17 岁时,智力相当于 4 岁儿童。

狼孩的案例充分说明远离了人类社会,狼孩已经不具备社会属性的特质。婴儿要成长为一个完整的人,有效地投身于社会的人,就必须社会化。社会化有两个任务:一是个体知道社会对他有哪些期待,规定了哪些行为规范;二是使个体逐步具备实现这些期待的条件,自觉地以社会行为规范来指导自己的行为。而这两个任务都必须在群类中、在社会生活中才能完成。社会属性是人的本质属性。个人在群类当中开启人生,必须经过社会化,而社会化过程中关键是要习得一种能力,那就是自我扩大的能力。

第三,"人的需要即人的本质"集中阐述于《德意志意识形态》。马克思在《德意志意识形态》中指出:"他们的需要即他们的本性。""人的需要的丰富性具有什么样的意义,从而某种新的生产方式和某种新的生产对象具有什么样的意义。人的本质力量得到新的证明,人的本质得到新的充实。"人类发展史就是一部人的需要中人的本性不断改变和发展的历史。离开了人的需要,人的一切实践活动和一切社会关系都将不复存在。

解读 1:人有自然属性和社会属性,人的本质属性在于社会属性。

人的自然属性是指人的生理结构和自然本能。自然本能是人和动物都有的。人的社会属性,是指人在一定的社会环境中表现出来的性质,主要表现为劳动、语言、思维等。人只有与人交往、在人与人的社会关系中才能实现和体现人的社会属性,否则,人只是动物性而非社会性的人。

解读 2:人的本质是一切社会关系的总和。

任何人都是处在一定的社会关系中从事社会实践活动的人。每一个人从来到人世的那天起,就从属于一定的社会群体,同周围的人发生各种各样的社会关系,如家庭关系、地缘关系、业缘关系、经济关系、政治关系、法律关系、道德关系等。人的社会关系的总和决定了人的本质。

解读 3:人的本质是随着历史的发展而发展的。

社会关系随着历史的发展而不断发展变化,人们也是在这种不断变化的社会关系中塑造自我,成为真正现实的、具有个性特征的人。因此,认识人的本质,只能立足于具体的、历史的社会关系中从事社会实践的人。

以上三个命题分别揭示了人的劳动本质、社会关系本质和需要本质,三者是紧密联系、不可分割的,从而构成了关于人的本质的全面理解,离开任何一个方面,都无法全面准确地把握人之为人的本质。在处理人生问题的时候,不必纠结于眼前利益的得失,也不受局部利益的诱惑,要学会用发展的眼光、全面的眼光看问题。

(二)个人和社会的关系

案例2:"杂交水稻之父"袁隆平逝世

2021年5月22日13点07分"杂交水稻之父"、中国工程院院士、"共和国勋章"获得者袁隆平在湖南长沙逝世,享年91岁。

水稻是湖南主要农作物。1966年,袁隆平在《科学通报》上发表论文《水稻的雄性不孕性》,正式提出通过培育水稻"三系",以"三系"配套的方法来利用水稻杂种优势的设想与思路,由此拉开中国杂交水稻研究的序幕。1996年,中国农业农村部提出超级稻育种计划。袁隆平领衔的科研团队通过形态改良和杂种优势利用相结合的技术路线,成功攻破水稻超高产育种难题,不断刷新亩产产量。目前,超级稻计划的五期目标已经全部完成,分别是亩产700公斤、800公斤、900公斤、1000公斤和1100公斤。

"禾下乘凉梦"和"杂交水稻覆盖全球梦"是袁隆平一生的梦想。前者是他真实的梦境,他曾梦见试验田里的超级杂交水稻长得比高粱还高,穗子有扫帚那么长,谷粒有花生米那么大,他和助手坐在稻穗下乘凉。这一梦想随着不断高产的超级稻逐渐成为现实。后者是希望超级稻走出国门,为世界粮食安全做出贡献。

近年来,袁隆平虽然年事已高,但一直坚守在科研一线。他表示要向更高产的育种目标进军,"不从事杂交水稻,我的生活就没有意义了。"袁隆平1981年获得国家发明特等奖,2001年获得首届国家最高科学技术奖,2014年获得国家科学技术进步特等奖,2018年获"改革先锋"称号,2019年被授予"共和国勋章"。他还相继获得联合国教科文组织"科学奖"等二十余项国内国际大奖。

(源自:中国新闻网)

袁隆平院士是中国杂交水稻事业的开创者,从事杂交水稻研究半个世纪,不畏艰难,甘于奉献,呕心沥血,不懈探索,为人类运用科技手段战胜饥饿带来绿色的希望和金色的收获。他不仅为解决中国人民的温饱和保障国家粮食安全做出了贡献,更为世界和平和社会进步树立了丰碑。他凭借执着的科学精神、造福人民的崇高品质推动人类社会向摆脱贫困的目标跨越了一大步。同时,国家也提供给袁老研发的平台和资金支持,并通过授予国家最高科学技术奖、国家科学技术进步特等奖、"改革先锋"称号、"共和国勋章"等方式充分肯定了袁老的人生价值,实现了个人与社会关系的良性互动。

1.个人与社会是对立统一的关系,两者相互依存、相互制约、相互促进

社会环境对人的存在、人的活动具有制约性。第一,人无法选择他存在之初的社会物质生产力状况,人的生存与发展无法脱离当时的社会物质条件的制约。第二,社会关系对人的本质的决定作用。第三,人的交往关系对于生产力的保存和社会的进步具有重要的保障和促进作用。第四,人作为自然界的组成部分受到自然必然性的制约,同时人作为社会关系的产物在社会生活中也受到社会环境对人的制约。

人是生产力中最为活跃的因素,人对社会环境具有能动性的一面。第一,促进生产力的发展,不断改善社会条件。第二,推动社会变革,建立新的社会制度,创新人类交往模式。第三,人类通过实践活动不断地扬弃人自身及社会的异化,促进人与社会的良性互动与和谐共生。

社会是由一个个具体的人组成的,离开了人就没有社会,社会是人的存在形式。同时,人是社会的人,离开了社会人也无法生活。社会成员素质的不断提高是社会发展的重要基础,推动和实现人的全面发展是社会发展的根本目标。

2.个人与社会的关系,最根本的是个人利益与社会利益的关系

个人利益的满足只能是在一定的社会条件下、通过一定的社会方式来实现。在社会主义社会中,个人利益与社会利益在根本上是一致的。社会利益离不开个人利益,个人利益也离不开社会利益。社会利益不是个人利益的简单相加,而是所有人利益的有机统一。社会利益体现了作为社会成员的个人的根本利益和长远利益,是个人利益得以实现的前提和基础,同时它也保障着个人利益的实现。

案例3:囚徒困境

警察局抓住了两个合伙犯罪的犯罪嫌疑人,但获得的证据并不十分确切,对于两者的定罪量刑就取决于他们对于犯罪事实的供认情况。为防其相互间串供,两犯罪嫌疑人被分别拘捕、隔离审问,他们面临着认罪策略选择的问题。摆在他们面前的选择无非两种:坦白或不坦白。按照全世界通用的政策,坦白从宽、抗拒从严,所以若两人均坦白,则可以从轻处理,分别被判刑8年;若两人中有一人坦白而另一人拒不坦白,则坦白者可判5年,拒不坦白者将从重处罚被判10年;当然,若两人拒不交代,而警方手中又无足够的证据可以指控犯罪嫌疑人,那他们只能按妨碍公务罪各被判1年。因此,对两个囚徒来说,最佳结果是两人都不坦白,各判1年。但由于两个囚徒没有条件串供,他们并不确定对方是否会坦白,所以对于囚徒A而言,不管囚徒B采取何种策略,他的最佳策略都是交代。对于囚徒B而言也是如此。最后,两个囚徒决策时都以自己的最大利益为目标,都会选择交代,结果是两人各判8年。

人生的内容是由复杂多样的社会关系和社会活动构成的。个人与社会之间是辩证统一的关系。一方面,社会离不开个人,个人是构成社会的前提;另一方面,个人也离不开社会,社会是个人生存和发展的基础。个人与社会的关系,归根结底是个人利益与社会整体利益的关系。所以,每个人在追求或维护个人利益时,不能仅从个人的需要出发,还应适当考虑他人和社会群体的利益。因为若是损害了他人和群体的利益,也有可能损害自己的需要和利益。囚徒困境作为博弈论中一个具有代表性的例子,充分演绎了个人与社会之间的同进步同退步、紧密的双向利益关系,反映了个体行为与集体行为选择之间的矛盾和冲突。即当每个人都以自己的最大利益为目标采取行为时,行为的结果反而是无法实现最大利益的。所以只有从全局、整体出发,必要时为社会做出一定的牺牲,才能创造出个人与社会共同进步的双赢结果。

3. 人的社会性决定了人只有在推动社会进步的过程中,才能实现自我的发展

我国的社会主义制度,深度剖析并把握了人与社会的根本关系,将人与社会紧密地联系在一起,能够集中全国力量解决问题办大事。全国上下,全国各族人民一条心,统筹兼顾,没有任何一个人置身事外,所有人自觉地承担了属于自己应尽的社会责任,风雨同舟,众志成城。大学生思考人生问题,应该正确认识和处理个人与社会的关系,把小我和大我更好地统一起来,把自己的人生追求同社会的发展进步紧密结合起来,在为社会作贡献的过程中成长进步,实现自己的人生价值。

回望近代以来,中华民族历经磨难,在曲折的道路上实现了从站起来、富起来到强起来的伟大飞跃,都得益于中华民族能够正确处理好个人与社会的关系,能够集中全国人民的力量解决问题。大学生思考人生问题,应当正确处理好个人与他人、个人与集体、个人与国家、自我价值与社会价值、自我责任与社会责任、自我修养与社会规范之间的关系,才能够为我国的社会主义事业建设添砖加瓦,同时实现自我的人生价值。

问题二:人为什么活着

案例1:关于人生目的的困惑

1980年有一篇题为《人生的路啊为什么越走越窄》的文章在《中国青年》上发表,文章讲述了一个23岁青年的人生历程。那是一段由紫红到灰白的历程,一段由希望到失望再到绝望的历程,一段人生的长河起源于无私但最终又以自我为归宿的历程。一个只有23岁的青年,却感叹人生的路已经走到尽头,这是何等的无奈。这篇文章就是著名的《潘晓的来信》,它集中反映了经历"文化大革命"的那一代大学生对人生问题的彷徨与

困惑。20年后,一篇题为《人生的路啊为什么越走越宽》的文章在《北京青年》上发表。文章回应了20年前潘晓们的困惑,并指出现代的青年依然困惑,只是他们的困惑已经走向了潘晓们的反面,即面对社会的多样化发展,面对社会的思想多元、利益多元、价值多元、评价多元、情感多元等,感叹人生的路过于宽广,不知道该如何选择,表现出在人生问题上的不知所措、惶惑不安、无所适从。几年前,又有人以《新世纪的潘晓讨论——青年该怎样活着》为题在网上发表文章,这篇文章更加清晰地表达了当下青年大学生的人生困惑。

从这三篇文章中,我们可以看到,不同的时期,不同的人生境遇,青年学生对人生的困惑还在延续,虽然困惑的具体内容不同,但它们都有一个共的、根本的指向,那就是困惑于"人到底为什么活着"。既然不能只为自我而活,不能无所适从地活,也不能只为学位、工作麻不仁如行尸走肉般地活,那到底为什么活着呢?"人到底为什么活着"已然成长期困扰不同时期大学生们的一个重要问题。

其实,"人到底为什么活着"的问题就是人生目的的问题,人生目的就是对"人到底为什么活着"这一人生根本问题的认识和回答。追问"人为什么活着",就要理性地认识人生目的。

(一)人生为什么需要目的

在《潘晓的来信》中的主人公,他们就是在现实的挣扎中迷失了人生目的,就像信中所呈现的:"如说为革命,显得太空不着边际……如说为名吧,未免离一般人太远,如说为人类吧,却又和现实联系不起来……如说为吃喝玩乐……也没什么意思。"找不到人生的目的了,于是,只能感叹人生的路越走越窄,这是多么的迷茫困惑!而要克服这种迷茫困惑,就要努力去找寻人生目的。人生目的规定了人生的大方向,能够指引我们走上不同的人生道路;人生目的能够激发人生态度,赋予人生不同的精神力量;人生目的还告诉我们人生真正的意义、价值是什么,并决定其实现程度。

人的活动与动物的活动的重要差别在于人的活动是有目的的。高尚的人生目的在人生历程中展现出来的人生态度和精神力量,以及人生价值的实现程度都与他们的人生目的密切相关。例如,马克思在他的中学毕业论文中写道:"如果我们选择了最能为人类幸福而劳动的职业,那么,重担就不能把我们所压倒,因为这是为人类而献身。那时,我们所感到的就不是可怜的、有限的、自私的乐趣,我们的幸福将属于千百万人。我们的事业是默默的,但她将永恒地存在,并发挥作用。面对我们的骨灰,高尚的人们将洒下热泪。"马克思青年时期确立的人生目的,对他的一生产生了重要的影响。

人是一切社会关系的总和,社会关系要求我们承担相应的家庭及社会责任。因此年轻人要选择人生目的时,要了解我们所处的时代,勇于担负时代赋予我们的责任,为民族为世界解决大问题,这样才真正实践了人生的价值和意义。

(二)确立科学高尚的人生目的

《钢铁是怎样炼成的》中保尔·柯察金有一句名言——人生最宝贵的是生命,生命对于我们只有一次。一个人的生命应当这样度过:当他回忆往事的时候,他不因虚度年华而悔恨,也不因碌碌无为而羞愧。在临死的时候,他能够说:"我的整个生命和全部精力,都已献给世界上最壮丽的事业——为人类的解放而斗争。"人的生命的长度是有限的,个人往往左右不了,但生命的宽度和厚度往往是由我们自己决定的。人生如同故事。重要的并不在有多长,而是在有多好。

案例2:人生中的大石头

一天,时间管理专家为一群商学院学生讲课。他现场做了演示,给学生们留下一生难以磨灭的印象。站在那些高智商高学历的学生前面,他说:"我们来个小测验。"拿出个一加仑的广口瓶放在他面前的桌上。随后,他取出一堆拳头大小的石块,仔细地一块块放进玻璃瓶里。直到石块高出瓶口,再也放不下了,他问道:"瓶子满了吗?"所有学生应道:满了。时间管理专家反问:"真的?"他伸手从桌下拿出一桶砾石,倒了一些进去,并敲击玻璃瓶壁使砾石填满下面石块的间隙。"现在瓶子满了吗?"他第二次问道。但这一次学生有些明白了,"可能还没有",一位学生应道。"很好!"专家说。他伸手从桌下拿出一桶沙子,开始慢慢倒进玻璃瓶。沙子填满了石块和砾石的所有间隙。他又一次问学生:"瓶子满了吗?""没满!"学生们大声说。他再一次说:"很好。"然后他拿过一壶水倒进玻璃瓶直到水面与瓶口平。他抬头看着学生,问道:"这个例子说明什么?"一个心急的学生举手发言:"它告诉我们:无论你的时间表多么紧凑,如果你确实努力,你可以做更多的事!""不!"时间管理专家说:"那不是它真正的意思。这个例子告诉我们:如果你不是先放大石块,那你就再也不能把它放进瓶子里。那么,什么是你生命中的大石块呢?与你爱人共度时光,你的信仰、教育、梦想,或是和我一样,教育指导其他人?切切记得先去处理这些大石块,否则,一辈子你都不可能做到。"

现在我们要做的,就是明确人生中的大石头,并把它们先放进你人生的瓶子里。

人生目的是人生观的核心,是指生活在一定历史条件下的人在人生实践中关于自身行为的根本指向和人生追求,是我们人生中的"大石头"。

什么样的人生追求是科学而高尚的人生追求呢?在社会主义中国,大到国家、社会进行的各种建设活动,小到个人的生命实践都是为了推动和促进人的自由全面发展这个最高价值目标。"服务人民,奉献社会"代表了人类社会迄今最先进的人生追求。服务人民、奉献社会的人生追求,以历史唯物主义关于人民群众是历史的创造者的基本观点为理论基础,指明了人在成长和发展过程中应确立的人生目标和方向,其科学而高尚的品质代表了人类社会迄今为止最先进的人生追求。这是当前我国的主导人生价值导向,人生价值导向是社会群体或整个社会对社会成员进行的人生追求引导、示范和要求,它引导人们将其作为自己的人生价值取向。在不同的历史时期,中国共产党人将马克思主义与中国革命、建设、改革的具体实际相结合,阐述了服务人民和奉献社会的人生观的深刻道理,熏陶、感染、引领了一代代革命者和建设者,对中国革命、建设、改革事业产生了重要的推动作用。

为人民服务的人生目的是建立在历史唯物主义关于人民创建历史的科学理论基础之上的。唯物史观认为,人民群众是社会物质财富的创造者,是社会精神财富的创造者,是社会变革的决定力量。这一原理要求我们在实际生活中坚持群众观点。所谓群众观点就是坚信人民群众自己解放自己,全心全意为人民服务,一切向人民群众负责,毛泽东所讲,"人民,只有人民,才是创造世界历史的动力"。服务人民、奉献社会的人生追求,以历史唯物主义关于人民群众是历史的创造者的基本观点为理论基础,指明了人在成长和发展过程中应确立的人生目标和方向。一个人确立了服务人民、奉献社会的人生追求,才能清楚地把握人的生命历程和奋斗目标,深刻理解人为了什么而活、应走什么样的人生之路等道理。一个人确立了服务人民、奉献社会的人生追求,才能以正确的人生态度对待人生、解决实际生活中的各种问题,以人民利益为重,始终对祖国和人民具有高度的责任感,在服务人民、奉献社会中实现自己的人生价值。一个人确立了服务人民、奉献社会的人生追求,才能掌握正确的人生价值标准,才能懂得人生的价值首先在于奉献,自觉用真善美来塑造自己,不断培养高洁的操行和纯朴的情感,努力使自己成为一个高尚的人。

只有为人民服务的人生目的才能实现个人与社会的有机统一,树立为人民服务的人生目的,不仅能获得物质利益,而且更能获得精神提升。

案例 3:2018 年 10 月 23 日港珠澳大桥正式开通

港珠澳大桥开通仪式 23 日上午在广东珠海举行。港珠澳大桥跨越伶仃洋,东接香港,西接广东珠海和澳门,总长约 55 公里,是粤港澳三地首次合作共建的超大型跨海交通工程。10 月 24 日上午 9 时港珠澳大桥将正式通车运营,一桥飞架粤港澳,天堑变通途,全国人民共同见证这个"超级工程"通车的历史性一刻。港珠澳大桥的建成开通,凝聚着林鸣等一批工匠的心血和才智。林鸣主持建设的岛隧工程是港珠澳大桥难度最大的部分。也是世界上规模最大的公路沉管隧道和唯一的深埋沉管隧道,设计施工均无成熟经验可以借鉴。林鸣的建设团队精细勘测、精细设计、精细施工，港珠澳大桥海底沉管隧道整体沉降不超过 5 厘米，在中国深海创造了一项世界纪录。在他的带领下，他所带领的团队解决了一个又一个世界级的难题，创造了无数个世界第一；在他的带领下，被称之为"新世界七大奇迹"的港珠澳大桥顺利完工，也宣告这个被公认的"当今世界上最具挑战性的世纪工程"最终被征服。

港珠澳大桥开通时刻，61 岁的林鸣用跑完 55 公里的大桥来纪念这一时刻，他要跟时间赛跑，那是因为在港珠澳大桥沉管隧道 E1 沉管出坞浮运的时候，出现了基床回淤物百度超标这样意想不到的困难。一旦错过适合的沉管时机，需要付出巨大的时间代价。他要跟国际标准跑。因为他在接手港珠澳大桥工程前，接触并考察过世界一些成熟的海底工程，不得不承认我国建海底隧道技术与国际标准之间存在巨大的差距，这刺激着他不断地钻研、突破，最终征服了国外公司。港珠澳大桥的建成惠及了广大人民群众，打通了香港至粤西乃至广西贵州等西南地区的通道，提升了香港的辐射能力和范围，扩大了海上丝绸之路，正是以林鸣为代表的大国工匠的这种思想成就了无数的世界奇迹。

"服务人民、奉献社会"，代表了人类社会迄今最先进的人生追求。人民群众是社会历史的主体，是社会物质财富和精神财富的创造者，是社会变革的决定力量，不论在革命战争年代，还是在和平建设时期，服务人民、奉献社会这一高尚的人生追求，熏陶、感染了一代代的革命者和建设者，对中国革命、建设、改革事业产生了重要的推动作用。

服务人民、奉献社会的人生追求，以历史唯物主义关于人民群众是历史创造者的基本观点为理论基础，指明了人在成长和发展过程中应确立的人生目标和方向。

一个人确立了服务人民、奉献社会的人生追求，才能清楚地把握人的生命历程和奋斗目标，深刻理解人为了什么而活、应走什么样的人生之路等道理。一个人确立了服务人民、奉献社会的人生追求，才能以正确的人生态度对待人生、解决实际生活中的各种问题，以人民利益为重，始终对祖国和人民具有高度的责任感，在服务人民、奉献社会中实现自己的人生价值。一个人确立了服务人民、奉献社会的人生追求，才能掌握正确的人生价值标准，才能懂得人生的价值首先在于奉献，自觉用真善美来塑造自己，不断培养高洁的操行和纯朴的情感，努力使自己成为一个高尚的人。

树立为人民服务的人生目的，才能高度警惕和自觉抵制各种错误人生观的影响，以积极进取的人生态度对待人生、对待生活，在服务人民、奉献社会中实现自己的人生价值。改革开放以来，我国社会生活发生了很大的变化，受西方价值观念的渗透和影响，拜金主义、享乐主义和极端个人主义的人生取向都有一定的表现。加之我国改革开放过程中出现的种种社会矛盾和现实问题也会对每个社会成员的思想产生冲击，在思想上造成一定程度的混乱，使他们感到困惑、迷茫和无措，不少青年缺乏科学理论的指导和对现实生活的正确理解与把握,更是对各种不良现象失去正确的认知和判断能力。市场经济的实行,鼓励个人对正当物质利益的追求,与此同时,也导致了不少人特别是青年人人生价值观的裂变,利己主义的人生价值观日渐抬头,人生价值目标功利化,经济价值影响日益提升,从而影响其他人生领域的价值选择,那种表现精致的利己主义者正是其中突出的写照。如果缺失了正确的人生目的的指导,以错误的人生价值指导行事,即使我们个人获得了成功,自我满足程度很高,但是不能摆正个人与社会的关系,甚至为利己而不择手段,最终还是容易陷入虚无、无意义的巢窠之中,成为一个"空心人",而局限了我们人生的真正意义。我们每个人在日常生活中常常会觉得自身力量的弱小,可是,道理也是十分浅显的,每项大事业都是靠每一个人或大多数人的合力缔造的。历史是这样创造的:最终的结果总是从许多单个的意志的相互冲突中产生出来的,而其中每一个意志,又是由于许多特殊的生活条件才成为它所成为的那样。这样就有无数互相交错的力量,有无数个力的平行四边形,由此就产生出一个合力,即历史结果。而这个结果又可以看作一个作为整体的、不自觉地和不自主地起着作用的力量的产物。因为任何一个人的愿望都会受到任何另一个人的妨碍,而最后出现的结果就是谁都没有希望过的事物。所以到目前为止的历史总是像一种自然过程一样地进行,而且实质上也是服从于同一运动规律的。然而,从这一事实中绝不应得出结论说:这些意志等于零,相反地,每个意志都对合力有所贡献,因而是包括在这个合力里面的。只有将个体的"小"我融于人群之中才能收获"大"我,那样我们就能合力改变社会,创造历史,才能收获更为丰富多彩而壮丽的生命感受。

问题三:怎样的人生是值得过的?(探讨"成为谁"的问题)

值得与不值得是价值判断的问题,关系到人生的价值选择与价值取向。价值,这个普遍的概念是从人们对待满足他们需要的外界物的关系中产生的,价值总是客体对于主体来讲的。人生价值就是人的生命及其实践活动对于社会和个人所具有的作用和意义。

(一)几种人生价值观的探讨

1. 拜金主义的人生值得过吗?

所谓拜金主义人生观是一种认为金钱可以主宰一切,把追求金钱作为人生至高目的的人生观。拜金主义人生观将金钱神秘化、神圣化,视金钱为圣物,以追逐和获取金钱作为人生的目的和生活的全部意义,金钱成为衡量人生价值的唯一标准。

现实生活中,秉承拜金主义人生观的并不在少数,从古代的"人为财死,鸟为食亡",到现代的"一切向钱看",从杨朱的"拔一毛而利天下者,不为也",到马诺的"我还是在宝马里哭吧",诚然,金钱与人生有着密切的联系,但是金钱不是人生的全部。散文家孙淡宁在《农妇随笔选》中谈到了对金钱的认识:

金钱能买到房屋,但买不到家;

金钱能买到药物,但买不到健康;

金钱能买到美食,但买不到食欲;

金钱能买到床,但买不到睡眠;

金钱能买到珠宝,但买不到美;

金钱能买到娱乐,但买不到愉快;

金钱能买到书籍,但买不到智慧;

金钱能买到谄媚,但买不到尊敬;

金钱能买到伙伴,但买不到朋友;

金钱能买到奢侈品,但买不到文明;

金钱能买到权势,但买不到威望;

金钱能买到服从,但买不到忠诚;

金钱能买到躯壳,但买不到灵魂;

金钱能买到虚名,但买不到实学;

金钱能买到小人的心,但买不到君子的志。

金钱不是万能的,获得金钱的手段应当正当、合法。如果一味地被眼前的金钱利益诱惑,为了获得金钱而不择手段,那么也就变成了金钱的奴隶。正如著名诗人泰戈尔在《飞鸟集》中写道:"鸟翼上系上了黄金,这鸟便永不能再在天上翱翔了。"

因此,被物欲浸染的人生不值得一过。

2. 享乐主义的人生值得过吗?

享乐主义人生观是一种把享乐作为人生目的的人生观,主张人生的唯一目的和全部内容就在于满足感官的需求与快乐。享乐主义经常与拜金主义相伴,只讲生活享受而不讲财富创造。习近平总书记多次强调纠正党内的"四风"之一就包括享乐主义,因为如果把感官上或精神上的享受作为人生目的,在工作上就会出现精神懈怠、不思进取,追名逐利、贪图享受,讲究排场、玩风盛行,这会严重影响党的执政基础。对于非党员群众来说,劳动是创造价值的源泉,幸福是奋斗出来的,如果人人只想享受,谁来劳动呢? 人人都为自己,谁来为大家呢? 正如爱因斯坦所说的:"就在这个意义上,我从来不把安逸和享乐看作是生活目的本身——这种伦理基础,我叫它'猪栏的理想'。"

3.极端个人主义的人生值得过吗?

极端个人主义人生观是一切从个人出发,把个人的利益放在集体利益之上的人生观,主张个人本身就是目的,具有最高价值,社会和他人只是达到个人目的的手段。个人主义是生产资料私有制的产物,是资产阶级世界观的核心。

案例1:杨克勤受贿案依法公开审判

2021年5月17日上午,河北省石家庄市中级人民法院一审公开宣判吉林省人民检察院原党组书记、检察长杨克勤受贿案,对被告人杨克勤以受贿罪判处有期徒刑13年,并处罚金人民币400万元;对杨克勤受贿所得财物及其孳息依法予以追缴,上缴国库。

2011年至2019年,被告人杨克勤先后利用担任中央政法委政法研究所所长、中央司法体制改革领导小组办公室副主任、吉林省人民检察院党组书记、检察长等职务上的便利或职权、地位形成的便利条件,为相关单位和个人在企业经营、案件处理及职务调整等事项上提供帮助,直接或通过其家属非法收受他人给予的财物,共计折合人民币4635.6141万元。

杨克勤受贿所有表现都说明他的思想已经被极端个人主义的思想所侵蚀,损公肥私、见利忘义,国家依法惩处其犯罪行为亦是对极端个人主义的思想敲响警钟。

极端个人主义是剥削阶级的人生观,反映的都是狭隘的阶级利益,不可能具有无产阶级的宽广胸怀和远大志向,更不能代表人民群众利益。没有把握个人与社会的正确关系,忽视或否认社会性是人的存在和活动的本质属性,讨论人生问题的出发点和落脚点都是一己之私利。对人的需要的理解是片面的,夸大了人生的某方面需要,而无视人的全面性和人生的全面需要。

4."佛系"虚无主义的人生值得过吗?

虚无主义人生观是把生命的意义和价值归于虚无的消极厌世的人生观。今天的"佛系青年",表现的是卑微的虚无主义态度。

案例2:"佛系青年"与"混世魔童"的碰撞

近年来,互联网上"佛风"劲吹,佛系青年、佛系追星、佛系乘客、佛系学生、佛系购物、佛系恋爱……一大波"佛系"概念汹涌而来。佛教并非新鲜事物,也很少与时尚流行结缘,然而在互联网时代,与"90后"这个自带流量光环的词汇结合,竟然散发出说不出的"怪味"。无可无不可,随遇而安,随便都行,不求输赢,是"佛系"的生活方式,如果说是时尚品,那也是舶来品,日本著名管理学家大前研一在《低欲望社会》中分析了日本经济进入衰退的人为因素,即日本年轻人没有欲望、没有梦想、没有干劲,日本已陷入"低欲望社会"。

佛系生活方式,是否适合中国青年呢?2019年上映的一部很火的动画题材电影《哪吒之魔童降世》似乎给了我们一个答案。天地灵气孕育出一颗能量巨大的混元珠,元始天尊将混元珠提炼成灵珠和魔丸,灵珠投胎为人,助周伐纣时可堪大用;而魔丸则会诞出魔王,为祸人间。元始天尊启动了天劫咒语,3年后天雷将会降临,摧毁魔丸。太乙受命将灵珠托生于陈塘关李靖家的儿子哪吒身上。然而阴差阳错,灵珠和魔丸竟然被调包。本应是灵珠英雄的哪吒却成了混世大魔王,这调皮捣蛋顽劣不堪的哪吒却徒有一颗做英雄的心。然而面对众人对哪吒的误解和即将来临的天雷的降临,哪吒是否命中注定会立地成魔,他将何去何从。该片改编自中国神话故事,讲述了哪吒虽"生而为魔"却"逆天而行斗到底"的成长经历的故事。感觉更像是现在人们生活压力的写照,命不好,不认命。《哪吒之魔童降世》的成功除了技术因素之外,它主题励志,是对当下"丧文化"的一种直接回击。现代文明史一再证明人力资源是财富的最大来源。西方文明近年来发展受挫,很大程度上是因为人的进取心特别是青年的干劲正在萎缩。法国、意大利等国家年轻人失业率高,并不因为社会上岗位供给不足,而是"年轻人不想工作",他们认为"反正不工作也有政府救济"。因此,即便是西方发达国家,也无法承担"青年被丧文化奴役"之痛。中国有今日的物质文化生活水平,很多专家归结为"人口红利",其中最大的红利是"青年人红利",他们积极进取勇立潮头,响应时代号召,到需要自己的地方工作,在最有市场潜力的领域创新创业,正是他们的拼搏力写就了欣欣向荣活力十足的"青年中国"。

鲁迅说,愿中国青年都摆脱冷气,只是向上走,不必听自暴自弃者的话。能做事的做事,能发声的发声。有一分热,发一分光。就如萤火一般,也可以在黑暗里发一点光,不必等候炬火。最酷的青春,不该由"丧文化"定义,而应用奋斗的汗水浇筑梦想的大厦。所谓"佛系青年"是彻底的青春悲剧,青春苦短,过不再来。唯有肩负起国家民族梦、扛起家庭责任梦才是灿烂无悔的青春。青年一代有理想、有本领、有担当,国家就有前途,民族就有希望,这才是中国青年该有的人生格言。

(参见:中国青年网,2019年12月19日)

(二)正确评价人生价值

人生价值就是作为客体的一个人的人生对于主体需要的满足,但人作为一种社会存在,其人生的所作所为不可能只满足于自我的需要,同时还应满足社会的需要,社会依赖每个个体的劳动和创造才能存在和发展。因此,评价人生价值的主体就有两个,即个体自身和社会。人生价值的含义就是人的生活实践对于社会和个人所具有的作用和意义。自我价值,是指个体的人生活动对自己的生存和发展所具有的价值。表现为对自身物质和精神需要的满足程度。社会价值,是指个体的实践活动对社会和他人所具有的价值,表现为一个人的贡献。人生自我价值的实现是个体为社会创造更大价值的前提;人生社会价值的实现是个体自我完善和全面发展的保障。人生价值是自我价值和社会价值的有机统一。人生是一个单向不可逆的自我实现过程,人生价值评价要有一定的尺度和标准。

1. 人生价值的评价尺度和标准

案例3:范冰冰阴阳合同偷逃税案

2018年6月初范冰冰的涉税问题被举报后,江苏等地税务机关开展调查,结果显示,范冰冰在电影《大轰炸》拍摄过程中实际获得片酬3000万元,其中的1000万元申报纳税,其余2000万以拆分合同方式偷逃个人所得税618万,少缴营业税及附加税112万元,合计730万元;范冰冰及其担任法人的企业少缴税2.48亿元,其中偷逃税款1.34亿元。根据《中华人民共和国税收征管法》规定,江苏省税务局将对范冰冰及其担任法人的企业追缴税款2.55亿元和滞纳金0.33亿元,对范冰冰利用拆分合同隐瞒真实收入和工作室账户隐匿个人报酬的真实性质以偷逃税分别处以4倍和3倍的罚款。最终范冰冰需要补齐的税款和罚金约为8.84亿元。

案例4:袁隆平团队杂交水稻双季亩产突破1500公斤

由"杂交水稻之父"袁隆平团队研发的杂交水稻双季亩产突破1500公斤大关,其中晚稻品种为第三代杂交水稻,具有高产、抗病、抗寒、抗倒等特点。这样的测产结果来之不易,具有很高的"含金量"。在长沙的湖南杂交水稻研究中心,当时90岁的袁隆平院士与测产现场进行了5G视频连线。衣着朴素的袁隆平说:"3000斤意味着离'禾下乘凉梦'更近了一步。"

人生价值的评价是指通过一定的标准对一个人的实践活动有无意义或意义大小的判断,表明肯定或否定的态度。两种行为,一个积极为社会做贡献,另一个却无益于社会进步。评价人生价值的根本尺度,是看一个人的实践活动是否符合社会发展的客观规律,是否促进了历史的进步。

马克思主义认为,人生价值不在于等级和地位,也不在于金钱和财富,而在于对社会的贡献。人的社会性决定了社会价值是人生价值最基本的内容,一个人的生活具有什么样的价值,从根本上说是由社会规定的。而社会对于一个人的价值评判,也主要以他对社会所做的贡献为标准。个体对社会和他人的贡献越大,其人生的社会价值就越大。如果个体的人生活动对社会和他人不仅没有贡献,反而起到某种反作用,那么,这种人生的社会价值就表现为负价值。一个社会,如果人人都只想索取而不思贡献,那么这个社会就会灭亡,个人的生存也无法保证。因此,衡量人生价值的标准,更重要的是看一个人对社会和他人的贡献。

2. 人生价值的评价方法

人在社会生活中,会根据一定的价值取向不断地进行价值选择,价值取向是主体在价值期待、选择、追求方面的倾向或方向,它决定于主体在环境影响与主体在自身生命感受基础上而形成的意义世界。生命的历程就是不断地进行价值选择的过程,而就是在这一个个的价值选择的过程中成了我们每个人完全不同的生存发展状况,也极大地影响着他人的生存和完善的状况。因而,个体的价值取向是否合理影响十分深远。社会个体的人生价值确定离不开社会关系的制约,也离不开个人的主动性,因此,人生价值取向带有明显的个性化和多样化特征,每个个体的人生价值取向呈现出丰富多彩的一面,也处在不断变化之中。

有人说:我就是一个平凡的人,做不了什么贡献,我只想要自己的"小确幸",不想要什么"伟光大",我的人生价值如何衡量呢?

案例 5:"当代雷锋"郭明义

郭明义,男,1958 年 12 月生,1980 年入党,本科学历。1977 年参军并于 1980 年被评为"全师学雷锋标兵",1982 年转业分配到鞍钢矿业公司齐大山铁矿工作。先后从事矿用大型汽车驾驶员、团支部书记、统计员、英文翻译工作。1996 年至今,任齐矿生产技术部采场公路管理员。他曾先后荣获当代雷锋、全国优秀共产党员、中央企业优秀共产党员、第三届全国道德模范、感动中国人物、辽宁省优秀共产党员、全国五一劳动奖章、辽宁省五一劳动奖章、全国无偿献血奉献奖金奖、全国红十字志愿者之星、鞍山市道德模范、鞍山市特等劳动模范等荣誉称号。

他以自己微薄的工资收入和献血补贴(从公民无偿献血法令实施后,已没有补贴),从 1994 年开始参加希望工程捐资助学活动,连续 17 年累计捐资助学 20 多万元,资助 300 多名困难学生完成学业,被誉为鞍山市"希望工程第一人"。

17 年里,郭明义资助了 300 多个孩子。在新疆喀什塔什库尔干县一所城乡寄宿制小学有些贫困学生。他当即拿出 3000 元钱,资助了 10 个孩子,同时向爱心团队发出倡议。短短十几天,志愿者们就捐款 3 万多元,送到了 100 多名塔吉克族孩子的手中。这其中,有 56 名孤儿。

他在鞍钢工作 29 年,收入 30 万元,捐献了 20 万元。各种补贴、奖金、慰问金全都捐了,所有奖品、慰问品也都捐了。他先后被评为各级劳模和优秀党员,一共获得 2.5 万元奖金,他又都捐了出来。给别人捐款,他从未有过丝毫犹豫。而对自己,哪怕花一分钱也要掂量再三。

他连续20年坚持无偿献血和捐献血小板,累计献血量已达6万多毫升,相当于自身总血量的近10倍,获得了国家卫生部等颁发的"全国无偿献血金奖"。同时,他还是眼角膜和遗体自愿捐献者。他献出的鲜血,不知让多少垂危的生命,焕发出新的生机与活力。他用满腔的热血,书写了纯洁闪亮、血浓于水的人间大爱。

他每天下班后都到浴池无偿为工友搓澡,借此机会向他们宣传捐献造血干细胞的意义,使1700多名工友(占鞍山市已采集样本总量的40%)先后7次参加了样本采集活动,其中1人配型成功,成为全国第1066名造血干细胞成功捐献者。

无论在什么岗位上工作,他都时刻发挥先锋模范作用,表现出一名共产党员的高风亮节,身边的工友和了解他的同志都对他赞叹不已,称他为"我们身边的活雷锋"。

多年来,郭明义每天工作10个小时以上,几乎没休息过一个完整的节假日。这么多年来,郭明义献血后连半天都没休息过。在郭明义先进事迹和崇高精神的感召下,鞍钢矿业公司广大职工和社会上能够接触到郭明义的人纷纷加入郭明义爱心团队,积极参与社会公益事业,帮助他人、奉献爱心。

(参见:鞍钢矿业 http://anmining.com/Tcrazy/Gmy.aspx)

伟大出自平凡,平凡造就伟大。郭明义是我们身边平凡得不能再平凡的人,而平凡与伟大并不是矛盾的词,新时代中国特色社会主义伟大事业,需要千千万万人。平凡的工作,也可以创造不平凡的成就;平凡的人,也可以获得不平凡的人生。平凡造就伟大,需要把平凡的事做好。平凡造就伟大,需要不懈的奋斗精神。脚踏实地把每件平凡的事做好,一切平凡的人都可以获得不平凡的人生,一切平凡的工作都可以创造不平凡的成就。英雄都是普通人,在各自不同的岗位上为社会和他人做贡献,生动阐释"世界上没有从天而降的英雄,只有挺身而出的凡人"。同时,也让我们意识到,无论任何年代,我们每个人的"小确幸"都和国家的前途命运紧密相连,"家是小小国,国是千万家",没有国家的繁荣富强,哪来我们每个人的幸福生活。

科学评价人生价值应当注意做好以下三个统一:要坚持能力有大小与贡献须尽力相统一,物质贡献与精神贡献相统一,完善自身和贡献社会相统一。

其一,正确评价人生的价值,坚持能力有大小与贡献须尽力相统一。考察一个人的人生价值,要把个人对社会的贡献同他的能力以及与能力相对应的职责联系起来。社会生活的内容是丰富多彩的,每一个职业岗位都承担着一定的社会责任,都可以满足一定的社会需要。所以,任何人只要在自己的岗位上尽职尽责,兢兢业业,就应该对他的人生价值给予肯定的评价。只要力所能及地为别人、为社会做贡献,一个普通劳动者也可以在平凡岗位上成为顶天立地的英雄。

其二,坚持物质贡献与精神贡献相统一。社会的需要是全方位的,物质价值容易量化,精神价值不好计数,但是社会的发展与进步是物质文明和精神文明的共同强大与提升。因而,评价人生价值,既要看一个人对社会做出的物质贡献,也要看他对社会做出的精神贡献,绝不能二者相轻而是要彼此互重。正是无数普通民众将力量汇集起来,通过自身的点滴行为才凝聚起了一股强大的精神力量,铸就了"生命至上、举国同心、舍生忘死、尊重科学、命运与共"的伟大精神,实现了物质贡献与精神贡献的统一。

其三,坚持完善自身与贡献社会相统一。评价人生价值的大小主要看个人对社会所做出的贡献,但这并不意味着要否认人生的自我价值。人的自我完善和全面发展,以及人生自我价值的实现,是社会发展的根本目标,而人生自我价值的实现,将有助于个体为社会创造更大价值。中国青年是好样的,是堪当时代大任的,广大青年交上了合格的答卷。他们向世人证明:"90后"不是"垮掉的一代"! 他们在完善自身,体现自我价值的同时贡献了社会。"00后"们将来也要成为他们,请不要辜负自己的青春年华,在学习与实践中努力淬炼自己。在实现中华民族伟大复兴的征途中,你我可能都是一块平凡的砖石,但不管将来置身于共和国大厦的哪一处,都要坚如磐石,在完善自身和贡献社会中书写人生华章。正如爱因斯坦所说,评定一个人的人生价值,要看他在多大程度上能够摆脱自我。这就要求我们无论身处何种岗位、肩负何种职责,都要恪尽职守、担当奉献,创造有价值的人生。

3. 实现有价值的人生

案例6:高考失利来到了职业院校,我的人生价值还能实现吗?

一次讨论会上,一位著名的演说家面对会议室里的200个人,手里高举着一张20美元的钞票问:"谁要这20美元?"一只只手举了起来。

他接着说:"我打算把这20美元送给你们当中的一位,在这之前,请准许我做一件事。"他说着将钞票揉成一团,然后问:"谁还要?"仍有人举起手来。他又说:"那么,假如我这样做又会怎么样呢?"他把钞票扔到地上,又踏上一只脚,并且用脚碾它。而后,他拾起钞票,钞票已变得又脏又皱。"现在谁还要?"还是有人举起手来。

"朋友们,你们已经上了一堂很有意义的课。无论我如何对待这张钞票,你们还是想要它,因为它并没有贬值,它依旧价值20美元。"

在人生路上,我们又何尝不是那"20美元"呢?无论我们遇到多少艰难困苦或者受挫多少次,我们其实还是我们自己,并不是因为一次失败而失去固有的实力和价值,也并不会因为身陷挫折而贬值。就算你的人生再糟糕,你的价值也没有被任何人夺走。要相信自己,从头再来,一步一个脚印地走好接下来的每一步。无论发生什么,或将要发生什么,永远不要忘记一点,你们是独特的! 正如爱默生所说,我们每个人都有每个人的价值,不要去羡慕那些并不属于我们的光环。

当代大学生担当新时代赋予的历史责任,应当与历史同向、与祖国同行、与人民同在,在服务人民、奉献社会的实践中创造有意义的人生。

与历史同向。历史车轮滚滚向前,时代潮流浩浩荡荡。历史只会眷顾坚定者、奋进者、搏击者,而不会等待犹豫者、懈怠者、畏难者。当代大学生要正确认识世界和中国发展大势,尊重顺应历史的选择和人民的选择,准确把握中国发展的重要战略机遇期,提升民族自信心,增强时代责任感,与历史同步伐,与时代共命运。

与祖国同行。青年只有自觉将人生目标同国家和民族的前途命运紧紧联系在一起,才能最大限度地实现人生价值。回顾历史,五四运动时期,青年学生勇立时代潮头,为救亡图存奔走呐喊;新民主主义革命时期,为国捐躯的青年典范不胜枚举;中华人民共和国成立以来,更有无数青年学生积极投身社会主义现代化建设事业,展现时代风貌、勇于开拓进取。当代中国正处于中华民族伟大复兴的关键时期,建设社会主义现代化强国任重道远。当代大学生要正确认识国家和民族赋予的历史责任和使命,自觉与国家和民族共奋进、同发展。

与人民同在。人民群众是历史的创造者,是国家的主人。大学生要在为人民群众服务、实现人民群众利益的过程中实现人生价值。只有走与人民群众相结合的道路,向人民群众学习,从人民群众中汲取营养,做中国最广大人民根本利益的维护者,才能使自己的人生大有作为。

案例7:龚全珍——向你致敬,老阿姨

龚全珍,女,1923年生,山东烟台人。1937年参加革命工作,1949年加入中国共产党。是开国将军甘祖昌的夫人,现居江西莲花县琴亭镇金城社区。1957年8月,甘祖昌主动向组织辞去新疆军区后勤部长职务,回家乡江西省莲花县坊楼乡沿背村务农,龚全珍相随而归。那一年,她34岁。将军当农民,甘祖昌是新中国第一人。龚全珍完全理解和支持丈夫的决定:"老甘不是一个普通的农民,正像他说的那样,'活着就要为国家做事情,做不了大事就做小事,干不了复杂重要的工作就做简单的工作,决不能无功受禄,决不能不劳而获'。"当时甘祖昌每月工资330元,生活上十分节俭,把2/3的工资用来修水利、建校舍、办企业、扶贫济困。他一共参与建起了3座水库、4座电站、3条公路、12座桥梁、25公里长的渠道。龚全珍全力配合丈夫,也把自己工资的大部分花在支援农村建设上。回到莲花头几年,她没有做一件新衣服。

龚全珍在家里待不住。她步行25公里到县文教局联系工作,被分配在九都中学任教。这所学校条件很差,只有3名老师,她却一点不嫌弃,第二天就搬铺盖去了学校,开始把自己赤忱的爱投入到这片红土地。1961年,县文教局安排龚全珍到同乡的南陂小学当校长,在那里她一待就是13年。后来,她又被调到离家不远的甘家小学当校长,依然还是老作风,吃住在学校,全身心地扑在工作上。1986年3月,甘将军因病逝世,一只铁盒子是他留给妻子和儿女唯一的遗产,里面用红布包着3枚闪亮的勋章。离休后,龚全珍积极开展革命传统教育和理想信念教育,倾力捐资助学、扶贫济困,开办"龚全珍工作室",服务社区、服务群众。

从青春岁月到耄耋之年,龚全珍为广大群众做了大量的实事好事,受到当地干部群众的尊敬和爱戴。2013年9月26日,龚全珍获得"第四届全国道德模范"称号,受到党和国家领导人的高度赞扬,龚全珍还当选"感动中国2013年度人物"。

这位平凡朴素而有着坚定信念、充满活力的长者,发扬着甘祖昌将军"联系群众,一心为公,无私奉献,艰苦奋斗"的宝贵精神,至今还活跃在老百姓中间,关心社区的和谐发展,帮助身边的困难群体,关爱下一代的教育成长,倡导文明新风。人们敬重她,爱戴她,深切地感受到她身上所具有的人格魅力。正如龚全珍当选"感动中国2013年度人物"的颁奖词所言:"少年时寻见光,青年时遇见爱,暮年到来的时候,你的心依然辽阔。一生追随革命、爱情和信仰,辗转于战场、田野、课堂。跨越万水千山,脚步总是坚定,而爱越发宽广。人民的敬意,是你一生最美的勋章。"每个人都希望能最大限度地实现自己的人生价值,而社会实践是实现人生价值的必由之路。不是每个人都能成为杰出人物,但是只要每个人都能在自己的岗位上脚踏实地、埋头苦干,发挥聪明才智,为社会做出贡献,就可以实现自己的人生价值。习近平总书记参观南开大学时说到:"只有把'小我'融入'大我',才会有海一样的胸怀,山一样的崇高。希望你们脚踏实地,在新的起点做出你们这一代人的历史贡献。"一个人只有将"小我"融入"大我",自觉将自身实践同国家和民族的前途命运紧紧联系在一起,才能最大限度地实现人生价值。

人的一生只能享受一次青春,当一个人在青年时就把自己的人生与人民的事业紧密相连,他所创造的就是多彩的青春。社会实践是科学理论、创新思维的源泉,是检验真理的试金石,也是青年锻炼成长的有效途径。美好的人生目标要靠社会实践才能转化为现实。人生之所以有价值,是因为人能够自觉地、有意识地认识和改造客观世界与主观世界,创造物质财富和精神财富,通过创造性的社会实践把人生提升到一个更高的境界。因此,社会实践是实现人生价值的必由之路。同时,人生价值终究要通过自己所从事的事业展现出来。不是每个人都能成为杰出人物,但是只要每个人都能在自己的岗位上脚踏实地、埋头苦干,发挥聪明才智,为社会做出贡献,就可以实现自己的人生价值。好高骛远,畏惧劳苦,贪图安逸,最终只能虚度年华,抱憾终生。

青年是标志时代的最灵敏的晴雨表,时代的责任赋予青年,时代的光荣属于青年。在当今中国,最重要的社会实践,就是全面建成小康社会、加快推进社会主义现代化强国、实现中华民族伟大复兴的实践。大学生要坚持理论联系实际,积极投身社会实践,在基层一线砥砺品质,在同人民群众的密切联系中锤炼作风,在实践中发现新知、运用真知,在解决实际问题的过程中增长才干,不断提高实践能力、创新能力,实现最大的人生价值,创造无悔的青春。

问题四:我们的时代需要怎样的价值

今天的中国处于一个怎样的时代?有人说,这是一个"最美"和"最牛"的时代。经过长期努力,中国特色社会主义进入了新时代,这是我国发展新的历史方位。在这样的时代,我们需要面对更为深期的价值选择。我们的时代究竟需要怎样的价值观?

这个新时代,是承前启后、继往开来、在新的历史条件下继续夺取中国特色社会主义伟大胜利的时代,是决胜全面建成小康社会、进而全面建设社会主义现代化强国的时代,是全国各族人民团结奋斗、不断创造美好生活、逐步实现全体人民共同富裕的时代,是全体中华儿女勠力同心、奋力实现中华民族伟大复兴中国梦的时代,是我国日益走近世界舞台中央、不断为人类做出更大贡献的时代。

党的十八大报告提出,倡导富强、民主、文明、和谐,倡导自由、平等、公正、法话,倡导爱国、敬业、诚信、友善,积极践行和培育社会主义核心价值观。这三个"倡导"是分别从国家、社会、个人三个层面进行的。从国家层面看,是富强、民主文明、和谐;从社会层面看,是自由、平等、公正、法治;从公民个人层面看,是爱国、敬业,诚信、友善。我们的时代只有拥有了这样的正价值和正能量,社会和谐、人民幸福才有可能。

大学生是青年的重要组成部分,是有中国特色社会主义各项事业的生力军和接班人,承担着推动我国走向世界强国之林的历史使命。随着社会的政治、经济、文化等方面的发展,复杂多变的国际形势、国内形势发生的新变化和大学生的自身特点,都要求他们必须树立正确的社会主义核心价值观。大学生如何树立社会主义核心价值观,对于建设社会主义和谐社会,加快推进社会主义现代化的宏伟目标,具有重大而深远的意义。大学生首先要通过认真、深入的学习,全面理解和认识社会主义核心价值观。社会主义核心价值观是一个国家和民族价值体系中最本质、最具决定作用的部分,它支撑和影响着所有价值判断,是对整个人类发展历史和未来走向的总概括。社会主义核心价值观必须建立于民族优秀文化传统之上,必须坚持马克思主义的科学方法和态度,反映社会和人类的长远利益和未来发展方向。青年学生正处于人生的一个重要的阶段,而在此阶段树立正确的世界观、人生观、价值观,践行社会主义核心价值观尤为重要。

(一)新时代我们需要什么样的价值参照

一方面引导青年自觉学习,深化理性认知,树立正确人生态度。古人云:非学无以广才,非志无以成学。青年学生核心价值观的培育和践行,贵在知行统一,知是前提与基础,"知之愈深,行之愈笃"。青年学生需要从"是什么、为什么、怎么做"三个层面深刻领悟和把握社会主义核心价值观。知其是什么,把握内涵;知其为什么,担当责任;知其怎么做,明确路径。社会主义核心价值观是社会主义先进文化的精髓,是文化软实力的灵魂、文化软实力建设的重点,社会主义核心价值观是统摄多元社会观念,增强民族凝聚力,强基固本凝魂聚气的基础工程。

社会主义核心价值观的践行要在"落细、落小、落实上下功夫",当代大学生身处国家发展的重要战略机遇期,既面临着难得的人生机遇,也面临着艰巨的人生挑战,在人生的实践中会遇到各种各样的矛盾和困难,需要树立积极进取的人生态度。

案例1:一面墙改变一个人的命运

沃尔顿收到了著名的耶鲁大学的录取通知书。但是,因为家穷交不起学费,他面临失学的危机。他决定趁假期去打工,像父亲一样做名油漆工。

沃尔顿接到了一单为一大栋房子油漆的业务,尽管房子的主人迈克尔很挑剔,但给的报酬很高,沃尔顿很高兴地接受了这桩生意。在工作中,沃尔顿自然是一丝不苟,他认真和负责的态度让几次来查验的迈克尔感到满意。这天,是即将完工的日子,沃尔顿为拆下来的一扇门刷完最后一遍漆,把它支起来晾晒。做完这一切,沃尔顿长出了一口气,想出去歇息一下,不想却被脚下的砖绊了个趔趄。这下坏了,沃尔顿碰倒了支起来的门板,门板倒在刚粉刷好的雪白的墙壁上,墙上出现了一道清晰的痕迹,还带着红色的漆印。沃尔顿立即用切刀把漆印切掉,又调了些涂料补上。可是,做好这些后,他怎么看怎么觉得补上去的涂料色调和原来的不一样,那新补的一块和周围的也显得不协调。怎么办?沃尔顿决定把那面墙再重新刷一遍。

大约用了半天时间,沃尔顿把那面墙刷完了。可是,第二天沃尔顿又沮丧地发现新刷的那面墙和相邻的墙壁又显得色调不一致,而且越看越明显。沃尔顿叹了口气,决定再去买些材料,将所有的墙重刷,尽管他知道这样做,他要多花比原来近一倍的本钱,他就赚不了多少钱了,可是,沃尔顿还是决定要重新刷一遍。他心中想的是,要对自己的工作负责。

他刚把所需要的材料买回来,迈克尔就来验工了。沃尔顿向他说了抱歉,并如实地将事情和内心的想法说了出来。迈克尔听后,不仅没有生气,反而对沃尔顿竖起了大拇指。作为对沃尔顿工作负责态度的奖励,迈克尔愿意赞助他读完大学。最终,沃尔顿接受了帮助。后来,他不仅顺利读完大学,毕业后还娶了迈克尔的女儿为妻,进入了迈克尔的公司,十年后他成了这家公司的董事长。现在提起世界上最大的沃尔玛零售公司无人不知,可是没有多少人知道,现在公司的董事长就是当年刷墙的穷小子。一面墙改变了沃尔顿的命运,更确切地说,是他对工作的负责态度改变了他的命运。

案例2:半杯水的故事

有一则寓言:两个口渴的人找到半杯水。快乐的人想:"啊,我终于找到水了!虽然眼下只有半杯水,但千里之行始于足下,有良好的开端,我一定还能找到更多的水。"于是他变得幸运起来。而苦恼的人则想:"怎么就只有这半杯水?就这半杯水有什么用?"一气之下他摔掉水杯,然后坐以"渴"毙。

而下面这个故事,则是一个传说,很早以前,有两个人都想要通过茫茫的戈壁到沙漠的另一边的绿洲去开拓新的生活。他们都知道在沙漠的中间有一座缅旗人留下的旧城遗址,传说神秘的缅族人的后代,经常在那里出没,并且在旧城旁边的两条小路上,经常分别放着两杯清水,专门给穿越沙漠的人救命用。于是,这两个人出发了,也希望这两杯清水能够帮助他们越过茫茫沙漠。他们历经艰辛,艰苦跋涉,冒着火辣辣的太阳,忍受着严重的饥渴,吃了许多常人难以想象的苦。

第一个人,当他走到旧城的时候,水已经喝完了,他轻而易举地找到了那个水杯。但是,当他发现只有半杯水的时候,他就开始了抱怨、诅咒、谩骂,恨前边走过的人怎么喝了杯子里的半杯水,也骂缅族人的吝啬。突然,天公作怨,一阵强风,飞起的沙粒落在了水杯里,当他还在抱怨水里有沙子怎么喝的时候,一阵狂风把他手中的水杯刮走了,水洒落在沙粒中。在他抱怨间,就连这半杯水,他都没有喝上。没有了水,他很快就死在了沙漠里。

第二个人,当他走到旧城的时候,水也已经喝完了,而且筋疲力尽。他挣扎着找到了那个水杯。当他看到杯子里还有半杯水的时候,他立即端起水杯一饮而尽,然后他跪在地上感谢上天,感谢缅族人的救命之恩。少时,他继续赶路,终于走出了沙漠,看到了绿洲,在这里实现了自己的理想,过上了幸福的新生活。

人生态度既制约着一个人对人生矛盾和问题的认识和把握,又影响着一个人的精神状态和人生走向。一面墙改变了沃尔顿的命运,更确切地说,是沃尔顿对工作和生活积极负责的态度改变了他的命运。在现实生活中,人们的人生态度千差万别,有理性的也有非理性的,有乐观的也有悲观的,有积极的也有消极的。面对半杯水,乐观者会说,还有半杯水;悲观者会说,只剩下半杯水。其实,这半杯水折射出的依旧是一个朴素的哲理:任何事物都有两面性,关键是自己看到哪一面。失败是一个令人痛苦的结局,但是为什么有的人能从跌倒的地方重新站起来,而有的人却从此一蹶不振呢?简而言之,这是一个心态问题,能从跌倒的地方站起来,有愈挫愈勇的精神固然重要,但更重要的恐怕是能把失败作为成功之母,能从失败中总结教训,找准突破口,重获成功。而那些只能面对鲜花与掌声的人,一旦受点小挫折,就自暴自弃,怨天尤人,自甘堕落,是因为他们不知道挫折不仅仅是一块绊脚石,更是一块垫脚石。别林斯基说,苦难是一所最好的大学。其实,那不过是一个人乐观地对待苦难的另一种表述而已。

另一方面,树立青年科学信仰,激发内心认同,坚定道路自信。人民有信仰,国家才有力量。青年有信仰,国家才有希望。马克思主义作为我国立党立国的指导思想,是由马克思主义严密的科学体系、鲜明的阶级立场和巨大实践指导作用决定的,是中国人民长期探索的历史选择。青年学生需要确立马克思主义的科学信仰,树立中国特色社会主义共同理想,坚持马克思主义的立场、观点和方法,坚持用马克思主义中国化最新成果武装头脑,真懂真学真用,将其转化为清醒的理论自觉、坚定的政治信念、科学的思维方法,真正成为科学理论的坚定信仰者、忠实执行者、自觉实践者。青年学生要坚定中国特色社会主义道路自信、理论自信、制度自信,积极践行社会主义核心价值观,勇敢肩负起时代赋予的重任,志存高远,脚踏实地,努力在实现中华民族伟大复兴的生动实践中放飞青春梦想。

案例 3:人民日报刊文讲述《共产党宣言》中的山东记忆

《共产党宣言》见证信仰与初心。1848 年 2 月,由马克思和恩格斯共同完成的全世界共产党人的第一个纲领性文件《共产党宣言》(以下简称《宣言》)在英国伦敦发表。它的发表,标志着马克思主义的正式诞生。过去一百七十多年来,《宣言》成为近代以来最具影响力的著作,先后被译成二百多种文字,出版了数千个版本,成为世界上发行量最大的书籍之一。

"真理的味道非常甜"中文全译本出版

《宣言》对近现代中国社会发展产生了深远影响。1899 年,上海出版的《万国公报》刊登了一篇题为《大同学》的文章,文中援引了《宣言》的一段话。从此,这部闪烁着真理光芒的著作,开始与古老中国的命运紧紧相连。在其后十几年间,求索救亡图存之道的仁人志士,开始不断向亿万大众介绍这部救国救民的"真经"。

五四运动的爆发促进了马克思主义在中国的传播,全文翻译并出版《宣言》,成为一件紧迫的任务。1920 年前后,陈望道回到家乡浙江义乌,在一间柴房内,依据一部日文版和一部英文版《宣言》，开始了紧张的翻译工作。见他夜以继日工作，母亲为他准备了红糖水蘸粽子，并三番五次在屋外问他："吃了吗？"他连连回答："吃了吃了，甜极了。"但当母亲进屋时，却发现他嘴上满是墨汁——原来他是蘸着墨汁吃的粽子。由此，"真理的味道非常甜"便成了《宣言》翻译中的一段佳话。

1920年4月，陈望道完成了《宣言》的全文翻译工作。8月，后来被称为"陈望道译本"的《宣言》全译本在上海出版。

《宣言》的出版，为引导大批有志之士树立共产主义远大理想、投身民族解放振兴事业发挥了重要作用。

甘于用生命守护10余册首译本留存至今

陈望道翻译的《宣言》中文首译本，如今仅留存10余册。这些书都经历了血与火的考验，是共产党人坚定信仰和伟大初心的见证。

1927年，"四一二"反革命政变后，白色恐怖笼罩着上海。上海早期工人党员张人亚冒着生命危险悄悄坐船回到宁波老家，将珍藏的《宣言》和党的重要文件交给了父亲张爵谦。为了掩人耳目，张爵谦为张人亚修了一座墓穴，将资料藏进棺材中。年复一年，张爵谦始终保守着这个秘密。新中国成立后，张人亚依然杳无音信。"共产党托我藏的东西，一定要还给共产党。"年迈的父亲将这批深埋地下20多年的珍贵资料全部交给了党组织。如今，在上海中共一大会址展厅里，一本1920年9月版的《宣言》中文译本，便是张人亚父子誓死守护过的珍贵文物。

危难关头，甘于用生命捍卫信仰的不止张人亚父子。1926年，共产党员刘雨辉回到山东省广饶县刘集村省亲，临别前将一本《宣言》首译本赠予村党支部书记刘良才。此后，刘良才经常召集党员们在煤油灯下学习《宣言》和其他文件，宣讲革命道理和文化知识。大革命失败后，国民党罗列的"禁书名单"中，《宣言》名列榜首。刘良才冒着生命危险，在住宅墙角外挖了一个隐蔽地窖，把书藏起来，躲过敌人无数次搜查。1931年，刘良才赴潍县任县委书记，临行前，他将《宣言》托付给刘集村党支部委员刘考文。形势日趋恶化，广饶县的党组织遭到了严重破坏，刘考文意识到，自己随时可能被捕。为了保护这本珍贵的书籍，他将之郑重交到了共产党员刘世厚手中。在随后的艰难岁月里，这本书都被仔细包裹着，藏在炕洞、粮囤和墙眼里。1945年1月，暴虐的日寇一次性烧毁刘集村500余间房屋，已逃出村的刘世厚冒着危险，返回村里，将塞在山墙中的《宣言》安全带出。1975年，当文物工作者来到刘集村征集革命文物时，刘世厚才捐出这本历经磨难又弥足珍贵的《宣言》首译本。

事实证明，《宣言》的真理力量是永恒的，已经并将继续深刻影响世界历史进程。

（参见：人民日报，2021年1月）

案例4:尉凤英:共产主义信仰给我无穷的力量

"入党是我这一生中最大的光荣,我为自己是一名共产党员而感到无比自豪。我把一辈子为人民服务,看成党和人民对自己最大的信任,看成组织上交给自己最光荣的任务,看成是生命中最宝贵、最神圣的使命。而共产主义信仰能给我完成使命的无穷力量。"虽已83岁高龄,尉凤英提起自己62年前成为一名党员,仍然心情激动。

"知道要入党宣誓了,头一天晚上根本睡不着觉,1954年4月25日,一大早就来到厂里,一整天心都像只小鸟似的,快要飞出来了。"

作为从旧社会跨入新社会的见证者,尉凤英经历过苦难的生活,心中对党充满了感激之情。1953年1月,尉凤英进入东北机器制造厂工作。凭着一股子干劲,尉凤英进厂3个月就以徒工身份独立生产,入厂半年就加入了共青团,成为党组织重点培养对象。从老党员的谈话中,尉凤英了解了党的历史和宗旨,并开始用党员的标准要求自己。

为了提高工作效率,尉凤英利用晚上时间做模型,改进工艺,有时干到天快亮了,她就在车间里找两块砖头枕着睡了。无数次的失败让尉凤英变得更加坚韧,经过不断革新试验,终于研制成功半自动扳把和自动分料器,将生产效率提高了80%。那一年,尉凤英提前118天完成了当年生产任务。1953年底,尉凤英被厂里评为模范徒工,1954年,尉凤英被评为沈阳市劳动模范。

1954年4月25日,尉凤英光荣地加入中国共产党,这一天也成为她终生难忘的日子。从此,尉凤英用一生践行着自己的入党誓言。从1953年至1965年的12年里,尉凤英共实现技术革新177项,其中重大技术革新58项。

坚定的信仰给了她无穷的力量。尉凤英用434天完成了第一个五年计划的工作量,又用4个月时间完成了第二个五年计划的工作量。尉凤英两次被评为全国劳动模范,2009年被全国总工会评为"时代领跑者——中华人民共和国成立60年最具影响的劳动模范"。

"党员不仅要讲奉献,还要始终保持艰苦朴素的生活作风和谦虚谨慎的工作作风,这种精神必须传承下去。"这句话尉凤英一直坚守着。

(参见:辽宁日报,2016年)

共产主义是净化灵魂的甘露,是催人奋进的动力。如果说在革命时期要树立共产主义信仰,那么在和平建设时期,还需要共产主义信仰吗?答案是肯定的。但这里的差别是,在和平建设时期,共产主义信仰面临的挑战似乎更多、更严峻。

（二）如何在明辨是非中确立正确的价值观?

今天,中国处于日益广泛复杂的经济全球化进程中,国内经济社会改革处于攻坚阶段和深水区,各种社会思潮和价值观念随着改革开放的日渐深入不断涌现,人们也因此置身于更加复杂多样、多元多变的思想观念的包围之中。

案例5:央视曝枸杞硫黄熏制

自从国家食药监局加强对中药材市场的整治以来,"硫黄贝母""纸制藏红花"等一些被黑心商家加工过的中药材纷纷曝光。而最近,枸杞也成了大家关注的焦点。央视曝出一些鲜红的枸杞是由超标的硫黄熏制而成,长期服用以后将会损害肝脏。在央视最近一期《是真的吗》节目中,针对枸杞做了一番调查。采访人员分别在药店、土特产铺、食品公司,以及多个药材交易摊点上购买了枸杞,其中还有"神秘男子"推荐的颜色特别鲜艳的枸杞。经过检验中心检测以后发现,药房购买的枸杞硫黄含量在规定范围内,而药材交易中心的枸杞基本都有不同程度的超标,而从"神秘男子"手中购买的枸杞,二氧化硫含量更是超标约一百倍,令人咋舌! 值得注意的是,这超标百倍的枸杞,不但颜色比其他的枸杞更为艳丽,价格也便宜了不少,而且靠近鼻子就能轻易闻到一股刺鼻的气味。

我国食品安全法规定,禁止用非食品原料生产的食品或者添加食品添加剂以外的化学物质和其他可能危害人体健康物质的食品,或者用回收食品作为原料生产的食品。禁止制造致病性微生物、农药残留、兽药残留、重金属、污染物质以及其他危害人体健康的物质含量超过食品安全标准限量的食品。

（参见:法邦资讯）

脱贫攻坚主旋律题材大剧《山海情》已经完美结局,为何这部电视剧会有如此高的评分呢? 原因就出在了这部剧讲述了一个真实的故事。1990年宁夏启动异地搬迁,宁夏南部山区的西吉、海原两县的1000多户百姓,搬迁到首府银川市近郊的永宁县境内,建立玉泉营、玉海经济开发区,这是闽宁的前身,他们也是闽宁镇的第一代移民。后来在东西部对口扶贫的政策下,福建扶贫干部历时20年对当地的帮扶,使当初的茫茫戈壁、漫天黄沙变成了今日宜居的美丽乡镇,也实现了"让干沙滩变成金沙滩"目标。

该剧中有一幕是当村里人眼红别人"熏枸杞"挣钱时,是李大有放话,咱们做事不能没有良心,咱们的枸杞,坚决不熏硫黄。做人做事要讲原则,要分清是非,不能违背良心,这就是要树立正确的价值观。

与此相应,我国社会上出现了一些历史虚无主义、西方新自由主义等社会思潮,对培养和践行社会主义核心价值观产生了消极影响。因此,当代大学生要在纷繁复杂的社会思潮中时刻保持警惕,树立正确的价值观,学会以独立、审慎的理性思考来认识知识、人生和社会。

"人的一生只有一次青春。现在,青春是用来奋斗的;将来,青春是用来回忆的。人生之路,有坦途也有陡坡,有平川也有险滩,有直道也有弯路。青年面临的选择很多,关键是要以正确的世界观、人生观、价值观来指导自己的选择。无数人生成功的事实表明,青年时代,选择吃苦也就选择了收获,选择奉献也就选择了高尚。"

本 章 小 结

本章学习了关于人生的三个问题:我是谁、为了谁、成为谁。人生价值的实现不是一蹴而就的,需要不断"觉解"和提升,是一个从无我、有我再到"无我"的提升过程。人生的意义在于认识自己,完善自己,超越自己。从无我到"无我",人生兜兜转转,看似回到了起点,实则不然,这是对人生价值最高境界的一种领悟。"无我",是"无私",是"忘我","无我",是"无畏",是"舍我","无我",是"无愧",是"真我"。人生能看淡自己几分,看淡功名利禄几分,人生的痛苦就能减少几分,人生价值就能提升几分。

十九届五中全会开启了全面建设社会主义现代化国家的新征程,在实现中华民族伟大复兴的历史征程中,不论我们身处何种岗位、肩负何种职责,都要恪尽职守、担当奉献。用实际行动为实现"两个一百年"奋斗目标、实现中华民族伟大复兴的中国梦贡献青春力量。

第二章 坚定理想信念

本章重难点

(一)理想信念是精神之"钙"

理想指引方向,信念决定成败,理想信念是人生发展的内在动力。

(二)为什么要信仰马克思主义

大学生只有确立马克思主义的科学信仰,才能真正确立崇高的理想信念,在错综复杂的社会现象中看清本质、明确方向。

马克思主义是我们立党立国的根本指导思想:马克思主义具有严密的科学体系、鲜明的阶级立场和巨大的实践指导作用。

(三)中国特色社会主义共同理想与共产主义远大理想的关系

实现共产主义是我们的远大理想,坚持和发展中国特色社会主义,就是向着远大理想所进行的实实在在的努力。

共产主义是现实运动和长远目标相统一的过程。共产主义远大理想既是面向未来的,又是指向现实的;不仅反映了人们对未来社会的美好向往,更是一个从现实的人出发,不断满足人的现实利益需求、推进人的全面发展、推动社会发展进步的历史过程与现实运动。

(四)坚持"四个自信",在实现中国梦的实践中放飞青春梦想

在实现中国梦的实践中放飞青春梦想,需要坚持"四个自信",将个人梦想融入中国特色社会主义共同理想。

问题一:怎样理解理想信念对大学生成长成才的重要意义?

(一)何为理想信念

关于理想的引证释义。理论,学说。清朝谭嗣同有云:"何燕泉《馀冬叙录》:透光镜,日中映之,背上花样文字,尽存影中…… 英人傅兰雅光绪三年《格致汇编》互相问答

中,时有华人以此镜(透光镜)问之,答以光学内无此理想。"

对未来事物的合理的设想或希望。茅盾说:"如今,怀抱着崇高理想的人们,正在改造这黄土高原。"老舍说:"(他)就按着自己的理想来布置自己的工作与家庭。"杨朔说:"为了祖国,为了人民,为了更高的人类理想,个人的生命又算什么?"

所希望的,使人满意的。巴金说:"还有许多理想的人物,这都是些云端上的影子,不会活在这样的世界中。"周而复说:"这个地方真不错……人又少,又安静,理想极了。"柯云路说:"'质量也不能说理想。'钱工用力推着一面雪白的墙壁,墙壁弹性地晃动了。"

"思想道德修养与法律基础"课程中的理想是人们在实践中形成的、有实现可能性的、对未来社会和自身发展目标的向往与追求,是人们的世界观、人生观和价值观在奋斗目标上的体现。

理想根源于人的需要,人的需要是多方面的,因此,人生理想也有着多方面的类型与内容。从不同的角度审视,可以把理想分为许多类型:

从理想的对象上划分,理想有个人理想和社会(共同)理想。

个人理想,指单个社会成员对未来生活、事业、人格等方面的向往和追求,具体包括人职业理想、生活理想和道德理想。

社会(共同)理想,是社会大多数成员或集团的共同理想。现阶段我们的共同理想是在中国共产党的领导下,走中国特色社会主义道路,实现中华民族的伟大复兴。

社会(共同)理想决定和制约个人理想;同时,个人理想也体现社会(共同)理想,社会(共同)理想依赖于个人理才能得以实现。例如,鲁迅早年是学医的,并留学日本。但后来,他发现中国的问题除了国民的生理病痛之外,更严重的还在于国民精神的愚昧和麻木,只有拯救国民的灵魂,中国才能走上自强道路,于是他弃医从文。从某种程度上讲,这是鲁迅调整个人理想以适应社会(共同)理想目标的正确选择。

案例1:"天眼之父南仁东:我不是科学家,我只是一个老工人"

"天眼"是什么? 它是中国自主知识产权的作品,是世界上最大最灵敏的单口径射电望远镜(FAST)。它也是当今探测距离最远的望远镜,可达到137亿光年之外。它的球面反射面积有25万平方米,相当于30个足球场大小。

"中国天眼"的反射面称"主动反射面",能根据需要瞬时变形——由球面变为抛物面,并立刻进入聚焦——它是目前世界上唯一能够变形的射电望远镜。

想象一下,一个相当于30个足球场那么大的家伙,让它瞬间变形,那又是什么概念?

别小看中国这口"锅",它比美国最先进的阿雷西博350米望远镜综合性高10倍,比德国波恩100米望远镜灵敏度高10倍。

如果你在月球上打电话,这里能听得清清楚楚。

据说还有专家计算过,假如在这口"锅"里煮饭,够全世界的人一起吃3天。

有了它,天文学家可以测脉冲星、黑洞吞噬小天体,探索星体演化、宇宙起源,甚至外太空智能生命……

它就像千里眼、顺风耳,可以让天文学家和宇宙有进一步的亲密接触。

FAST的总工程师和首席科学家正是南仁东,是他让中国成为世界上看得最远的国家。

2017年9月15日北京时间23点23分,南仁东在美国波士顿去世,享年七十二岁。

2018年10月15日,中科院国家天文台宣布有一个小行星被命名"南仁东星"。

有人说,南仁东是天上最闪亮的那颗星,可当你回顾他的一生,你会发现,正如他所说的那样"我不是位科学家,我只是个战术型的老工人"。

每一个喜欢星星的孩子,似乎都有一个天文梦。美国天文学家卡尔·萨根说,每个人在幼年时都是科学家,因为每个孩子和科学家一样,对自然界的奇观满怀着好奇和敬畏。

在同龄孩子中,南仁东从小就表露出了这样的倾向。

在上小学时,南仁东就非常喜欢去龙首山上看星星;上初中的时候,读到《地理》课本时,他还关心过"南半球看到的星星是不是跟我们看到的一样";上高中时,他已经非常喜欢天文知识了,还订了本杂志叫《每月一星》,每期必读。

他对科学知识的强烈渴望,从小就显露了出来。

南仁东是满族人,出生于1945年2月的吉林辽源,父亲是辽源矿务局的一名工程师,家中姐弟六个,他排行老二。

家中的经济条件并不是特别好,但是南仁东打小就野,和家中兄弟姐妹们河套摸鱼、弹溜溜、采艾蒿,不亦乐乎。

南仁东虽然不是苦读型的学生,但他从小就有过目不忘的本领,创造力也很惊人,解题方法独特,诗词、文化、绘画等样样精通,身边的人都认为和南仁东在一起能学到不少知识,所以他在朋友中非常有威信。

高考时,他以吉林省理科第一名的成绩被清华大学无线电系录取。

此时,正是1963年,南仁东十八岁。

清华大学毕业后,他被分配到吉林省通化市无线电厂,开始了十年与工人相结合历程。

从进入工厂的那一刻开始,南仁东的命运就一直与工人绑在了一起。

吉林通化无线电厂是一个1996年新建的小厂。报到时,南仁东穿着立领夹克、一条黄色的紧身裤,脚上蹬着双尖亮的皮鞋,还蓄着青年胡。厂里的工人们都觉得他很"另类"。

不过,让工人们感到更"另类"的是,南仁东敢找到厂长,据理力争,硬是把他从原分配的包装车间改分到了无线电组装车间去做"小金工"。

金工,是各种金属加工工作的总称,包括车、铣、刨、磨、钻等工艺。这是技术活,也很辛苦,但是南仁东喜欢,干得很认真。

工友们都说他"做事一丝不苟""做什么,成什么"。当然,这并不意味着南仁东就不会做出"废品"。

正是这段学徒经历,正是因为做一个简单的"活"也不合格,才使南仁东对产业"工人"有了重新认识,也才明白了什么叫"一丝不苟""严丝合缝"。

FAST 项目刚施工时,要建一个水窖。施工方送来设计图纸,南仁东迅速标出几处错误打了回去。施工方惊讶:这个搞天文的科学家怎么还懂土建?

可以说,南仁东在工人岗位上的锻炼和实践影响着 FAST 的一切。

1969 年,通化无线电厂接到上级任务,要求研究便携式小型收音机。工友们一下子就想到让南仁东来主导科研小组。

南仁东在清华学习的专业是真空及超高频技术,当初在校园时,作为非机械专业的学生,他去参加机械制图比赛时,却超越了机械专业学生夺得第一名。

接了任务后,南仁东成天都在车间里,上班工作服,下班也不换,那个穿黄色紧身裤、尖头皮鞋的小青年不见了,只有那撇小胡子还倔强地待着。

他边学边干,把大脑里的知识去生产线上对号入座,把现实的难题去与机器的实际运转磨合,他设计的模具样板到机器上丝毫不差。要是插件接头接触不良,他就改进插头镀金,亲手干电镀,亲自搞模具。

二十四岁的南仁东和工厂的技术员、工人们一同研发的收音机终于一次性通过测试。

后来南仁东设计、绘图制作的模具,在长春塑料三厂可以免测,直接上机生产。

这是南仁东在科研和生产实践中迈出的第一步。这是他与工人师傅相结合,第一次实现了把知识变成技术,把科技变成产品,进而变成商品,进入千家万户的过程。

1970 年,南仁东所在的无线电组装车间从厂里分离出来,成为独立的无线电生产企业,接到了研制 10 千瓦电视发射机的任务。当时另一名从大学毕业分配而来的技术员刘绍禹认为,要完成这件任务不可能。

南仁东便回答道:"怎么不可能,半导体收音机,我们不是也干下来了吗?"

"怎么不可能"——这句话是南仁东精神里面探索、创造的内在力量。他认为世上一切的发明创造都是把不可能变成可能。在他看来"有条件要上,没条件创造条件"是他一生中秉承的信念。

"人是要做点事情的。"这是南仁东的座右铭,他说服了刘绍禹,两人从阅读、研究"两麻袋图纸"开始,手不离图纸,嘴不离香烟,眼睛熬得通红。

发射机上的散热排风机、小叶轮,厂里技工做不完,南仁东亲自上阵,顺利通过省级验收,完成了国家的任务。他设计的电视发射机外形,被吉林省工业厅评为第一名。

南仁东在无线电厂工作了十年,这十年,他与工人们朝夕相处,相互切磋、相互启发,建立了深厚的友谊,此后尽管他离开了厂,但一直未与工友们失去联系。

20 世纪末,地球上无线电的大量使用,严重干扰了接收外太空信号,再这么下去,人类会被封锁在自己发出的无线电波之内,无法对浩瀚宇宙做更深入的探索。

在 1993 年的东京国际会议上,美国、英国、加拿大、澳大利亚、中国、法国、德国、印度、荷兰和俄罗斯决定抓紧建设新一代功能超强的放大射望远镜。

尽管南仁东没有参加此次会议,但他听说后,推开中国参会代表的大门,说了句"我们也建一个"。

2016 年 7 月,中国终于有了世界上最大的射电望远镜—— FAST(Five – Hundrded – meter Aperture Spherical radio Telescope)500 米口径球面射电望远镜。

从"我们也建一个"这句话到 FAST 工程主体落成,南仁东花了整整二十二年,他把自己的一生都献给了 FAST。

建设 FAST 到底有多难? 光是选址就花了十三年。

十多年间,他寻遍了贵州大山里的上百个窝凼,踏遍了乱石密布的喀斯特石山,他常常像农民那样穿一条短裤,屁股上挂一把柴刀。因为有的地方没有路,只能从石头缝深一脚、浅一脚地挪过去。

为了搞科研,南仁东经常是这样度过:整日奔波在陡峭的山岩上,饿了就对付口面包,困了干脆就睡在建筑工地的铁床上。

南仁东变成了一副民工打扮,给人的感觉就是根本就不像天眼总设计师。

他们喝的是天然的浑水,吃的是自带的冷干粮,冬天实在是冷得受不了了,就捡几根柴火一起抱团取暖。

在 2016 年"中国天眼"落成启用前,他就和大家一起住在彩钢房里,生活极其节约,每个房间住 4 个人,洗浴、厕所都是公用的,食堂里做的是大锅饭。他就像一个牢牢扎根的工人一样,他经常说自己就是一个战术型的老工人。

1995 年,他毅然坚持下窝里考察,突然瓢泼大雨从天而降。他曾亲眼见过窝凼里的泥石流,山洪裹着砂石,连人带树都能一起冲走。他在攀爬的路上不小心摔倒了,滚了下来。但是他却丝毫不在意。他认为这是在选址当中很平常的一件事。南仁东就往嘴里塞了救心丸,连滚带爬回到垭口。

在台址勘察期间,为了更清晰地了解现场,掌握第一手资料,制定正确的危岩治理方案,65岁的南仁东和年轻人一起,在没有路的大山里攀爬。在去陡峭山顶时,大家劝他在山下等着,看完结果向他汇报,他却坚持:"我要和你们一起上去,看看实际的情况。"

日后,当FAST终于开工,几千工人进场的时候,南仁东处在工人堆里那么开心。他到工人的集体大宿舍里去,一屁股就坐在床架上,自己的青年时代就在脸上荡漾。可他的学生跟他一起进去后转身就出来了,说自己"立马就被那宿舍里的汗味熏吐了"。

可是,南仁东就喜欢那味道。

每次晚饭后,他都会到工人的工棚坐坐,他几乎知道每个工人的名字、工种、收入情况,还知道一些他们家里的琐事。

南仁东的学生张海燕有一次看到,一个工人拿自己吃过饭后还没洗的大碗,接自来水递给南仁东喝,南仁东接过来就喝了……张海燕惊叫起来,南仁东回头问她:"你怎么啦?"

自始至终,南仁东从不以科学家自居,而是一名真真切切的老工人。

在深山寻址的南仁东,在农民堆里,分不清哪个是南仁东。

在建设工地上的南仁东,在工人堆里,也分不清谁是南仁东。

南仁东去世后,中国著名的雕塑家吴为山为南仁东雕像,把一个真实得完全没有距离感的南仁东呈现在了我们面前。

塑像展示的是一个全身都是泥土信息、工家气质的科学家。

这就是真实的南仁东。

作为"中国天眼"的首席科学家、总工程师,面对别人赞扬他是一个"战略大师",他自己反复说过:"我不是战略大师,我是个战术型的老工人。"

这句话并不是说他从事这项工作的总体构思不重要,而是真心实意地强调——一个战略构思离不开最基层的工人的实践,在工人岗位上的锻炼和实践是极其重要的。

他这一代科学家,能在经济落后、科技也落后的国情下做出世界一流的成就,在于他们走的是"知识分子与工农相结合,科学与生产实际相结合"的道路。

在工厂时,南仁东车、钳、铆、电、焊、模具样样都会,样样都精,设计、制图也很专业。而且做得比那些师傅还好,师傅们都很佩服他。

在天眼工程基地时,南仁东戴着安全帽、穿着工作服在施工现场——不定何时,工人做不了的作业,他上手就熟练地干起来了。

什么叫总工程师?

哪一块你都拿得起来,权威性就有了,协调能力就有了。

回顾这一生,南仁东也许受过他的"工程师父亲"的影响,但更重要的是他自己在工厂里经历了如此的熏陶——他是在设计自己、建设自己。

他的一生,善于钻研,善于解决各种技术难题,一心扑在工厂的事业上,同工人打成一片,了解他的人,知道他既是科学家、又是天文学家,还是画家、建筑学家和诗人,但在他的身上,他最认同的身份是——我是一个战术型的老工人。

(参见:网易新闻,2020 年 12 月 13 日)

从理想的内容上划分,理想有社会政治理想、生活理想、职业理想和道德理想。

社会政治理想,是人们对未来社会制度、政治结构的追求、向往和设计,对未来社会面貌的预见。任何人实现自己的抱负和追求,都不只是纯粹的个人行为,而是要以社会为载体。所以,各个时代的人都会提出自己的社会理想,例如,清末太平天国所向往和追求的理想"天国",康有为的"大同世界",孙中山的"三民主义"等,就是社会理想。而社会的发展进步也正是一代又一代人不断提出社会理想并为之努力奋斗的结果。

生活理想,是指人们对物质和精神生活的向往和追求。它涉及人生的各个阶段、各个方面,涉及社会生活的各个领域,包括对衣食住行、文化娱乐、恋爱婚姻等方面的追求。生活理想并不都是对生活条件的期盼,更重要的是人们期望具有怎样的生活方式,怎样才能生活得更充实、更有意义。

职业理想,是人们对自己未来所要从事的事业的向往与追求。例如,我们小时候会说自己将来要做一名教师、医生、演员、作家等,都是一种职业理想。职业生活是人的社会生活的主要组成部分,是人生旅程中最长、最丰富的一段。如果大学本科生 22 岁就业,60 岁退休,职业生活就长达将近 40 年,几乎占人生命的一半。可以说,人生的理想追求、成败得失大部分都体现在职业生活当中。高职生应怎样树立正确的职业理想呢?

首先,在选择职业时,要用科学的世界观作为指导,一切从实际出发,实事求是地确立自己的职业理想。从实际出发,一方面是从我国现在还处于社会主义初级阶段这个实际出发。选择职业时应该有吃苦的思想准备。另一方面是要从自身的条件这个实际出发。从高等职业学校学生的培养目标来看,高等职业学校培养出来的学生,既可以当技术员,也可以当工人,他们的具体岗位就是在第一线从事操作和技术管理的工作。因此,高职生要有到第一线去建功立业的思想。其次,自己所学的专业知识是确立职业理想的技术基础。高职生一般经过 3 年的专业技术知识的训练,要掌握一门专业的基本知识和技能。在确立职业理想时,应当学以致用或选择与所学专业相近的职业作为自己理想的职业。只有这样才能成为一名合格的建设者和接班人。

道德理想,是指人们所向往的理想人格,是人们在道德生活中所希望达到的目标。古人说:"大学之道,在明明德,在亲民,在止于至善。"中国共产党人在长期的革命斗争中,形成了以为人民服务为核心的道德理想。一个人能力有大小,但只要有这点精神,就是一个高尚的人,一个纯粹的人,一个有道德的人,一个脱离了低级趣味的人,一个有益于人民的人。我们应当继承这种优秀的历史和革命传统,做有道德之人。国无德不兴,人无德不立。如果一个民族、一个国家没有共同的核心价值观,莫衷一是,行无依归,那这个民族、这个国家就无法前进。这样的情形,在我国历史上,在当今世界上,都屡见不鲜。理想有这么多类型,我们在确立自己的理想的时候,要正确处理好各种理想之间的关系。

案例2:愚公移山

在《列子》中记载了这样一个故事:有一位老人,名叫愚公,快90岁了。他家的门口有两座大山,一座叫太行山,一座叫王屋山,人们进出非常不方便。一天,愚公召集全家人说:"这两座大山,挡住了咱们家的门口,咱们出门要走许多冤枉路。咱们不如全家移走这两座大山,大家看怎么样?"愚公的儿子、孙子们一听,都说:"你说得对,开始动手吧!"第二天,愚公带着一家人开始搬山了。但愚公一家搬山的工具只有锄头和背篓,而大山与大海之间相距遥远,一个人一天往返不了两趟。一个月干下来,大山看起来跟原来没有两样。有一个老头叫智叟,为人处世很精明。他看见愚公一家人搬山,觉得十分可笑。有一天,他就对愚公说:"你这么大岁数了,走路都不方便,怎么可能搬掉两座大山?"愚公回答说:"你名字叫智叟,可我觉得你还不如小孩聪明。我虽然快要死了,但是我还有儿子,我的儿子死了,还有孙子,子子孙孙,一直传下去,无穷无尽。山上的石头却是搬走一点儿就少一点儿,再也不会长出一粒泥、一块石头的。我们这样天天搬,月月搬,年年搬,为什么搬不走山呢?"自以为聪明的智叟听了,再也无话说。愚公带领一家人,不论酷热的夏天,还是寒冷的冬天,每天起早贪黑挖山不止。他们的行为终于感动了天帝。天帝于是派遣两名神仙到人间把这两座大山搬走了。

案例评析:

理想的实现过程并非都是坦途,追求理想需要执着的态度,而执着来自信念。在人生实践中,仅有对美好理想的向往和追求是不够的,还必须有坚定的信念。那么什么是信念呢?

信念同理想一样,也是人类特有的精神现象。信念是人们在一定的认识基础上确立的对某种思想或事物坚信不疑并身体力行的精神状态。信念是认知、情感和意志的有机统一体,为人们矢志不渝、百折不挠地追求理想目标提供了强大的精神动力。

信念以一定的认识为基础,这种认识可能是正确的,也可能是错误的。信念不同,就会对世界有不同的理解,就会采取不同的态度,从而导致不同的行动。

坚定理想信念,坚守精神追求,是共产党人安身立命的根本。100年来,无数共产党员为党和人民利益英勇牺牲,支撑他们的就是"革命理想高于天"的精神力量。革命年代,这是前赴后继、百折无悔的追求;建设年代,这是艰苦奋斗、激情燃烧的奉献;改革年代,这是敢为人先、搏击潮头的干劲。正因为用理想信念铸就了金刚不坏之身,才让我们有了"从胜利走向胜利"的力量;也正因为理想信念招展着高昂的旗帜,才让我们得到了亿万人民的支持。

(二)为什么理想信念是精神之"钙"

案例3:哈佛大学关于理想信念的实验

哈佛大学曾做过一个实验,在一群智力和年龄都相近的青年中进行了一次关于人生目标的调查,结果发现:

3%的人有十分清晰的长远目标;10%的人有清晰但比较短期的目标;60%的人只有模糊的目标;27%的人根本没有目标。

25年后,哈佛大学再次对他们做了跟踪调查,结果令人十分吃惊!

3%有十分清晰的长远目标的人,他们为了实现既定的目标,几十年如一日,努力拼搏,积极进取,百折不挠,最终成了百万富翁、行业领袖或精英人物;10%有清晰但比较短期目标的人,都是各专业领域的成功人士,生活在社会的中上层,事业有成;60%只有一些模糊目标的人,大部分生活在社会中下层,胸无大志,事业平平,整日只知为生存而疲于奔命;27%根本没有目标的人,过得很不如意,工作不稳定,生活拮据,常常抱怨社会,抱怨政府。

为什么站在同一起点的人,在今后却走出了不同的人生道路? 是时间将他们分出层次来的吗?

案例解析:

其实并不是,是理想信念把他们分成了不同的层次。有不同的理想信念,就有不同的人生规划,也就有不一样的人生。这是理想信念对于我们每个人人生的意义所在。

孔子曾说:"君子不器。"意思是说,有学问的人,其头脑不应该是一个简单的空空的器皿。为人处世,总有一个对未来追求的目标和精神境界。人与动物的不同之处在于:

动物是生存,而人除了生在,还要生活、要存活,只要一碗饭、一杯水就可以了;但是要想活得精彩,就要有精神,就要有远大的理想和坚定的信念。理想信念能使贫困的人变成富翁,使黑暗中的人看到光明,使绝境中的人看到希望、使梦想变成现实。若丧失了理想和信念,一个人就如同行尸走肉、衣架饭囊。富于理想,可以说是人和动物的本质区别之一。

理想值念对人生起着导向的作用,是人的思想和行为的定向器。

有这样一个故事,说的也是理想信念的导向作用。一天,有一个人想爬山,他从家里的窗户望出去,觉得西山很美,于是决定爬西山,爬到了山腰,一转脸发现南山更美,他又决定去爬南山。再爬到山腰时,觉得东山也不错,又下来爬东山。这时,夕阳西下,太阳落山了,一天下来,他哪座山也没爬到顶。而站在山脚、山腰和山顶看到和体验的景色是不同的。人生也一样,没有理想目标,一会儿想干这儿,一会儿想干那儿,忙忙碌碌,最终将一事无成。

如果一个人执着于自己的理想信念,那么对于他的未来就多了一点光亮,那么他的心中也就有了理所当然要奔跑的方向。一旦有了奋斗目标的引导,便可沿着正确的人生道路前进,也可忍受曲折和困难。而一旦有了理想信念,便可忽略一切阻碍,提前看到胜利的曙光。

当代大学生肩负着祖国和民族的希望,承载着家庭和亲人的嘱托,满怀着对未来美好生活的向往。同学们在大学期间,不仅要提高知识水平,增强实践才干,更要坚定科学、崇高的理想信念,明确做人的根本。崇高的理想信念能够引导大学生做什么人。人的理想信念,反映的是对社会和人自身发展的期望。因此,有什么样的理想信念,就意味着以什么样的期望和方式去改造社会、塑造和成就自身。

问题二:怎样理解坚定崇高的理想信念

(一)为什么要信仰马克思主义

案例 1:马克思被西方社会四次推举为"千年第一思想家"

第一次:1999 年,由英国剑桥大学发起,评选"千年第一思想家",马克思位居第一。

第二次:1999 年底,英国 BBC 广播公司又以同一命题,在全球互联网上公开征询投票,马克思仍然是第一。

第三次:2002 年,英国路透社又评选"千年伟人",马克思以一分之差略逊于爱因斯坦,但不影响马克思的"千年伟人"的地位。

第四次:2005年7月,英国广播公司(BBC)以"古今最伟大的哲学家"为题,调查了3万多名听众,马克思仍然居于榜首。

为什么马克思能够在评选中高居前位?因为马克思主义是科学的、崇高的。我国为什么选择这一理论作为我们的指导思想呢?这主要是由马克思主义严密的科学体系、鲜明的阶级立场和巨大的实践指导作用决定的。

自古以来,人们就对未来的"美好社会"心存向往,并做过种种描绘和设想。随着资本主义社会的进一步发展,19世纪初在欧洲出现了圣西门、傅立叶、欧文三大空想社会主义者。他们尖锐地批判了资本主义社会的不合理性,对未来社会作了种种美好的设想。但他们既找不到实现这种设想的途径,也找不到实现这种设想的方向。马克思主义深刻揭示了人类历史的发展规律,以解放全人类为己任,为人类的进步和解放指明了正确的方向,它所显示的巨大生命力是不容置疑的。当马克思主义在欧洲诞生的时候,资本主义视马克思主义为"幽灵",为"洪水猛兽",对马克思主义采取极度敌视和镇压的手段。马克思主义从一个学说、一种社会制度,到成为很多人的坚定信仰,它持续影响人类社会至今。马克思的学说经历了血与火的考验,横跨欧亚,先后在苏联、东欧、中国、朝鲜、越南、古巴等国家取得了社会主义革命的胜利。"砍头不要紧,只要主义真",这个"主义"在我们国家指的就是马克思主义。我国很多的革命前辈就是为了此信仰和真理,不惜抛头颅、洒热血。

马克思主义是认识和改造世界的科学理论,它重视实践,以改造世界为己任。在伦敦海格特公墓的马克思墓碑上,镌刻着马克思的一句名:"哲学家只是用不同的方式解释世界,而问题在于改变世界。"这鲜明地表明了马克思主义重视实践,以改造世界为己任的基本特征。它不是产生于书斋之中,而是适应现实斗争的需要而产生的。19世纪上半叶,资本主义的发展进入了一个历史转折时期。1825年起,三次大规模经济危机的连续爆发,表明资本主义的生产关系开始由促进生产力的发展转向阻碍生产力的发展;1831年起,三次大规模的工人运动的相继高涨,表明无产阶级和资产阶级的矛盾已经上升为社会的主要矛盾、无产阶级已经作为一支独立的政治力量登上了历史舞台。但是由于当时的工人阶级没有自己的思想武器,所以斗争还是自发的。工人阶级的斗争由自发到自觉,必须有自己的思想武器。为适应这种需要,就产生了马克思主义。马克思主义一诞生,便迅速与工人运动相结合。一百多年来,无产阶级谋求解放的斗争汹涌澎湃,社会主义由理想变成了现实的社会制度,旧殖民主义体系土崩瓦解,这一切都与马克思主义的广泛传播及其指导下的社会主义运动密切相关。东欧一些社会主义国家的垮台,是那里的执政党背离了马克思主义导致的。

马克思主义在今天的西方社会不再是被排斥和打击的对象,而是成了许多专家学者研究的理论,美国资产阶级著名的经济学家、诺贝尔奖获得者萨缪尔森就说过,"马克思主义是科学,是我们观察社会历史的解剖刀",强调"每一个要洞察社会历史底蕴的人都必须向马克思主义学习"。对于研究马克思主义的哲学家沃尔夫冈·豪格来说,《共产党宣言》以及马克思其他著作中的一些观点,直至今天仍然没有失去其现实性,"在《共产党宣言》中,有一些大段的章节,读起来给人的感觉是,仿佛马克思当年有一架时间机器,可以让他飞到当代,描述今天发生的事情。对于和马克思同时代的人来说,这些肯定是很难想象的"。美国著名的未来学家托夫勒在其专著中就指出:"在今天的世界上,对马克思主义一无所知,就等于半个文盲。"

他们已经清醒地认识到,没有马克思主义对资本主义的批判,资本家绝不会收起其狰狞的面目。这些都说明马克思主义是经得起时间和现实的检验的,是具有持久的生命力的。

(二)如何看待中国特色社会主义共同理想?

2004 年,《中共中央国务院关于进一步加强和改进大学生思想政治教育的意见》强调,要"以理想信念教育为核心,深入进行树立正确的世界观、人生观和价值观教育","使大学生正确认识社会发展规律,认识国家的前途命运,认识自己的社会责任,确立在中国共产党领导下走中国特色社会主义道路、实现中华民族伟大复兴的共同理想和坚定信念。同时,要积极引导大学生不断追求更高的目标,使他们中的先进分子树立共产主义的远大理想,确立马克思主义的坚定信念"。该意见中对于理想的描述有两个层次:一是走中国特色社会主义道路、实现中华民族伟大复兴的共同理想;二是共产主义远大理想。

1. 中国特色社会主义共同理想

共同理想,就是在中国共产党领导下,走中国特色社会主义道路,实现中华民族的伟大复兴。

一个国家实行什么样的主义,关键要看这个主义能否解决这个国家面临的历史性课题。历史和现实都告诉我们,只有社会主义才能救中国,只有中国特色社会主义才能发展中国,这是历史的结论、人民的选择。中国特色社会主义道路来之不易,它不是从天上掉下来的,是党和人民历尽千辛万苦付出各种代价取得的根本成就,它是在改革开放四十多年的伟大实践中走出来的,是在中华人民共和国成立七十多年的持续探索中走出来的,是在对中华民族五千多年悠久文明的传承中走出来的,具有深厚的历史渊源和广泛的现实基础。道路问题是关系党的事业兴衰成败第一位的问题,道路就是党的生命。中国特色社会主义,是科学社会主义理论逻辑和中国社会发展历史逻辑的辩证统一,是根植中国大地、反映中国人民意愿、适应中国和时代发展进步要求的科学社会主义,是全面建成小康社会、加快推进社会主义现代化、实现中华民族伟大复兴的必由之路。

案例 2:闽宁镇"立体化"脱贫硕果累累

2021 年 1 月热播剧《山海情》作为"理想照耀中国——国家广电总局庆祝中国共产党成立 100 周年电视剧展播"剧目,要弘扬的主题很清晰:西海固人民把根扎在更辽阔地方的勇气,宁夏回族自治区基层扶贫干部的坚韧不拔、矢志不渝,福建对口帮扶干部、专家、企业家的无私奉献。该剧凭借其鲜明饱满的时代和地域质感,扎实紧凑的剧情节奏,反脸谱化的人物设定,张力十足的演员表演,发人深省的现实主义内核,艰苦奋斗的精神能量等受到各年龄段、各圈层受众的关注和喜爱,收获了不俗口碑。

1996 年,福建和宁夏启动了对口扶贫协作,作为起点,闽宁镇从无到有、由弱到强,见证了闽宁携手从单向扶贫到互利共赢的二十载。如今,曾经的戈壁荒滩变成了现代化的生态移民示范镇,4.4 万多祖祖辈辈生活在西海固贫困山区的农民走出大山,通过移民搬迁走上了脱贫致富之路,农民人均可支配收入从开发建设初期的 500 元增长到 2015 年的 10350 元,增长了 20.7 倍。

说到闽宁镇扶贫,不得不提的是原隆村"4 + 1 + 1"的特色精准脱贫模式:"4"是每户养 4 头牛,2 个"1"分别是发展光伏农业以及每家分得 2 块两块光伏电板,这些分红获利能让全村 76 户建档立卡的贫困户每年获得 2.6 万元的收入。而这样的扶贫模式正是由原隆村首创。

除了精准脱贫模式,闽宁镇在产业扶贫上也下了大功夫,闽宁县在 2013 年以来共投入财政资金 18.1 亿元,实施了节水灌溉、道路畅通、园区建设、老镇区综合整治、棚户区改造、新镇区建设等重点项目 153 个。葡萄种植面积达到 6.2 万亩,建成酒庄 13 座,葡萄酒年产量达 2.6 万吨,移民种植葡萄亩均增收 3000 元以上。青岛昌盛 30MW 光伏电站并网发电,588 栋光伏农业设施大棚投入使用,香菇、秋葵等产品上市销售。园艺村万亩草畜基地已竣工,肉牛存栏 1.6 万头,1537 户贫困户通过托管养殖分红 284 万元。引进中银绒业、中粮集团、德龙酒业等企业 36 家,撬动社会资金 6.7 亿元。依托宁夏生态移民培训示范基地建立区市县联网的生态移民创业就业服务中心,培育劳务派遣公司 11 家、劳务经济人 56 名,输出劳务 9000 多人,人均收入 1 万多元。

正是精确扶贫与产业相结合的扶贫模式,让闽宁镇做到了"补血""造血"两不误。既让贫困户们得到了资金补助,也让他们学会了更多的生产技能,永久走上脱贫致富的道路。正是有了先进扶贫政策的落实与干部灵活多元的扶贫思路,加上企业纷纷积极响应号召,积极参与到产业扶贫工作中来,最终使闽宁镇的脱贫之树结出了累累硕果。

(部分资料参见:央广网,2017年3月2日)

坚定共产主义远大理想和中国特色社会主义共同理想是中国共产党人的政治灵魂。无论是实现共同理想还是远大理想,打赢脱贫攻坚战是通往这两个理想的必经之地。

2. 共产主义远大理想

马克思主义关于人类社会必然走向共产主义的基本原理,是建立在对人类会发展规律正确认识的基础上的科学预见。共产主义社会,将是生产力高度发展、物质财富极大丰富、人民精神境界极大提高、每个人自由而全面发展的社会。

共产主义是建立在社会发展规律科学基础上的理想,共产主义是一种理想,也是一种学说、一种制度,更是一种实践,这一伟大实践从马克思恩格斯那时开始了。共产主义只有在社会主义社会充分发展和高度发达的基础上才能实现,需要千百万人一代又一代不懈的努力。追求共产主义远大理想与坚定中国色社会主义共同理想是统一的。必须认识到,我们现在的努力以及将来多少代的持续努力,都是朝着实现共产主义这个最终目标前进的。同时必须认识到实现共产主义是一个非常漫长的历史过程,我国现在仍处于并将长期处于社会主义初级阶段。我们必须从这个实际出发确定现阶段的奋斗目标,脚踏实地推进我们的事业。一切有志于为人类解放事业而奋斗的大学生,要胸怀共产主义的远大理想,在建设中国特色社会主义事业中积极贡献力量。

案例3:信仰缘何而美丽——瞿秋白对共产主义道路的求索

2015年,是中国共产党主要领导者之一瞿秋白同志逝世80周年。有道是:"慷慨赴死易,从容就义难。"瞿秋白是从容就义的。而赠予他这份死之从容的,是一种高远强大的精神力量。这当中包含中国传统文化所弘扬的"威武不能屈""死亦为鬼雄""留取丹心照汗青"的志士气节;但更为重要也更具本质意义的,却无疑是伴随着世界潮流崛起于现代中国的共产主义信仰。

1935年6月18日,瞿秋白被国民政府枪杀于福建长汀罗汉岭前。一位新闻记者见证了这一过程,并写下了后来披露于多种报刊的现场报道《毕命前之一刹那》:

民国二十四年六月十八日晨,闻瞿之末日已临,笔者随往狱中视之,及至其卧室,见瞿正在挥毫,书写绝句:"一九三五年六月十七日晚,梦行小径中,夕阳明灭,寒流幽咽,如置身仙境,翌日读唐人诗,忽见'夕阳明灭乱山中'句,因集句得偶成一首:夕阳明灭乱山中,落叶寒泉听不穷;已忍伶俜十年事,心持半偈万缘空。"

书毕而毕命之令已下。遂解至中山公园。瞿信步行至亭前，见珍馔一席，美酒一瓮，列于亭之中央。乃独坐其上，自斟自饮，谈笑自若，神色无异，酒半乃言曰："人公馀稍憩，为小快乐；夜间安睡，为大快乐；辞世长逝，为真快乐。"继而高唱国际歌，酒毕徐步赴刑场，前后军士押送，空间极为严肃。经过街衢之口，见一瞎眼乞丐，犹回顾视，似有所感。既至刑场，自请仰卧受刑，态度仍极从容，枪声一鸣，瞿遂长辞人世……

唯心的"避世"代替不了严峻的现实。1916年初，17岁的秋白进入社会谋生。先在无锡乡间当国民学校校长，继而投奔武昌的堂哥寻找出路。这时，饭碗虽有了着落，但精神苦闷却有增无减，无数疑问在内心萦绕。翌年，顺应"心灵的'内的要求'"，秋白到北京进入俄文馆，学习俄文和哲学，开始"做以文化救中国的功夫"。因为关注俄国文化，托尔斯泰的宗教博爱思想，以及"勿以暴力抗恶"等主张也曾吸引秋白，但他不久就发现了其中存在的与现实脱节的谬误。五四运动前后，包括马克思主义在内的各种外来思想目不暇接，秋白进行了广泛阅读与涉猎，他研究过美国的宗教新村运动、欧文的空想社会主义学说，以及狄德罗、卢梭等人的著作，而本着惠及人民大众的内在尺度，他的兴趣开始倾向共产主义。

正当"隔着纱窗看晓雾"，对共产主义不甚了然的时候，秋白有了以北京《晨报》特约记者的身份，到世界上第一个实现了社会主义革命的国家——苏维埃俄国采访的机会。于是，他把俄国看作像中国典籍中伯夷、叔齐隐居的首阳山一样的"饿乡"——一个心理要求胜过经济欲望的地方，以"宁死亦当一行"的决心，毅然前往。

在俄国，秋白进行了广泛深入的参观采访和调查研究。这期间，他不是没有看到这个国家正在经历的动荡和混乱，也不是没有发现新生体制所存在的弊端与缺陷，但他更看到了苏维埃政权为克服眼前困难所进行的艰苦努力以及所取得的显著成效，看到了革命后的"劳工复活"和文化教育科学事业的正常赓续与稳步发展。他觉得："共产党始终是真正为全体工人阶级奋斗的党"，"共产党人的办事热心努力，其中有能力有觉悟的领袖，那种忠于所事的态度，真可佩服"。唯其如此，他认为："共产主义学说在苏俄的逐步实行，是人类文明发展史上一桩伟大事业，是世界第一次的改造事业。"共产主义在苏俄的"人间化"，宣告了它从此不再仅仅是"社会主义丛书里的一个目录"。至此，秋白的思想发生了根本改变——由"忏悔的贵族"终于成为自觉的马克思主义者。

信仰是个人的意识行为。对于信仰主体而言，真正的信仰获得，必须源于内心需求，必须是自由选择的结果。而秋白确立马克思主义信仰，恰恰贯穿了遵循内心，上下求索，择善而从的线索。唯其如此，这一信仰很自然地成为秋白前所未有的精神力量。

（部分参见：光明日报，2016年）

瞿秋白便是这样一位勇于也善于反思的马克思主义者。纵观他的信仰之路,尽管有过失误,甚至犯过错误,但在更多的时候,却总能用清醒睿智的思维和独立探索的态度,去观察分析中国革命的现实,包括剖解自己的思想与行为,就中发现问题或寻找带有规律性的东西。正如毛泽东1950年为《瞿秋白文集》题词所写:"瞿秋白同志是肯用脑子想问题的,他是有思想的。"

案例4:有共产主义信仰的人最幸福

当年陈望道翻译《共产党宣言》时,如痴如醉,误把墨汁当作沾粽子的糖汁,留下真理是甜的佳话。共产主义真理有格局、有境界、有温度、有滋味、有无穷力量。真正在内心树立起信仰,需要念念在兹,需要通达理论,甚至需要数十年在各种寒彻骨的困难面前磨砺心性、锻造定力。习近平总书记无论是上山下乡、上大学和参军入伍,还是后来当县委书记、市委书记,都一直以焦裕禄为榜样。从《共产党宣言》到习近平新时代中国特色社会主义思想,共产主义信仰始终放射着温暖人间的智慧光明,指引着一代代共产党人,无论顺境逆境,初心不改,与人民一道,敢于牺牲,敢于面对挫折,敢于修正错误,攻关夺隘,改变了亿万黎民百姓的苦难生活,改变了万里山河,创造了一个又一个彪炳史册的人间奇迹。新时代来临,为了实现中华民族伟大复兴的伟大梦想,我们必须坚决忠诚核心、维护核心、看齐核心、捍卫核心,必须坚决维护党中央权威和集中统一领导,必须进行伟大斗争、建设伟大工程、推进伟大事业,必须对心中无信仰、使人民遭殃的各式各样假共产党人继续刮骨疗毒。

(部分参见:人民网,2017年)

对于青年学生应该在中国特色社会主义共同理想的基础上,加强对共产主义远大理想的认识。深入学习科学理论,坚定理想信念。政治上的坚定最终要靠理论上的清醒。习近平总书记指出:"坚定的理想信念,必须建立在对马克思主义的深刻理解之上,建立在对历史规律的深刻把握之上。"1883年3月17日,恩格斯在马克思的葬礼上向全世界诠释马克思的伟大之处,他说:"正像达尔文发现有机世界的发展规律一样,马克思发现了人类历史的发展规律,发现了现代资本主义生产方式和它所产生的资产阶级社会的特殊的运动规律。"马克思主义之所以能够占据推动人类社会进步、实现人类美好理想的道义制高点,一个很重要的原因就在于它揭示了人类历史的发展规律。《共产党宣言》问世至今已有近170年。尽管时空巨变,但我们仍能看到马克思、恩格斯当年对当代资本主义和人类社会的矛盾、趋势、规律的研究把握仍然具有透彻的解释力和有效的预见力。抓好理论学习,理想旗帜才能进一步高扬,信念才能历难弥坚。

案例5:有共产主义信仰的人最幸福

一、用热血书写忠诚,对党和信仰、对国家和人民满怀滔滔大爱

方志敏的纯真,首先表现在他对党、对信仰、对国家和人民的绝对忠诚上。纯真,意为纯洁真挚、纯正精诚。方志敏对党和信仰、对国家和人民的热爱和忠诚,发乎内心,深入骨髓,浓郁深沉,纯粹高尚,正是这种纯真的真实写照。

国家在军阀统治和列强欺凌下贫弱相交、黑暗混乱的现实,让他一次次地深受刺激,也因每一次受到的刺激而更加坚定他为民族解放奋斗的决心。他在《可爱的中国》中,用诗一般的语言,将国家比喻为母亲,赞美国家和大好河山,坚信中国一定有个光明前途,未来前景美好,到处都是活跃的创造、到处都是日新月异的进步。他既向国人阐明"爱护中国,拯救中国"是一个"紧要的问题",号召国人觉醒,一致奋起救国,也着力向国人说明救国与救民的一致性。他特别批斥有人说他只顾工农阶级的利益而忽视了民族的利益的谰言。他认为这是对他的一个天大的冤枉,力申工农阶级的利益绝不会与民族的利益相冲突,追求工农的解放与民族的解放,是高度统一的内在使命。

为此,他在求学求真理的过程中,潜心求索救国救民之路。他深切地认识到,"欲救中国民族的独立解放,绝不是哀告、跪求哭泣所能济事,而是唤起全国民众起来斗争,都手执武器,去与帝国主义进行神圣的民族革命战争,将他们打出中国去,这才是中国唯一的出路"。因此,他毅然选择马克思主义,加入青年团和共产党,走上以革命挽救国家、解放人民之路。

他对自己选择马克思主义,选择共产主义,选择共产党,深信不疑,坚定不移。他坚信中国革命一定会得到最后的胜利,民族的解放、阶级的解放一定能实现,认定"这是绝对的真理。同时,这也是我的基本信仰"。为了这一真理和信仰,他不惜舍弃一切,包括牺牲自己的"蚁命",只是希望在国家解放、人民自由之日,在他流血牺牲的地方长出一朵可爱的花来,作为他对革命胜利和民族解放的精诚寄托。

"敌人只能砍下我们的头颅,决不能动摇我们的信仰!"方志敏对国家对人民的大爱,对党对信仰的忠贞,撼人心、惊天地、泣鬼神!

二、用创造谱写奇迹,在潜心思考与拼命奋斗中成就军政全才

对革命、革命道路、军政领导艺术精深思考,又不惜病患之躯拼命奋斗,是方志敏作为纯真共产党人的另一个核心体现。

到农村领导武装革命,对幼年的共产党人而言,是一个充满危险的未知领域,也是一个充满艰难的观念转变。与不少当年第一代开创者不同的是,方志敏的深入农村,首先是一种自觉行为而不是组织的指派。相同的是,都面对着如何进行革命、开创局面的严

峻问题。在这样事关革命成败的关键问题上,方志敏显示出了精深的思考探索和过人的知行能力。他所创造的开创和扩大赣东北苏区的办法,即有计划地建设政权、深入土地革命、创建地方武装和正规红军、波浪式地向前扩大根据地等,被毛泽东称之为"方志敏式",是与"朱德毛泽东式"完全相同的开创根据地的经验模式。方志敏与朱毛两地相隔颇远,相互戎马倥偬、音讯难通,而所走道路却惊人一致,所谓英雄所见略同,可见方志敏对革命道路的思考是何等的精深。

作为全国六大苏区之一的赣东北苏区的开创者和主要领导者,方志敏文武兼通的杰出才能得以充分显现。无论是在县委书记、省委书记、特区政府主席、省苏政府主席的党政领导职位上,还是在赣东北军委会主席、红十军代政委的军事领导工作中,方志敏无不以其潜心思考和拼命奋斗,做出创造性业绩,进而成就他成为优秀的党政军领导全才。

方志敏全身心地投入苏区党政领导工作,是得到中央政府表彰的模范苏区领导人。他创造了反映实际而又体现党的目标和任务的地方经验,创建领导了富有战斗力的红十军,摸索创新了苏区政权的区域政策与工作方法。他领导制定的赣东北土地分配政策与生产措施、群众团体条例与群团工作、地方武装建设与地雷战的运用、文化教育建设与创新、政权建设与法律制度的创设,乃至苏区中心葛源的公园、路灯建设,细致入微而成为基层政权操作规范的《怎样做乡苏工作》(比中央苏区的同样文献早出台一年),等等,无一不见方志敏对政权工作的专心致志与领导才能。因此,赣东北苏区日见扩大而富有生气,他也得到临时中央政府的表彰。

方志敏以真情深入部队指挥军事,是得到公认的无产阶级军事家。方志敏曾经两次出任军职(赣东北军委会主席、红十军代政委),时间虽短,成绩巨大。究其原因,乃在于他的真情投入和方法得当。他锐意整顿和锻炼部队,决心建设有较强战斗力的精锐队伍,采取的方法则是深入队伍。他在讲述任红十军代政委经历时说:我仍如在军委会工作一样,深入队伍中去,不惮其烦地去检查,去讲说,去指导,去督促;内务,操场,讲堂,以及关于各个战斗员身上许多琐屑的问题,我都亲自过问;军中会议,我亲自参加的多。好的事尽量发扬它,不好的事则严格指责,不稍宽假! 由于他的出色工作,第一次任职时,红军实力发展了三倍以上,在三个月内连续取得作战的大胜利,苏区扩大到纵横五百余里,人口一百余万。第二次任职时,指挥红十军不但在贵溪、余江三伏皆捷,巩固了老苏区,而且进军闽北,11 伏伏伏皆胜,建立了红十军在闽北的军威,奠定了闽北苏区和红军向前发展的基础。因此,方志敏的军事才能,得到人们的公认,在当时,他是力挽狂澜的红军领导人,几十年后,党和国家仍然铭记他的军事才能,被认定为我党民主革命时期著名的 36 位军事家之一。

这一切,都是方志敏在长期患有严重疾病的条件下取得的。疾病带给他难以言喻的困扰,而"一个共产党员,应该努力到死! 奋斗到死!"的心志,成为他战胜疾病、创造奇迹的动力源泉。

三、用生命承载担当,铁血肩扛使命和责任、誓死效命事业和理想

在职责、艰险、生命面前义无反顾、勇于担当,是方志敏作为纯真共产党人的又一个突出特点和精神。综观方志敏的一生,涌流着浓郁的担当情怀,奔放着无私的职责意识。

两任军职,都处在部队出现散漫混乱、军事形势恶劣,群众受到敌军摧残并引起苏区政权不稳固的关键时刻,需要以军事大起兴来振衰起弊。从未有过军事知识训练的方志敏,面对党的召唤和期望,面对艰难和重任,毫不犹豫,挺身而出。正是他的敢于担当而又敏于行事,使得他在军事领域同样大建奇功。他指挥独立团时,很快肃清部队的散漫混乱现象,使之变成整齐严肃的正规红军,战斗力大大加强。他领导红十军时,也迅速经过短期整顿训练,纠正了不良现象,使之"与从前颇不相同"。其后,他两次指挥部队连续作战,获取胜利,圆满实现党的期望和预定目标。

同样,在 1934 年秋军事形势日趋险恶之际,中央命令方志敏担任红十军团军政委员会主席,领导红军北上抗日先遣队行动,以牵制敌军、掩护中央红军战略转移。面对在国民党统治核心地区作战的艰难险阻,以及自己痔疮大发,每天流很多脓血,不能走路或骑马的病痛,方志敏二话不说,忍痛出发,下决心去完成党所给的任务。特别是,在部队行动失败、艰难突围而被敌军打成两段,他已经在前段跳出包围的惊险时刻,他作出的选择是置个人生死于不顾,毅然转向返回敌人重重包围中寻找仍在后段的大部队。他说,"因大队伍尚在后面,在责任上我不能先走"。因为这一铁血担当和选择,他最终落入敌手,壮烈就义。

方志敏的担当精神,也表现在对错误的严厉自责上。他在狱中,对苏区工作中发生的错误,特别是对先遣队军事指挥上的错误,对"失败的血的教训",反复进行深刻而沉重的总结。他对错误痛心疾首,刻骨铭心,尽管失败的原因主要是军事指挥员的犹豫等所致,但他认为自己要负主要责任,而"愧悔交集""感觉无穷的羞辱",希望能"赎罪雪耻"。

同样,人们所熟知的方志敏的清贫,本质上也是一种担当精神。他用纯真铸就廉洁,用担当面对清贫,在他的心中,公与私界线分明,享乐与清贫壁垒森严,抱定斗争到底的决心,所以生活虽然痛苦,而精神非常愉快。

方志敏为我们留下了珍贵的历史遗产。他那至纯至真、至刚至正的品格精神,威武不屈、贫贱不移的人格力量,是中华民族优秀传统与中国共产党精神特质的完美融合和典型体现,永远散发着灿烂的思想光辉。在实现中华民族伟大复兴和"两个一百年"奋斗目标的新征程中,方志敏的精神依然是我们战胜艰难险阻的力量源泉。学习和弘扬方志敏精神,努力做一个有信仰有大爱的人、勤思考善实践的人、敢担当敢负责的人,是时代、使命和社会伦理的共同召唤,其情隽永,其义悠长。

(参见:光明日报)

不断提高全党马克思主义思想觉悟和理论水平。共产主义、社会主义的理论基础是马克思主义,中国共产党信仰的定力来源于马克思主义。背离或放弃马克思主义,我们党就会失去灵魂、迷失方向。中国共产党在100年的奋斗历程中,不仅坚持马克思主义,还坚持在实践中不断丰富和发展马克思主义,形成了马克思主义中国化的重要理论成果,保持对远大理想和奋斗目标的清醒认知和执着追求。

学习理论的目的在于坚定理想信念。对马克思主义的信仰,对社会主义和共产主义的信念是共产党人的政治灵魂,是共产党经受住任何考验的精神支柱。这一政治灵魂和精神支柱的确立和巩固离不开精神营养。要教育引导广大党员、干部把理论学习同提高党性修养、提升思想境界、升华道德水平紧密结合起来,对马克思主义自觉做到真学真懂真信真用,无论胜利与困难、顺境和逆境都保持理想信念的坚定不移、忠贞不渝,真正做到在胜利和顺境时不骄傲不急躁,在困难和逆境时不消沉不动摇。

中华民族伟大复兴的中国梦,是众多中国人的理想和精神旗帜。实现全面建成小康社会、建成富强民主文明和谐的社会主义现代化国家奋斗目标,实现中华民族伟大复兴的中国梦,就是要实现国家富强、民族振兴、人民幸福。中国梦是民族的梦,也是每个中国人的梦。实现中华民族伟大兴,就是中华民族近代以来最伟大的梦想。这个梦想,凝聚了几代中国人的愿,体现了中华民族和中国人民的整体利益,是每一个中华儿女的共同期盼,实现中华民族伟大复兴是一项光荣而艰巨的事业,需要一代又一代中国人共同为之努力。

问题三:如何在实现中国梦的实践中放飞青春梦想

在实现中国梦的实践中放飞青春梦想,将个人梦想融入中国特色社会主义共同理想。道路自信、理论自信、制度自信、文化自信都源于当代中国社会主义现代化建设的伟大实践,其中,文化自信是自信之根,理论自信是自信之魂,制度自信是自信之本,道路自信是自信之用。

(一)如何理解道路自信是自信之本

从历史和全球视野看,中国特色社会主义进入新时代,一个社会主义现代化的中国道路的基本轮廓和图景愈益清晰地浮现在世人国人面前。我们要从历史维度、理论维度和世界维度这三个维度深入理解中国道路,进一步坚定道路自信。

1. 中国道路是一条有中国特色社会主义历史源流和民族基因的道路

实现中国梦必须走中国道路,这就是中国特色社会主义道路。党的十八大以来,习近平同志不断深化对中国特色社会主义的认识思考,提出了许多重大论断、重要思想。如:强调中国特色社会主义道路有"四个走出来",将中国特色社会主义的开辟,从改革开放回溯到新中国成立以来,并上溯至中国近代史乃至中华民族史,深刻揭示了中国特色社会主义的历史源流和民族基因。理解起来,这就从根本上指出了中国道路的内生性特质。可以说,党的十八大以来,中国共产党对于中国道路的内生性特质的认识,上升到了一个新的层次,对于中国道路的坚持更加自信。中国特色社会主义进入新时代,意味着近代以来久经磨难的中华民族迎来了从站起来、富起来到强起来的伟大飞跃,迎来了实现中华民族伟大复兴的光明前景。从民族复兴的进程理解中国特色社会主义步入新时代,可以看出,中国进入了"加速圆梦期"。党的十九大为民族复兴伟大梦想的实现擘画了"时间表"和"路线图"。中国道路向世人展示了完全不同于西方预判的发展路径,为人类文明探索发展道路提供了中国经验,为人类社会发展增添了中国动力,为丰富人类社会发展道路贡献了中国方案。

2. 中国道路是一条马克思主义基本原理与中国具体实际相结合的道路

中国道路不是一时心血来潮的产物,而是深思熟虑的结果,是深深植根于中华大地丰腴土壤中的马克思主义的理论之花结出的累累硕果。其深层次原因在于,中国特色社会主义既坚持了科学社会主义基本原则,又根据时代条件赋予其鲜明的中国特色,使共产党执政规律、社会主义建设规律、人类社会发展规律在中华大地上获得了新的认识和理解。特别是,党的十八大以来,顺应和驾驭国内外形势变化和我国各项事业的发展,以习近平同志为核心的党中央从理论和实践结合上系统回答新时代坚持和发展什么样的中国特色社会主义、怎样坚持和发展中国特色社会主义。中国特色社会主义进入新时代,意味着科学社会主义在 21 世纪的中国焕发出强大生机活力,在世界上高高举起了中国特色社会主义伟大旗帜。中国道路展现了世界社会主义运动的光明前景,我们所要坚持和发展的中国特色社会主义,正在不断获得新的理论意义和实践价值。

3 中国道路是一条从人类现代化浪潮中涌现出来的道路

中国道路既不是"再版"也不是"翻版",而是一个"原版",它为世界各国解决现代化进程中的难题贡献了解决方案,具有鲜明的独创性。第二次世界大战以来,发展中国家都希望能够快速实现现代化,进入现代化国家的行列。但是,发展中国家在实现现代化的问题上,面临着各种各样的难题。如,"发展与稳定"的两难、"开放与自主"的两难等。中国特色社会主义进入新时代,意味着中国特色社会主义道路、理论、制度、文化不断发展,拓展了发展中国家走向现代化的途径,给世界上那些既希望加快发展又希望保持自身独立性的国家和民族提供了全新选择,为解决人类问题贡献了中国智慧和中国方案。中国道路告诉世界,人类走向现代化并不是只有西方化这一条道路。人类走向现代化的路子是多种多样的,可以根据自己的国情,经由自己的努力走向现代化。中国既坚持了现代化的普遍性,又坚持了中国发展的独特性,给其他国家提供了方案和参考,打破了西方现代化路径唯一性的神话,打破了过去很多发展中国家在现代化上对西方的"路径依赖"。

(二)如何理解理论自信是自信之魂?

案例 1:"红船精神"与"理论自信"

某省省委原书记的秘书李真因受贿数字巨大被判死刑。刑前,李真说:"人可以没有金钱,但不能没有信念。丧失信念,就要毁灭一生"。李真说,身居高位,"走到哪里都是鲜花、美酒、笑脸和恭维","一些官员在台上讲慷慨正义之词,台下想升官发财之路,平时干的则是肮脏龌龊勾当"。高层来钱太容易,说句话、使个眼色都行。"共产党那一套不信了",他从收受 5000 元开始,步步陷进泥潭。

(参见:东方网,2015 年)

这个案例从反面告诉我们,理想信念之重要。"红船精神"最重要的内核是什么呢?习近平的内涵判断中"坚定理想"是关键词。建党及建党前的近代一段时期,是中国的志士仁人为改变中国积弱积贫、受列强宰割的地位,多方面寻找中华民族振兴的道路的时期。清末宪政改良、戊戌变法、教育救国、洋务运动,建共和制、试多党制,一幕又一幕,也有抛头颅、洒热血的,都尝试过了,依然收效甚微。俄国十月革命,带来了马克思主义,走"十月革命"的道路。一群年轻人聚集在上海和嘉兴开会,是被一种信念信仰所召唤,走到一起来了,在小船上激扬文字、指点江山。

理想信念是棵树,有家庭理想、职业理想、道德理想等,而社会理想或政治理想,是理想信念的主干。理想都会产生工作、学习的动力,而稳定、长期起作用的,就是社会、政治理想,理想的主干是人的主心骨。

1.什么叫"理论自信"

所谓的"理论",它是一个知识体系,它是解释事物本质以及规律性的认识,并且根据逻辑的认证和时间的检验。

理论自信大概包括三方面的含义:

一是对理论的价值充分肯定。理论是"武器""药方""指南",理论是认识世界、改造世界的武器,理论是政党的行动指南。我们的"理论自信",就是对中国特色社会主义理论的自信,我们认为这个理论是科学的理论,是能够揭示事物的本质和规律的。这个理论经得起逻辑的认证和实践的检验。

二是对于理论发展的进程和未来有充分的认识。中国特色社会主义理论体系是中国特色社会主义的理论形态,是我们党在改革开放40多年来,不断根据新的形势任务要求,对什么是社会主义、怎样建设社会主义,建设什么样的党、怎样建设党,实现什么样的发展、怎样发展,新时代坚持和发展什么样的中国特色社会主义、怎样坚持和发展中国特色社会主义等重大问题的系统回答。

三是对理论价值生命力有坚定的、必胜的信念。理论自信源于理论形成、理论创新和理论自觉,需要我们进一步坚持和丰富中国特色社会主义理论体系,毫不动摇地坚持中国特色社会主义。

2. 我们为什么要做到"理论自信"

理论问题关乎党的性质,关系国家发展、民族复兴和人民安康。

坚持理论创新和理论自觉,坚持用发展着的马克思主义指导我国社会主义现代化建设的实践,是保持党的先进性的本质要求,也是我们党在世界形势深刻变化的历史进程中始终走在时代前列,在应对国内外各种风险考验中始终成为全国人民的主心骨,在建设中国特色社会主义的历史进程中始终成为坚强领导核心的现实需要。

100年来,我们党在中国革命、建设和改革具体历程中,在推进马克思主义中国化的历史进程中,产生了两大理论成果。一大理论成果是毛泽东思想。毛泽东思想是马克思列宁主义在中国的运用和发展,系统回答了在一个半殖民地半封建的东方大国,如何实现新民主主义革命和社会主义革命的问题,并对建设什么样的社会主义、怎样建设社会主义进行了艰辛探索;另一大理论成果是中国特色社会主义理论体系。中国特色社会主义理论体系是包括邓小平理论、"三个代表"重要思想以及科学发展观和习近平新时代中国特色社会主义思想等重大战略思想在内的科学理论体系,是对毛泽东思想的继承和发展。坚持和丰富中国特色社会主义理论体系,需要我们以巨大的理论勇气和敏锐的理论自觉,勇于推进实践基础上的理论创新,不断丰富中国特色社会主义理论体系,毫不动摇地坚持中国特色社会主义。

3. 我们如何做到"理论自信"

通过实践检验和丰富理论。在社会实践中,通过实践检验理论,丰富理论。理论的自信不仅仅源于细的严整性、更取决于理论与实践的统一性。理论需要实践来验证,并且通实践经验发展与完善,习近平指出,要学习掌握认识和实践辩证关系的原理,坚持实践第一的观点,不断推进实践基础上的理论创新。我们推进各项工作要靠实践出真知,理论必须同实践相统一。必须高度重视理论的作用,增强理论自信和战略定力,对经过反复实践和比较得出的正确理论,要坚定不移地坚持。要根据时代变化和实践发展,不断深化认识,不断总结经验,不断实现理论创新和实践创新良性互动,在这种统一和互动中发展21世纪中国的马克思主义。

马克思主义理论中不仅包含了原则和论断,还包含了方法论,可以指导实践,习近平总书记强调,辩证唯物主义是中国共产党人的世界观和方法论,必须不断接受马克思主义哲学智慧的滋养,更加自觉地坚持和运用辩证唯物主义世界观和方法论,增强辩证思维、战略思维能力,努力提高解决我国改革发展基本问题的本领。要学习掌握世界统一于物质、物质决定意识的原理,坚持从客观实际出发制定政策、推动工作。既要看到社会主义初级阶段基本国情没有变,也要看到我国经济社会发展每个阶段呈现出来的新特点。我们党始终把思想建设放在党的建设第一位,强调"革命理想高于天",就是精神变物质、物质变精神的辩证法。我们必须毫不放松理想信念教育、思想道德建设、意识形态工作,大力培育和弘扬社会主义核心价值观,用富有时代气息的中国精神凝聚中国力量。要学习掌握事物矛盾运动的基本原理,不断强化问题意识,积极面对和化解前进中遇到的矛盾。问题是事物矛盾的表现形式,我们强调增强问题意识、坚持问题导向,就是承认矛盾的普遍性、客观性,就是要善于把认识和化解矛盾作为打开工作局面的突破口。在任何工作中,我们既要讲两点论,又要讲重点论,没有主次,不加区别,眉毛胡子一把抓,是做不好工作的。要学习掌握难物辩证法的根本方法,不断增强辩证思维能力,提高驾驭复杂局面、处理复杂问题的本领。要加强调查研究,坚持发展地而不是静止地、全面地而不是片面地、系统地而不是零散地、普遍联系地而不是单一孤立地观察事物,准确把握客观实际,真正掌握规律,妥善处理各种重大关系。

(三)如何理解制度自信是自信之度

制度自信是马克思主义政党的鲜明特征,是推进中国特色社会主义事业的强大动力。

增强制度自信必须深刻认识和充分发挥中国特色社会主义的制度优势。

制度自觉和自信是对中国特色社会主义制度特色和制度优势的深刻认识和坚定信念,必须从历史发展规律的深邃视野,从当代中国发展进步的深层动因,从社会主义制度变革完善的深刻逻辑中,全方位把握和展现中国特色社会主义制度的优势、价值和生命力。

中国特色社会主义制度具有最大限度地整合社会资源、集中力量办大事的体制机制优势。能够集中力量办大事、和衷共济解难事、提高效率办好事,是中国特色社会主义制度的独特优势。中国特色社会主义制度,是广泛民主与高度集中的统一、党的领导与人民当家作主的统一、民主决策与高效执行的统一、宏观调控与市场调节的统一、中央治理和地方自主的统一。这些以"统筹结合"为特征的科学高效、实用便利的制度安排,使我们党、国家和社会拥有强大的资源整合力、统筹协调力、组织动员力、决策执行力和危机应对力,拥有集中一切力量、资源和智慧,同声相应、同气相求、同心同德地向着共同目标前进的强大力量。最近几年,我们党和国家充分发挥制度优势,成功举办了一系列大事、要事,从容应对了一系列急事、难事,合力办成了一系列好事、喜事,充分彰显了中国特色社会主义制度的独特优势和伟力。

因此,我们要把握制度自信的"度",在学习和理解中国特色社会主义制度时,既要看到制度的先进性,坚定中国特色社会主义制度,也要看到当前制度的限制因素。

(四)如何理解文化自信是自信之基

党的十八大以来,习近平总书记围绕文化自信作出了一系列重要论述。他多次强调:文化自信是一个国家、一个民族发展中更基本、更深沉、更持久的力量;文化自信,是更基础、更广泛、更深厚的自信;中国有坚定的道路自信、理论自信、制度自信,其本质是建立在五千多年文明传承基础上的文化自信。

首先,要从文化的核心功能来理解。人类社会是一个由政治、经济、文化等各子系统组成的多元复杂有机系统,各子系统相对独立,又互生互补,通过彼此之间的合理分工和协调配合共同维系人类社会的有序运转。对于各子系统的不同功能以及相互关系,有人将之比喻为"政治是骨骼,经济是血肉,文化是灵魂"。"文化是灵魂"这个说法,形象地说明了文化在人类社会有机体中的核心功能。文化的核心功能,就是向全社会提供一系列抽象的、普遍的价值观念,通过这些价值观念来整合社会意识,建立文化认同,使大部分社会成员形成基本一致的价值取向和行为规范,并在此基础上把全社会凝结成为一个价值、信仰、理想、目标的共同体。历史和现实都表明,共同的价值、信仰、理想、目标不但是国家和社会共同体得以形成的黏合剂,也是维护这个共同体有序运转、和谐稳定的压舱石。正是因为文化具有凝聚人心,引领方向、整合社会的核心功能,所以才被看作是人类社会的"灵魂"。由此,我们也可以理解为什么党的十九大报告作出这样的论断:文化是一个国家、一个民族的灵魂。文化兴国运兴,文化强民族强。没有高度的文化自信,没有文化的繁荣兴盛,就没有中华民族伟大复兴。

其次,要从中国特色社会主义文化的核心要义来理解。道路、理论、制度、文化四方面共同构成了我们对于中国特色社会主义的全局性把握,其中,"道路"是中国特色社会主义建设进程中的实践探索,"理论"是实践探索基础上的理论总结,"制度"是中国特色社会主义制度体系,"文化"是鼓舞激励全党全国各族人民奋勇前进的强大精神力量,其核心要义就是中国特色社会主义共同理想。在这四者之中,最基础、最稳定、最具有决定性的,就是代表着当代中国人民共同价值信仰和奋斗目标的中国特色社会主义共同理想。任何一个国家的发展道路和制度架构,都是由这个国家的价值理想和发展目标决定的。有什么样的价值理想和发展目标,就会走上什么样的发展道路,就会选择什么样的制度架构。文化、价值、理想、目标是道路模式和制度架构的内核,道路模式和制度架构是文化、价值、理想、目标的外化。我们之所以选择中国特色社会主义的道路模式和制度架构,在根本上就是因为我们坚定信仰和追求中国特色社会主义所昭示的价值理想和发展目标。因此,坚定"四个自信",本质上就是坚定文化自信,就是坚定中国特色社会主义共同理想。

最后,要从中华文化的核心价值来理解。中华文化自先秦时代以来就逐渐形成了一系列独特的核心价值,包括自强不息、厚德载物、和合共生、穷变通久等。这些核心价值作为中华民族的文化基因代代相传,为中华民族生生不息、发展壮大提供了丰厚滋养,使得中华民族能够在危急关头一次次攻坚克难、凤凰涅槃、浴火重生,也使得中华文化在面对异质文明时能够兼容并蓄、海纳百川,不断自我丰富、自我发展。今天,中国特色社会主义进入了新时代,中国正在日益走近世界舞台中心,世界历史正在进入中国时刻,中华民族迎来了伟大复兴的光明前景。大国的崛起需要文化支撑,中华民族的复兴必然伴随着中华文化的复兴。中华文化的伟大复兴,意味着中华文化所蕴含的核心价值,不但能够为中国特色社会主义的发展提供思想资源和历史智慧,而且能够为解决人类问题贡献中国智慧和中国方案。建立在五千多年文明传承基础上的文化自信,指的就是对支撑中华民族生生不息、经久不衰的中华文化核心价值的坚定自信,对中华民族和中华文化历久而弥新,旧邦而新命的历史命运的坚定自信,对中华民族和中华文化必将迎来伟大复兴光明前景的坚定自信。

案例2:信有长风破浪时——坚定"四个自信"

近年来,中国高铁继续保持快速发展步伐,"四纵四横"高铁网基本成形,技术成就赢得国际声誉,服务品质不断攀升。中国高铁已经成为一张见证时代发展的名片。

自信,一个民族的精神脊梁;

自信,一个国家的前行动力;

自信,一个政党的勇气担当!

穿越数千年厚重历史,世界上没有任何一种文明能像中华文明一样,源远流长、生生不息,在传承与赓续中赋予中华儿女不竭动力。

历经百年苦难辉煌,没有任何一个政党能像中国共产党一样,矢志不移、奋斗不懈,带领中华民族走过风雨如晦的岁月迎来世纪梦圆的曙光。

我们从未像今天这样接近中华民族伟大复兴的目标,我们从未像今天这样满怀信心。

2017年6月5日,正在中国访问的美国加利福尼亚州州长布朗,登上了从南京驶往北京的高铁列车。

"高铁看起来很不错,车很棒,很高兴能乘坐。"这位美国经济实力第一大州的州长在车厢里兴奋地来回走动,不时与中国乘客握手交谈,对中国高铁列车的速度、服务称赞有加。

此时此刻,中国高速铁路通车里程已居世界首位。

时光流转。1978年10月26日,正在日本访问的邓小平同志登上了从东京开往京都的"光—81号"新干线列车。工作人员问他对乘坐新干线有什么感受。邓小平同志回答说:就感觉到快,有催人跑的意思。

时空转换,映射出一个国家和民族史诗般的巨变。从驶向世界的中国高铁到飞向蓝天的国产大飞机,一个落后的农业国建成了世界上最完备的工业体系,在现代化道路上加速奋进;从一穷二白到跻身世界第二大经济体,中国对世界经济增长的年均贡献率超过30%;从探索大洋深处的蛟龙号到遨游星汉的神舟飞船,中国向世界展示着下五洋上九天的自信与豪情……

习近平同志用坚定的语气揭示出这一切奇迹背后的精神底色:"当今世界,要说哪个政党、哪个国家、哪个民族能够自信的话,那中国共产党、中华人民共和国、中华民族是最有理由自信的。"

2017年7月1日晚的维多利亚港湾,溢彩流光,恍若仙境。绽放的烟花、动人的音乐、欢乐的市民,演绎着庆祝香港特别行政区成立20周年的盛况。

曾记否,20年前,美国《财富》周刊封面上写着大大的几个字:"香港将死",断言香港回归后前途黯淡。

如今的香港,风华正茂。"今天的香港,超出了20年前人们的期望。"美国驻香港及澳门总领事唐伟康说。

是的,中国有理由自信!40多年高速增长,7亿人摆脱贫困,世界稳定一极……中国道路铺就了中国奇迹,中国奇迹印证着中国道路。当世人慨叹"我们的星球病了"的时候,中国正坚定不移沿着自己选择的道路奋力前行。

2017年1月9日,瑞士日内瓦雪花飞舞。在中国主题图书全球新年展销月活动启动仪式上,日内瓦大学博士研究生皮埃里克·波尔谢手捧一本法文版的《习近平谈治国理政》："我很早就听说过这本书,大家都说这是了解中国领导人治国理念、执政方略的必读书目。"

这部收录了习近平总书记重要讲话的图书出版千日,已以600余万册的发行量覆盖了世界160多个国家和地区,风行天下。

是的,中国人有理由自信!站在新的历史方位,习近平同志为核心的党中央以实践丰富理论、以理论指导实践,形成一系列治国理政新理念新思想新战略,领航中国奔向伟大复兴。

春天的西藏乃村,烂漫野花点缀着绿绿的草场,为千年古村换上新装。这里有个美丽的传说:周边环绕的雪山是凤凰翅膀,乃村就坐落凤凰之背。

2015年4月,尼泊尔发生8.1级地震,乃村几乎被夷为平地。两年过去了,村民们亲眼见证了家园一步步走出灾难、实现凤凰涅槃的历程。

"新房正在盖,两层,200平方米。"村民次旺多吉高兴地告诉记者,政府为每户补贴近20万元,"没有共产党、没有人民政府,这是不可能的。"

是的,中国人有理由自信!应对非典疫情、汶川地震等重大自然灾害和突发事件,克服国际金融危机带来的巨大冲击……一个个教科书般的典型案例、一次次浴火重生的成功实践,向世人展现了中国特色社会主义制度的强大力量。

两种伟大文明的碰撞辉耀出人类精神之光:在莎士比亚的故乡斯特拉福德,莎翁的"粉丝"为《牡丹亭》的唱腔凝神驻足;在汤显祖的故乡临川,汤公的后人隆重纪念莎翁……当莎士比亚与"东方的莎士比亚"携手同行,世人对中国文化有了新的认识。

通过继承传统文化、升华革命文化、吸收世界文明成果,社会主义核心价值观已经成为国家软实力最核心的呈现。中华民族伟大复兴正在从物质层面上升为物质、精神的全面复兴,文化自信也日益成为中国自信的根基所在。

2017年春节,一组中国百姓自拍的短视频《厉害了我的国》在互联网上火了起来。

当长征火箭带着中国人的飞天梦想奔向未知的宇宙时,当五星红旗在奥运赛场高高飘扬时,当中国科学家接过诺贝尔奖章时,当中国军舰护卫着华侨、华人撤离战乱地区时……

人们以这种自发的形式为国家和民族点赞。"厉害了,我的国!"满满的自信通过短短的6个字让亿万人的心灵同频同振。

每年数以万计出国留学人员,每年数以万计海外引进人才……今天,一个充满活力的中国正以博采众家之长的自信将莘莘学子送向世界各地学习深造,又以海纳百川的胸怀吸引着千万海外人才前来建功立业。

然而,一个多世纪前,中国第一批公派留学生的求学与归国之路是怎样的沉重和无奈?

1872 年,被两次鸦片战争洞穿国门的清政府终于意识到"器不如人"的现实,选派 120 名平均年龄只有 12 岁的幼童赴美留学,希望他们学成归来后能够"师夷长技以制夷"。谁知短短 9 年后,这次原定 15 年的留学计划就夭折了。清政府的官员们发现,这些留学生不仅难以成为垂死封建王朝的挽救者,反倒更有可能成为旧制度的掘墓人。留美幼童的悲情结局如同一个历史的注脚,清晰展现出这个"老大帝国"的深深自卑。

从洋务运动到维新变法,从太平天国到辛亥革命……中国人一次次奋起,又一次次失败,直到中国共产党登上历史舞台,中华民族才真正走上了再造自信的人间正道。

时空可以压缩,但过程无法省略。回望来路,中国人历经百年的精神重构比自信本身更发人深省、更令人震撼。

尽管近代中国曾堕入历史的深渊,但如果将时间的标尺放大到百年、千年,辉耀世人的仍是绵延数千年不曾断绝、长期引领世界风气之先的中华文明。以这个时空尺度,曾经的挫折和低迷不过是历史洪流中的一次蓄势。

70 多年前,当 19 岁的八路军战士曹火星在京西的山沟沟里创作这首歌曲时,他恐怕没有想到,这首歌会有一天响彻祖国大地、唱进亿万人民的心坎里。

从万里长征的悲壮史诗到全民抗战的砥柱中流,再到解放战争的神州既白,在中国共产党领导下,中华民族再次挺起不屈的脊梁,迸发出前所未有的精神力量。

作为中国道路的开拓者、理论的践行者、制度的创立者、文化的弘扬者……人们从这个永葆先进本色、勇立时代潮头的政党身上看到了民族复兴之光。

20 世纪八九十年代,在世界社会主义运动陷入低潮之时,邓小平同志预言:"我坚信,世界上赞成马克思主义的人会多起来的,因为马克思主义是科学。"

只要手握真理,目光总能穿透历史的迷雾。中国共产党自诞生之日起,高擎马克思主义的旗帜。一代代中国共产党人在革命、建设和改革进程中,接力书写马克思主义中国化的时代篇章。党的十八大以来,以习近平同志为核心的党中央提出一系列治国理政新理念、新思想、新战略,使马克思主义的科学理论在中国的实践中焕发出新的光芒。

实践是检验真理的唯一标准,真理是坚定自信的理论源泉。从民族独立、人民解放,到国家富强、人民幸福,马克思主义中国化的每一次飞跃,都伴随着中华民族跨越式前行。

参天之木,必有其根;怀山之水,必有其源。历史没有终结,也不可能被终结。中国共产党人和中国人民完全有信心为人类对更好社会制度的探索提供中国方案。

中国的一举一动越来越为世界所关注,也越来越大地影响着全球发展的脉动。获悉中国"慧眼"卫星发射成功、量子技术取得突破、超级电脑蝉联冠军,法新社认为,这标志着中国国力正在增强;调查显示中国大学生正在减少到外企工作的兴趣,CNN第一时间评论指出,中国本土公司发展迅速且更具有创新精神;南昌一夜之间拆除了一座立交桥,这就是我们所说的中国效率!

中国奇迹提升了中国自信。路走对了,就不怕遥远。纵观近代以来跌宕起伏的发展历程,坚定"四个自信"无疑是实现中华民族伟大复兴的必然选择,是凝聚磅礴力量的精神动力。

"道路自信是根本,理论自信是引领,制度自信是保障,文化自信是支撑,'四个自信'作为一个有机整体,统一于中国特色社会主义伟大实践。"韩振峰指出,在实现中华民族伟大复兴的征程上,必须坚持我们的道路、创新我们的理论、完善我们的制度、弘扬我们的文化,才能永远保持昂扬自信的姿态。

党的领导是中国特色社会主义最本质的特征。党的十八大以来,我们党切实把全面从严治党的要求落到实处,力求把自身建设成为世界上最强大的政党。

"中国为什么能?中国共产党为什么行?"近年来,国外学界不断追问。英国知名中国问题专家马丁·雅克认为,从历史的角度看,中国共产党有生命力和成功的原因,就是她成功地把马克思主义本地化和中国化,使马克思主义符合中国的条件。而这一过程仍在继续。

在新的时代,结合新的实践,针对新的任务,马克思主义中国化的新成果、新飞跃,将为伟大复兴提供有力的思想保障,也将进一步坚定我们的理论自信。

弘扬我们的文化,就要对中华文化不断进行创造性转化和创新性发展。

从"留取丹心照汗青"的文天祥,到"为中华崛起而读书"的周恩来,再到"心有大我"的黄大年,爱国主义精神生生不息;从"哀民生之多艰"的屈原,到"为人民而死"的焦裕禄,再到"不忘初心"的廖俊波,家国情怀一脉相承……

文化自信既是基于我们民族苦难和奋斗史的文化自觉与自豪,又是我们民族寻找自身伟大复兴之路的文化史的展示;是一种既热爱自己的民族文化又海纳百川的包容精神,是一种既积极奋进又不卑不亢的文化精神。

天行健,君子以自强不息。今天,我们能够清晰感受到一个民族复兴进程中的自信之力。那是挺立潮头勇于担当的责任,是着眼长远计定千年的手笔,是无惧挑战勇于开拓的气魄,是放眼全球引领世界的胸怀……这种力量激励自我,感召世人。

"历史没有终结,也不可能被终结。中国特色社会主义是不是好,要看事实,要看中国人民的判断,而不是看那些戴着有色眼镜的人的主观臆断。中国共产党人和中国人民完全有信心为人类对更好社会制度的探索提供中国方案。"习近平总书记斩钉截铁的话语向世人展现出中国自信的宏阔格局。

自信人生二百年,会当水击三千里!

(参见:党建网,2017 年)

新的使命,新的召唤。在以习近平同志为核心的党中央坚强领导下,不断坚定"四个自信",我们就能不为任何风险所惧,不为任何干扰所惑,坚定不移开辟新天地、创造新奇迹。

本 章 小 结

本章以问题为导向,结合三个问题:怎样理解理想信念对大学生成长成才的重要意义? 怎样理解坚定崇高的理想信念? 如何坚持"四个自信",在实现中国梦的实践中放飞青春梦想? 贯彻本章始终,深入研究大学生理想信念等一系列问题,进一步了解社会发展与大学生思想的动态发展,特别是大学生关注的理想信念,对大学生普遍关心的热点和难点问题进行正面的引导,并有针对性地进行讲解。

第三章 弘扬中国精神

本章重难点

(一)爱国主义的基本内涵、基本要求和时代价值

(二)重精神是中华民族的优秀传统以及中国共产党对这一传统的继承和弘扬

(三)如何理解中国精神是民族精神和时代精神的统一

(四)如何理解当代中国爱国主义与爱社会主义相统一

(五)经济全球化背景下如何弘扬爱国主义

问题一:新时代我们为什么要提出并弘扬中国精神

英国大学者罗素曾经说过:"中国与其说是一个政治实体,还不如说是一个文明实体——一个唯一幸存至今的文明实体。孔子以来,埃及、巴比伦、波斯、马其顿,包括罗马的帝国,都消亡了;但是中国以持续的进化生存下来了。它受到了外国的影响——最先是佛教,现在是西方的科学。但是佛教没有把中国人变成印度人,西方科学也不会将中国人变成欧洲人。"中华民族能够在五千多年的历史长河中生生不息、薪火相传,有很多影响因素,其中已经融入中华民族血液里面的中国精神,就是最重要的原因。马克思在《〈黑格尔法哲学批判〉导言》指出:"批判的武器当然不能代替武器的批判,物质的力量只能用物质力量来摧毁;但理论一经掌握群众,也会变成物质的力量。"①精神的力量是无穷无尽的,对于民族、国家的发展起到巨大的推动作用。在新时代的今天,随着改革开放的深入推进,如何攻克改革道路中的重重困难和矛盾,突破改革过程中的利益藩篱、发展瓶颈呢? 这背后更需求弘扬中国精神,需要凝心聚力,为中国的发展提供一个稳定和谐的社会环境。

第一,中国精神是兴国强国之魂,发挥着凝心聚力的作用。

习近平总书记曾指出:"人无精神则不立,国无精神则不强。精神是一个民族赖以长

---

① 马克思,恩格斯.马克思恩格斯选集:第 1 卷[M].北京:人民出版社,1993:63.

久生存的灵魂,唯有精神上达到一定的高度,这个民族才能在历史的洪流中屹立不倒、奋勇向前。"中华民族能够在五千多年的历史长河中生生不息、薪火相传,很重要的一个原因,就是拥有孕育于中华民族悠久辉煌历史文化之中的伟大的中国精神。

"中国精神"是中华民族的灵魂,博大精深,内涵深刻,意义深远,它可以识别民族身份、激发创造力量、凝聚社会道德、构筑民族信仰,是凝心聚力的兴国之魂、强国之魂。中国精神作为中华文化的精神积淀,是中华民族全体成员生存和发展的共同文化心理素质,是维系全国各族人民国家认同感的精神纽带,深刻地影响着国家和民族的持续发展,渗透在每个人的思想和行动中,具有凝聚全体社会成员思想和行动的重要作用,提供着不可缺少的精神支柱和强大的精神动力。近代以来,中国社会虽然陷入了内忧外患的黑暗境地,中国人民经历了战乱频仍、山河破碎、民不聊生的深重苦难,但是中华儿女实现民族复兴的迫切愿望和伟大的梦想从来没有中断,中华民族精神尤其是爱国主义精神在这一时期显得更加强烈。正是在这种救亡图存、顽强不息的中国精神激励下,无数仁人志士前仆后继,抛头颅洒热血,进行了可歌可泣的斗争,特别是中国共产党人,率领中国人民,经历二十八年的浴血奋战,结束了中国一百一十年半殖民地半封建社会的屈辱历史,建立新中国,开启中华民族的历史新篇章。新中国成立以后,中国共产党领导人民有革命转向建设和改革事业,建立了社会主义制度,又进行了三四十年的改革开放,中国人民积极进行社会主义现代化建设,朝着实现中国梦稳步迈进。在革命、建设、改革的过程中,在追寻中国梦想的历程中,中国精神贯穿始终,并不断与时俱进,提供着强大的精神动力和思想保证。

第二,实现中国梦必须弘扬中国精神。

伟大的事业需要伟大的精神,伟大的精神托举伟大的梦想。在实现中国梦的伟大征程中,必须弘扬中国精神,以高扬的精神旗帜为指引,以强大的精神支柱为支撑,团结凝聚全体人民的智慧和力量,为实现中国梦而努力奋斗。

一是发挥中国精神的思想引领作用。当前中国正处于百年未有之大变局,无论是作为执政党的中国共产党还是普通民众,同样面临着许多新的问题和挑战。第一,对于中国共产党而言,面对着新形势下的"四大风险"和"四大考验",需要不断提高党的领导水平和执政水平,不断提高拒腐防变和抵御风险能力,这需要发挥中国精神的思想引领作用。中国精神既生发于中华民族优秀的传统文化,又积蕴于近现代革命传统精神,弘扬中国精神对于中国共产党及其党员来说是思想和精神的教育和洗礼,有利于保持党的先进性和纯洁性,有利于增强党员干部的四个意识,坚定"四个自信",做到"两个维护",以更大的勇气坚定不移推动中国特色社会主义事业建设;第二,在国际社会意识形态斗争激烈的情况下,中国民众处在各种思潮的斗争中,弘扬中国精神有利于凝聚思想共识,占据民众的思想"真空",从而树立社会主义核心价值观,指引行动方向。

二是中国精神为经济发展提供智力支持,提高社会生产力。中国精神不仅包含着丰富的思想道德教育内容,还蕴含着科学的思维方式及理性精神等方面的内容。"代表先进阶级的正确思想一旦被群众掌握,就会变成改造社会、改造世界的物质力量。"[①]精神也可以转化为物质力量,对社会生产起到积极的促进作用。人作为生产力中的最活跃因素,人的思想道德素质、精神状态和职业素养直接影响劳动效率,弘扬中国精神有利于提高劳动者的思想道德水平和科学文化素质,能从根本上促进生产力的发展;弘扬中国精神还能够促进生产关系的变革与发展,从而促进生产力的提高。"人的精神状态和思想观念如何,对生产关系的变革和发展具有重要的作用。换句话说,人们反映生产力发展要求的意识或精神一经形成,就会成为推动关系变革或发展的强大精神动力。当人的思想意识到生产关系与生产力的发展状况相适应时,就会促进人们自觉地坚持和维护这种生产关系。"[②]另一方面,中国精神的弘扬,有利于强化人们的内在自我约束,形成守信义、讲诚信的市场风气,为经济发展营造一个良好的有序的市场环境,促进经济健康发展。

三是发挥着中国精神的政治协调价值。纵观世界文明的发展史,我们很容易可以发现,一个国家的衰败往往与其精神的退化涣散有直接关系,没有精神方面的凝聚协调作用,没有共同的理想目标,这个国家是不能长久发展的。中国精神作为中华民族的精神支柱,是中华民族得以延续和发展的思想基础,因其共同的文化与心理基础,它能够有效促进各种政治关系的协调,有利于改善与促进党群关系、干群关系,调整民族关系,推动民族的团结共进,促进政治协调;也因其自身的黏合性和包容性,有利于人们冲破各种思想冲突,超越利益关系的羁绊,形成价值共识和思想共鸣,为政治稳定奠定了较强的思想共识和心理基础。

四是发挥文化的凝聚作用。第一,弘扬中国精神,有利于践行和培育社会主义核心价值观。中国精神是社会主义核心价值体系建设的重要内容,是社会主义核心价值观的文化源泉和精神支撑,通过对中国精神的传承、发展和弘扬,构建社会、民族的价值体系,有利于强化社会主义核心价值观的进一步推进,增强民族共识和国家凝聚力。第二,弘扬中国精神促进社会主义先进文化的繁荣发展,提升国文化软实力。中国精神是中华民族在长期的历史发展中逐步形成、发展和丰富的共同精神,是民族传统、文化、心理、素质的集中体现。面对文化市场的多样性和自发性,我们在享受丰富多彩的文化的同时也面

---

① 毛泽东. 毛泽东文集(第8卷)[M].北京:人民出版社,1990,320.

② 骆郁廷. 精神动力论[M].武汉:武汉大学出版社.2003,140.

临着一些腐朽落后文化的侵蚀与冲击,中国精神是中国优秀传统文化、先进文化的集中提升,弘扬中国精神提倡社会主流价值、主流道德观念、先进传统文化,有利于提高人民的辨别能力和道德文化素质,净化思想和灵魂,抵抗不良文化的影响;弘扬中国精神的过程也是对优秀传统文化的传承创新和对先进文化的学习发展,有助于我们克服保守思想,树立文化创新意识,推动文化的产业化发展,增强文化竞争力。

案例1:鹤乡情———一份守护 三代同行

这是一个关于三代人的传承故事:坚持一个信念,牺牲两条生命,奉献三代青春。

故事的开头,要从徐卓的爷爷开始说起——

徐卓的爷爷名叫徐铁林,是名生活在黑龙江扎龙湿地的渔民。一次打鱼时,他遇到一只受伤的丹顶鹤,便把它救回家悉心照顾。小鹤康复后,每天盘桓在徐家上空,不停高鸣来表达感恩。起初,徐铁林还不以为意,但屋顶丹顶鹤越聚越多,徐铁林便对这群大鸟产生了好感。每次外出,他都会带很多食物,投喂给湿地里的丹顶鹤,也渐渐和它们产生了感情。

1979年,国家建立扎龙湿地保护区,徐铁林把自己家腾出来办公,还帮助工作人员联系住房。保护区建成后,他便留下来做了训鹤员,妻子也做起了养鹤训鹤工作。从那后,徐铁林夫妇改了行,而这一改,就是一辈子。在保护区的几十年间,他摸清了区里每一个鹤巢,熟识了湿地里每一只丹顶鹤,还发明"半野化"孵养方式,使湿地丹顶鹤数量不断增长。丹顶鹤濒危时,有日本收购者来这里,想用一辆小轿车换两枚鹤卵,正直的徐铁林当即拒绝。收购者愤怒地离去,徐铁林也被嘲笑缺心眼,可只有他自己心里明白,给多少钱都不能卖一枚鹤卵。

徐铁林夫妇是中国第一代养鹤人,奉献自己的青春与家庭,将一只只丹顶鹤送上天空,不为目的,不求回报,开创了中国环保事业的先河。

徐铁林夫妻所做的一切,都在无形中影响了女儿徐秀娟。徐秀娟是家里老大,被亲切地称为娟子。17岁时,高中停办,娟子来到保护区当临时工,因从小接触加上父母熏陶,娟子也爱鹤,很愿意和鹤亲近。来到保护区后,她工作热情很高,配食、护理,样样干得出色,饲养的幼鹤成活率达到100%,人们称她为"中国第一位驯鹤姑娘"。

1984年,娟子来到东北林大进修,每天除了吃饭睡觉,全部都在学习鸟类知识,用两年时间就完成了所有课程。1986年受到江苏盐城邀请,希望协助建立珍禽保护区,徐秀娟当即离开家乡南下。跟她一起出发的,还有湿地的3颗丹顶鹤卵。从黑龙江扎龙湿地到江苏盐城,2500公里的路程,娟子用自己的体温保护着鹤卵,辗转奔波三天三夜,终于在到达盐城后不久,3只丹顶鹤破壳而出,为盐城带去珍贵的生物资源,也创造了低纬度孵化丹顶鹤的奇迹。来到盐城后,娟子帮助建成驯养场,研究越冬地人工育雏技术,同时带来科学的繁养技术,为盐城保护区做出了巨大贡献。她的论文《越冬地丹顶鹤的饲养》,也在鹤类保护会议上获得一致好评。

正当娟子为事业奉献青春时,上天却没眷顾这位善良的女孩。

1987年9月15日,为两只丹顶鹤洗澡时,其中一只"黎明"突然飞走,娟子拖着带病的身子去寻找,直到深夜,才将"黎明"找回。而在寻找过程中,另一只"牧仁"也飞跑了。翌日,徐秀娟又去寻找,当听到"牧仁"隔河在鸣叫,她立刻跳下河就向对岸游去。到河心,疾病、疲惫的徐秀娟,因体力不支,被冰冷河水缠身,献出了年仅23岁的生命。遗体打捞那天,在场的人无不悲伤痛哭,"黎明"和"牧仁"在天空哀鸣,甚至落下来啄她的衣服。而在扎龙老家,娟子驯养过的丹顶鹤"赖毛子",也每天茶饭不思,朝着南方悲鸣,最后郁郁而终。徐铁林得知女儿牺牲时,突然昏厥倒地。原以为女儿如丹顶鹤一样,会在每年夏天时迁徙回家,如今却天各一方,咫尺天涯。

1987年9月23日,保护区举行徐秀娟追悼会,近千人赶来为她送行。而那两只被找回的幼鹤,再也没有贪玩飞出去过……

鹤南飞,魂归故里人仍在,护一方土地徐秀娟的奉献,是父母愿望的继承,自己信念的升华。因执着,上天让她青春永驻;因善良,上天让她永远23岁。年华虽易逝,芳华仍永存。

大女儿徐秀娟牺牲了,但徐家人和丹顶鹤的故事,远远没有结束。

1997年,徐秀娟弟弟徐建峰退伍。为继续家人事业,他放弃国企工作,再次回到扎龙湿地。受父母和姐姐影响,徐建峰工作更加认真负责。有次进行丹顶鹤放飞表演,不小心摔坏了脚,他仍忍着剧痛完成任务。同时开展丹顶鹤散养研究,在他带领下,自2008年以来,丹顶鹤繁育率创建区最高,育雏成活率也达90%以上。从业18年,他兢兢业业,从训鹤员成长为保护区带头人。而这一切,都离不开父母和姐姐给他的坚定信念。

福无双至,祸不单行。在徐建峰为事业鞠躬尽瘁时,意外再次降临这个善良的家庭。2014年4月18日,徐建峰进入湿地,救回了一只鹤雏和一枚鹤卵。次日,徐建峰来到繁育中心,确保鹤雏和鹤卵安然无恙后,在返回途中,由于连日疲劳,驾驶摩托车失控,翻入水沟,不幸身亡。生前,他常常出神地看自己的工作证。后来人们整理遗物时发现,他在工作证背后,藏了一张姐姐徐秀娟的照片。原来,这个沉默寡言的汉子默默继承着姐姐的事业,用生命与姐姐遥相唱和。芦苇荡还是那片芦苇荡,徐建峰救回的鹤卵也已孵化成长翱翔天空。小鹤们永远不会知道,它们的救命恩人已远去,成为湿地永世的守护神。

女儿消逝的痛苦未解,儿子又突然撒手离去,年迈的徐铁林和老伴再次遭受精神打击。他们每天站在村口眺望,期盼"娟子"和"峰儿"能跟随着迁徙的丹顶鹤,从南方飞回家乡。可是一年一年过去了,丹顶鹤一年一年飞回来,"娟子"和"峰儿"却再也没有回来……

《中庸》里说:"唯天下之至诚,为能尽其性;能尽其性,则能尽人之性;能尽人之性,则能尽物之性。"徐秀娟和徐建峰姐弟俩用他们的赤诚之心,感化着每一只丹顶鹤,将这群有灵性的大鸟和自己的灵魂融为一体。鹤鸣于野,声闻八荒,烈士嘉范,四海传扬。

一家两代人,历经半个世纪,他们努力着,奉献着,用青春与生命谱写着湿地里的壮歌。徐家人与丹顶鹤的故事,仍没有完结……徐建峰牺牲那年,女儿徐卓正上大学,她向学校提出申请,转到姑姑曾就读的林大,跨专业学习野生动物保护。学校曾想送她保研,她却主动选择了放弃,毅然回到扎龙湿地,做了第三代守鹤人。徐卓说:我一定要回来的,这是我家人奋斗过的地方,我要把他们没做完的做完。像祖辈父辈人一样,徐卓穿梭在高高的芦苇荡里,笔记本上整齐记录着丹顶鹤饲养、繁育、救治等工作内容,同时她代表保护区参加学术交流,用知识延续着家族的坚守。

来到《朗读者》节目,董卿疑问爷爷怎么舍得孙女要继续这份事业。徐卓说:因为他们一家人都明白守护丹顶鹤这份事业,早已深深融入徐家骨血,这份骨血爷爷奶奶有,姑姑爸爸有,自己当然也有。她节目中朗读起了《白色大鸟的故乡》,用诚恳的语言和真挚的情感,描述了丹顶鹤的优雅与灵性,倾诉了徐家守鹤人的坚守与信念。文未读到一半,观众已被泪水浸湿了眼眶。而主持人董卿早被徐家人的故事,感动得潸然泪下。

这是一家人与一群鹤的生死相守,是跨越五十年的爱的奉献与生命之歌。

徐铁林说:我愿意为我国鹤类事业再出一点力。

徐秀娟说:我愿意为自己热爱的事业付出一切,哪怕是生命。

徐建峰说:自己决定的事情一定会做好。

徐卓说:我会将故事续写,这样我们仍然相守。

一个人一生做一件事,是认真,是坚定;而几代人只做一件事,是传承,是信念。

徐家三代人守鹤数年,他们沉默执着,他们前赴后继,他们生如夏花般绚烂,他们死如秋叶般静美。他们用青春与生命向我们诠释着:这世间比金钱功利重要百倍的,是对善良和信仰的坚守与传承。

(参见《人民日报》2018 年 5 月 28 日)

案例2:在抵抗磨难中淬炼中国精神

中华民族自古以来就具有坚韧不拔、顽强拼搏的精神品格。在任何磨难面前,中国人民都不会畏惧退缩,而是能迸发出惊人的精神力量,负重前行,攻坚克难,在磨难中成长,从磨难中奋起。

在长期的历史发展中,中国人民培育了深厚的家国情怀,这种家国情怀已深深融入中华民族的血脉,形成了以爱国主义为核心的民族精神,面对种种磨难,中国人民形成了团结一致,勇往直前的精神品质。一方有难,八方支援,党政军民学,东西南北中,全国上下空前团结。2008年的汶川地震,这种精神得到了充分的体现。当大地震以迅雷不及掩耳之势袭来的同时,中国共产党领导的全国人民也立刻开始了逢山开路、遇水架桥的抢险救灾,党中央第一时间成立抗震救灾总指挥部,部署抗震救灾的系列举措;各级党组织切实承担起了领导核心和战斗堡垒的职能,成为抗震救灾的动员部、保障部,并在抗震救灾一线考察干部、发展党员;全国人民纷纷捐款捐物,不断有人主动奔赴灾区,以自己的行动为抗震救灾奉献力量。

在对面无情天灾的过程中,孕育了无数个感天动地的故事。"摘下我的翅膀,送你去飞翔",张米亚老师以自己的生命演绎了他经常哼唱的这首歌曲。汶川地震中,当救灾人员在废墟中寻找生命迹象时,发现了这样感人的一幕:一名年轻的男教师双膝跪地,向前扑倒在废墟里,他被发现时已经离开人世。然而在他紧紧扣向胸前的双臂中,还护着两个活着的孩子,救援人员上前想抱出两个孩子,却怎么也打不开他的双臂。他太用力了,他的双臂已经僵硬,他为了护住两个孩子,用尽了生命最后的力气,身体永远定格在了这个姿势,救援人员只得含泪锯断他的双臂才救出了两个孩子。在大难来临之际,张米亚老师用生命换来两个孩子,年仅29岁。而他的妻子邓霞,也是该校老师,同样没有逃。我们可以看到,面对危机,中国人民展现出团结一致、众志成城,中国人民选择顾全大局、主动担当;为守护生命,中国人民选择牺牲奉献、英勇无畏。这些都是对以爱国主义为核心的民族精神的生动诠释。

狭路相逢勇者胜。敢于斗争、敢于胜利的革命精神,是我们战胜一切艰难险阻的重要法宝,也是实现中华民族伟大复兴所必须大力弘扬的精神。敢于斗争、敢于胜利,就是面对困难不退缩,越是艰险越向前。中华民族能够生生不息五千年,从来都不是靠老天的眷顾,而是靠着坚忍不拔的毅力。中国共产党成立一百年来,在千难万险中带领中国人民实现一个又一个历史飞跃,同样不是敲锣打鼓那样简单,靠的是革命中锤炼的斗争精神。

艰苦卓绝的抗灾斗争,书写了中国精神的时代新篇。历史深刻昭示,越是危难时刻、紧要关头,越要弘扬中国精神。未来一个时期,我们将面对更多逆风逆水的外部环境,国内发展环境经历深刻变化,机遇与挑战并存。抓住机遇、应对挑战,更加需要弘扬中国精神,汲取精神力量,朝着实现中华民族伟大复兴的目标奋勇前进。

问题二:为什么说爱国主义是中华民族精神的核心

2014 年 9 月 3 日,习近平在纪念中国人民抗日战争暨世界反法西斯战争胜利 69 周年座谈会上的讲话指出:"以爱国主义为核心的伟大民族精神是中国人民抗日战争胜利的决定因素。古往今来,任何一个有作为的民族,都以自己独特精神著称于世。爱国主义是中华民族民族精神的核心。"①中华民族精神内涵丰富,包括团结统一、爱好和平、勤劳勇敢、自强不息等多种元素,为什么说爱国主义是中华民族精神的核心,具有显著而又独特的地位呢？ 这首先需要我们把握真正的爱国主义,理解爱国主义的内涵和要求,需要从中华民族精神的形成与发展的历程中去探索爱国主义的形成历程,需要从爱国主义在中国民族发展历程中的作用去思考,也需要结合当今时代现实需求,把握爱国主义具有的时代价值。

第一,爱国主义是中华民族精神得以存在和发展的基础,它在维护祖国统一和民族团结、抵御外来侵略和推动社会进步等方面具有其他民族精神所不具有的独特属性和关键作用。爱国主义体现了人们对自己祖国的深厚感情,揭示了个人对祖国的依存关系,是人们对自己家园以及民族和文化的归属感、认同感、尊严感与荣誉感的统一。在这里,我们可以进一步去阐述爱国主义的多重内涵:一是人们为什么会热爱祖国:个人对祖国具有依存关系和深厚感情;个人对故土家园、骨肉同胞和文化具有归属感、认同感、尊严感和荣誉感;二是人们为什么不能危害国家:它是调节个人与祖国之间关系的道德要求、政治原则和法律规范。爱国主义的实质不仅是道德规范,同时还是团结全国各族人民的政治基础和衡量每一个中国人政治态度的重要政治原则,是我国宪法和法律规定的重要法律规范;三是热爱祖国必须弘扬以爱国主义为核心的民族精神:中华民族精神是中华民族团结奋斗,克服万难,绵延数千年而不衰,创造人类历史奇迹的精神支柱。而这个精神支柱的核心是爱国主义。因此热爱祖国,实现中华民族的伟大复兴,必须弘扬以爱国主义为核心的民族精神。爱国主义具有十分丰富的内涵和文化基础,渗透在中华民族精神的各个方面,为其他民族精神的张扬和发展提供了强劲的激励力量和鲜明的目标指向,是中华民族精神的核心。

第二,在中华民族历史沿革与发展的过程中,在中华民族精神生成与发展的历程中,爱国主义始终是中华民族精神的根基和共同价值基础。爱国主义是中华民族不懈的价

---

① 习近平:《在今年中国人民抗日战争暨世界反法西斯战争胜利 69 周年座谈会上的讲话》,载《人民日报》,2014 - 09 - 04.

值追求,在中华民族五千年的历史过程中,爱国主义沉积为中华民族最深沉的精神品格,彰显着中华民族不懈的价值追求。在中国历史上,对国家民族整体利益的自觉认同和维护是贯穿中华精神文化的一个主线。在春秋战国时代,面对当时分裂与动荡的形势,诸子百家纷纷著书立说、游说诸侯,为自己的国家奔走呼号、献计献策。儒家所提倡的天下为公、克己奉公精神、仁爱精神、以和为贵的精神;道家所强调的豁达大度的人格风范、怡情养性的生活准则、先予后取的人生态度;墨家所呼吁的爱无差等的仁爱精神、利他平均的人生理想、勤俭节约的人生追求;以及其他各种文化经过历史的整合、归纳和交融而形成的"从整体和谐统一出发,重大局、重整体的思维方式"等,这些都蕴含着正确地处理个人与国家、民族的关系,国家与国家关系的理念和态度,并最终凝练成为中华民族的共同价值基础。

第三,爱国主义是中华民族精神的最高政治原则,是中华民族最深厚的民族情感。作为中华儿女,无论走到哪里,都有一颗涌动的中国心。党的十六大报告提出:"在五千年的发展,中华民族形成了以爱国主义为核心的团结统一、爱好和平、勤劳勇敢、自强不息的伟大民族精神。"[①]分析中华民族精神的内涵,我们可以发现一条明显的爱国主义主线,团结统一是协调民族关系,爱好和平聚焦国际关系,勤劳勇敢、自强不息关注人类与物质世界的关系,无论是哪一种关系,都贯穿着爱国主义精神,共同服务于爱国兴邦这一共同目标。结合中华民族发展的历史进程,近代百年抗争中我们形成了以救亡图存为主要内容的五四精神、抗日精神以及以艰苦奋斗为主要内容的井冈山精神、长征精神、延安精神、南泥湾精神等;在社会主义建设过程中,我们形成了独立自主、自力更生、艰苦创业的石油精神、"两弹一星"精神和公而忘私、无私奉献的雷锋精神、焦裕禄精神;在改革开放建设中国特色社会主义新时期,在历史激流奋进中形成了与时俱进的改革创新精神、工匠精神,等等,纵观中华民族的浩瀚发展历程,我们经历过无数次天灾人祸,在一次次灾难中重建家园,发展壮大起来,我们深刻认识到:国家和民族整体利益具有至高无上的价值,是实现个人利益的保障;自觉维护国家和民族的整体利益始终是中华民族的最高行为原则;越是在不利的环境中生活,就越是需要一种团结统一的奋斗精神。这使得中华民族越是遭遇大灾大难,越是能够激发出强大的民族凝聚力和向心力,越是能够空前地团结统一,一致对外。这是中华民族五千年绵延不绝的根本原因之一。国家民族整体利益的至上性体现在中华民族众多的有关"知"和"行"的原则和制度规范之中。这些原则和制度规范都指向和表现为自觉维护国家民族的整体利益,践行团结统一这一最高政

---

① 江泽民. 全面建设小康社会,开创中国特色社会主义事业新局面[A]. 十六大报告辅导读本[c]. 北京:人民出版社,2002.

治原则和标准上。

第四,爱国主义是中华民族普遍的精神追求,是中华民族精神的主要动力源泉。自古以来,中华民族主要通过激发人们对家庭、亲友、社会和祖国的道德义务感、责任感来调动其潜在能力。在中国的所有义务和责任中,对国家的义务和责任是最高最大最神圣的,是一种可以为之生、为之死的义务和责任。比如文天祥的"人生自古谁无死,留取丹心照汗青",顾炎武的"天下兴亡,匹夫有责",林则徐的"苟利国家生死以,岂因福祸避趋之",再到周恩来的"为中华之崛起而读书",无一不是表达对国家命运的高度关注和强烈的个人责任感和使命感,这也是中华民族勤劳勇敢、自强不息的主要动力源泉。正是有了爱国主义的这个强大的精神支柱,中华民族才能在经历无数次灾难险阻之后依然挺立,面对强敌依然不屈,在衰落之后仍然崛起的伟大民族。

在飞速发展的当今时代,面对着"百年未有之大变局",无论是来自国际上其他发达国家的竞争压力抑或敌对势力的各种攻击分化,还是面对着国内发展过程中存在的贫富差距、贪污腐败、思想滑坡等其他不稳定因素,我们都需要强大的精神支持。只有以爱国主义为旗帜,弘扬深化爱国主义,唤起人们的爱国热情,将每个人的前途命运与国家民族的命运紧密相连,凝聚民族力量,齐心协力,才能不断克服种种挑战,保持国家稳步发展,也是在一次又一次的奋斗中,丰富了爱国主义的内涵,巩固了爱国主义的基础,涵养了中华民族精神的底蕴,彰显了爱国主义的力量,进一步丰富与深化了中华民族精神。

案例1:爱国将领吉鸿昌

在弘扬爱国精神的历史事迹中,吉鸿昌将军的故事值得我们学习与传扬。

吉鸿昌,1895年出生于河南省扶沟县吕潭镇一家吉姓小茶馆的后院。他的出生,对于原本并不富裕的家庭来说,可又多了张吃饭的嘴。吉鸿昌好不容易熬到了18岁,恰恰冯玉祥在河南招兵,于是他便报名参军,从此开始了他一辈子的戎马生涯。

自幼,吉鸿昌就以岳飞、文天祥等英雄为榜样,在行军中,他待人诚恳,吃苦耐劳,恪守军规,勇敢善战,以致有"吉大胆"之称,他率领的部队则号称"铁军"。到了1930年,35岁的吉鸿昌被提拔为国民军第22路军的总指挥。当时正值北伐战争之后,日本帝国主义对中国虎视眈眈,可是国民党借口"攘外必先安内",拼命剿杀共产党。这时吉鸿昌奉命攻打鄂豫皖苏区,他在前线化装成小炉匠进入苏区,亲眼见到共产党的真实情况,觉得茅塞顿开,并为自己立定了目标:"投错了门路,就拔出腿来!"于是准备率部起义。不料蒋介石得到密报,很快解除了吉鸿昌的兵权,以"考察"的名义将他驱逐到国外。

出国前夕,恰逢九一八事变发生,吉鸿昌听到这一消息"发指眦裂",声泪俱下地说:"国难当头,凡有良心的军人都应该誓死救国!"他坚决要求留在国内,与日本帝国主义血战到底。但蒋介石无动于衷，依然逼令他出国。满怀悲愤的吉鸿昌无奈，只好在上海下榻的旅馆墙上，留下了"但使龙城飞将在，不教胡马度阴山"的诗句，一明自己的心志。

拥有爱国之心的吉鸿昌，在国外受尽了民族歧视，有人告诉他，中国人和日本人很像，吉鸿昌可以说自己是日本人，就可以受到礼遇。吉鸿昌非常生气，反驳说："你觉得当中国人丢脸，我觉得当中国人光荣！"为此，他特意做了一枚木制胸卡，上面用英文写着："我是中国人！"而且随时随处佩戴，直面那些看不起中国人的人，用中华民族的自尊向美国的种族歧视挑战。

吉鸿昌在国外到处宣传抗日，一次在记者招待会上有人问他："日本有飞机大炮，中国凭什么抗日？"他拍着胸脯愤然回答道："我们有热血，有四万万人的热血。中国人的愤激已经达到了极点，莫不抱有'宁为玉碎，不为瓦全'的决心。誓愿牺牲一切，为生存而战！为真理而战！"到了古巴首都哈瓦那，正值那里的华侨集会，纪念孙中山诞辰 65 周年，他应邀在会上做了慷慨激昂的抗日讲演，听罢许多人热泪盈眶，一位华侨高声说："吉将军，你快回国，把军队整顿起来吧，我们一定作你的后盾！"吉鸿昌听罢激动地说："我一定不辜负同胞们的热望，誓死把日本帝国主义赶出中国！"说罢泪如雨下，振臂高呼："打倒日本帝国主义！还我河山！"这时，到场的侨胞也放声痛哭，高喊："牺牲一切，奋斗到底！"

1932 年淞沪抗战爆发，吉鸿昌闻讯提前回国。船到上海，他见到日本军舰正在攻打吴淞炮台，而国民党的军舰却不还一枪。吉鸿昌在甲板上顿足高呼："放炮啊！放炮啊！"然后对周围的人说："看！我们的数百万同胞就在那炮火里！"言迄失声痛哭。到了南京，他再次向蒋介石请缨抗日；可是蒋介石却让他在上海办实业，他愤懑至极，抗议说："我是军人出身，军人的天职是卫国杀敌，不是发财！"

爱国无门的吉鸿昌只好采取独立行动，潜至湖北发动旧部起义，蒋介石派兵追击。在万不得已的情况下，吉鸿昌进入苏区；后由苏区至上海，再由上海北上天津。不久他即与中国共产党在天津的地下组织取得联系，并于 1932 年 11 月加入了中国共产党，从一名旧军人转变为伟大的共产主义战士。

为实现抗日救国的誓愿，1933 年 5 月吉鸿昌变卖家资，购置武器，联合了爱国军人冯玉祥等，在张家口组织起察哈尔民众抗日同盟军，发表"外抗暴力，内除国贼"的声明，并一度收复了张家口以北的大片土地，把日伪军队赶出了察哈尔省。其间他即兴作诗："有贼无我，有我无贼。非我杀贼，即贼杀我。半壁河山，业经改色。是好男儿，舍身报国！"天津各界抗日联合会得到抗日同盟军胜利的消息，立即派人赴前线慰问。后来，由于蒋介石想方设法破坏抗日同盟军的爱国行动，致使吉鸿昌因弹尽粮绝而失败。

吉鸿昌潜回天津后并不灰心，又在天津组织了中国人民反法西斯大同盟，在法租界花园路 5 号家中的三楼,购置印刷设备,印刷出版宣传抗日的刊物《民族战旗》,后来又改名《华北烽火》《长城》,继续从事抗日活动。

蒋介石对吉鸿昌深恶痛绝,严令特务机关不惜一切手段除掉吉鸿昌。这时吉鸿昌的处境已十分危险,党的地下组织要他撤离;但吉鸿昌考虑到有许多工作还要在天津继续进行,于是先把家眷转移到英租界的牛津别墅,自己则居住在法租界国民饭店或惠中饭店。1934 年 11 月 9 日,国民党特务勾结天津法租界当局,在国民饭店刺杀吉鸿昌未遂,乃将他逮捕。先由法国工部局引渡到天津警察局,旋押往河北蔡家花园 51 军的军法处。审讯时吉鸿昌正气凛然、义正词严地说:"我抗日,是打鬼子、救中国! 我做地下工作,是为中国人民求解放! 我早已把生死置之度外,想用审讯吓住我,你们想错了!"

几天后,吉鸿昌又被解到北平旃檀寺陆军监狱,蒋介石密令将他就地处决。11 月 24 日军法官到狱中向吉鸿昌宣布判处死刑的命令,吉鸿昌神态自若,他向监刑官索要纸笔,给妻子胡红霞写了一封遗书,安排身后:"红霞吾妻:夫今死矣,是为时代而牺牲。人终有死。我死,你也不必过伤悲,因还有儿女得你照应。家中余产,不可分给别人,留存教养子女等用。我笔嘱矣。小儿还是在天津托喻先生照料上学,以成有用之才也。家中继母已托二、三、四弟照应教〔孝〕敬,你不必回家可也……"

行刑前,39 岁的吉鸿昌以地作纸,枯枝为笔,写下了一首感天动地的绝命诗:"恨不抗日死,留作今日羞。国破尚如此,我何惜此头!"然后喝令执行官:"给我搬把椅子来! 我为抗日而死,死得光明正大,不能倒在地上。"他坐定以后,又喝道:"我为抗日而死,一生光明磊落,不能在背后开枪!"执行官问他:"那你打算怎么办?"吉鸿昌厉声说:"在我面前开枪! 我吉鸿昌要亲眼看着你们是怎样把我打死的!"然后高呼:"中国共产党万岁!""抗日胜利万岁!"这样一位富贵不能淫、威武不能屈的抗日民族英雄,没有死在日本人的枪口之下,而是死在了民族败类手中,引发了我们太多太多的历史哀痛与沉思。

(参见《爱国将领吉鸿昌》,《人民网》,2018 年 3 月 30 日)

案例 2:两弹元勋郭永怀

郭永怀,唯一以烈士身份被追授"两弹一星"功勋奖章的空气动力学家。他以赤子之心报效祖国,为我国的航空航天事业奉献了毕生精力,为中国 20 世纪六七十年代在核事业尖端技术方面取得非凡成就献出了宝贵的生命。

(一)潜心空气动力学,扬名世界

郭永怀出生于山东荣成县一个农民家庭,1933 年他考入北京大学物理系,后入西南联大,改学航空工程。

1939 年,他考上了中英"庚子赔款"留学生。在留学期间,他不断挑战自我,攻克多个空气动力学方面的困难课题。在加拿大多伦多大学留学时,他只用半年就取得了数学硕士学位,接着他选择了空气动力学最难的课题"跨声速流动的不连续解"作为博士论文题目。1941年5月,他来到当时国际空气动力学的研究中心——美国西岸加州理工学院古根海姆航空实验室,在航空大师卡门教授的指导下工作。1946年,西尔斯在康奈尔大学创办航空研究院,特聘郭永怀前去参加业务领导工作。于是,郭永怀成了康奈尔大学航空研究院的主持人之一。1949年,郭永怀为解决跨声速气体动力学的一个难题,探索开创了一种计算简便、实用性强的数学方法——奇异摄动理论,在许多学科中得到了广泛的应用。正是因为在跨声速流与应用数学方面所取得的重大成果,郭永怀很快就驰名世界。当时人类虽已实现了飞行的梦想,但飞机的飞行速度并不理想。声障是提高飞机飞行速度的难关。郭永怀和钱学森经过拼搏努力,不久就合作拿出了震惊世界的重要论文,首次提出了上临界马赫数概念,并得到了实验证实,为解决跨声速飞行问题奠定了坚实的理论基础。

(二)毅然决然回国,献身核事业

1955年,钱学森连发两封书信,特邀郭永怀回国。郭永怀说:"作为新中国的一个普通科技工作者,我只是希望自己的祖国早一天强大起来,永远不再受人欺侮。"他毅然决然放弃了在国外的优越条件与待遇,携夫人李佩回到阔别16年的祖国。

随着中苏关系不断恶化,1960年7月,苏联政府照会中国政府决定撤走在华的核工业系统的全部专家,随后又停止供应一切技术设备和资料。中国决定自行研制核武器,郭永怀被任命为九院的副院长。当时的条件异常艰难,一无图纸,二无资料。但是九院却需要迅速掌握原子弹的构造原理,开展原子弹的理论探索和研制工作,可以说,这是一个难以逾越的困难。然后,即便条件艰难,郭永怀还是带领团队迎难而上。1963年,他与科研队伍迁往青海新建的基地。在郭永怀的倡议和指导下,我国第一个有关爆炸力学的科学规划迅速制定出台,从而引导力学走上了与核武器试验相结合的道路。同时,郭永怀还负责指导反潜核武器的水中爆炸力学和水洞力学等相关技术的研究工作。在对核装置引爆方式的采用上,他提出了"争取高的,准备低的,以先进的内爆法为主攻研究方向"。为确立核武器装置的结构设计,郭永怀提出了"两路并进,最后择优"的办法,为第一颗原子弹爆炸确定最佳方案,对一些关键问题的解决起了决定性的作用。这一方案不仅为第一颗原子弹的研制投爆所采用,而且为整个第一代核武器的研制投爆一直沿用。

我们可以看到,条件艰苦,但是郭永怀却更加坚韧。他每天一大早便赶到现场,了解装配工作进展和系统联试结果,一旦发现问题便及时研究处理。在将要进入正式试验阶段的那些日子里,郭永怀每天都要忙十几个小时,有时是通宵达旦,吃饭也是席地而坐边研究边吃。1964年10月16日,中国第一颗原子弹装置爆炸试验取得圆满成功,1966年

10 月 27 日,我国第一颗装有核弹头的地地导弹飞行爆炸成功,1967 年 6 月 17 日,中国第一颗氢弹爆炸试验成功。当闪光火球和蘑菇状烟云冉冉升起时,全体测试人员一片沸腾,郭永怀却瘫软在试验现场,身边工作人员把他架到临时帐篷里的铁皮床上,郭永怀太累了。

(三)牺牲一刻,保护绝密资料

1963 年,郭永怀随同科研队伍迁往海拔 3000 米以上的青海基地,那里气候变化无常,冬季寒气逼人,经常飞沙走石,最低温度零下 40 多摄氏度,一年中有八九个月要穿棉衣,高原反应使得大家的工作愈加困难。为了及时研究新情况,郭永怀不顾大家的劝告,频繁往来于北京和基地之间。

1965 年 9 月,我国第一颗人造卫星的研制工作再次启动,郭永怀受命参与"东方红"卫星本体及返回式卫星回地研究的组织领导工作。1968 年 12 月初,他在青海基地发现一个重要数据,急于赶回北京研究,便搭乘了夜班飞机。他匆匆地从青海基地赶到兰州,在兰州换乘飞机的间隙里,还认真听取了课题组人员的情况汇报。12 月 5 日凌晨,飞机飞临北京机场,距地面约 400 米时,突然失去平衡,偏离跑道,扎向了玉米地,腾起一团火球。当人们从机身残骸中寻找到郭永怀时,吃惊地发现他的遗体同警卫员紧紧抱在一起。烧焦的两具遗体被分开后,中间掉出一个装着绝密文件的公文包,竟完好无损。他用自己的身体保护了对我国科研事业极为重要的资料。

郭永怀牺牲的第 22 天,我国第一颗热核导弹试验获得成功。在他牺牲不到两年,1970 年 4 月 24 日,我国第一颗人造卫星发射成功。1968 年 12 月 25 日,中华人民共和国内务部授予郭永怀烈士称号。1999 年,他被追授两弹一星功勋奖章,是唯一以烈士身份被追授"两弹一星"功勋奖章的科学家。

(参见胡晓青:《两弹元勋郭永怀》,《人民网—人民日报海外版》,2014 年 4 月 11 日)

问题三:怎样理解改革创新是时代精神的核心

时代精神是在新的历史条件下形成和发展的,是体现民族特质、顺应时代潮流的思想观念、行为方式、价值取向、精神风貌和社会风尚的总和。它是一个时代的人们在文明创建活动中体现出来的精神风貌和优良品格,激励着一个民族奋发图强、振兴祖国,构成同时代精神文明建设的重要内容。先进的、革命的、科学的社会意识对社会存在的发展产生巨大的促进作用,时代精神符合社会发展的潮流,则会发挥着积极引导作用,对社会发展进步提供强大的精神动力。在新时代的今天,面对着世情、国情和党情的深刻变化,在不断推进中国特色社会主义现代化建设的过程中,我们形成了以解放思想、实事求是、与时俱进、开拓进取、勇于创新、艰苦奋斗、求真务实为内涵的时代精神。其中,改革创新是时代精神的核心,是激励我们在时代发展中不断突破、勇往直前的精神支柱。那么,在内涵如此丰富的时代精神中,改革创新为何成为时代核心? 我们该如何理解把握这个问题呢?

第一,从历史发展的维度来看,改革创新是改革开放以来中国走向世界、走向现代化的发展进程中的主旋律,是在改革开放历程中不断深化发展的,为中国从"站起来"到"富起来"再到"强起来"提供了不竭的动力。1978 年党的十一届三中全会开启了改革开放新的历史时期,面对着"两个凡是"的思想禁锢和固守僵化教条的体制障碍,邓小平审时度势,反复强调改革开放:"如果现在再不实行改革,我们的现代化事业和社会主义事业就会被葬送。""不坚持社会主义,不改革开放,不发展经济,不改善人民生活,只能是死路一条。"正是在改革创新思想的引领下,以邓小平同志为核心的党的第二代中央领导集体开启了改革开放的新征程,对"什么是社会主义、怎样建设社会主义"进行了卓有成效的探索,成功开创了中国特色社会主义道路;党的十三届四中全会以来,以江泽民为核心的党的第三代中央集体继续发扬改革创新的精神,在苏联解体、东欧剧变的世界大变局中,能够紧扣时代脉搏,内省自身,对"建设什么样的党、怎样建设党"进行了深思考,全面推进党的建设伟大工程;党的十六大以来,面对前所未有的机遇和挑战,面对复杂的国内外形势,以胡锦涛为核心的党中央继续秉承改革创新精神,对"实现什么样的发展,怎么发展?"的问题进行了创造性回答,提出了科学发展观、社会主义核心价值观等指导思想,促进中国社会的健康发展;党的十八大以来,中国进入新时代,世界面临百年未有之大变局,面对如何把握住这个发展的重要战略机遇期,以习近平同志为核心的党中央总揽战略全局,把握发展大势,带领全国各族人民,开启了波澜壮阔的伟大奋斗,进行了新的伟大斗争实践,开创了中国特色社会主义伟大事业全新局面。我们可以看到,伴随着改革开放的每一步深化历程,改革创新精神贯彻始终,在理论创新、制度更新、科技鼎新、文化革新等各个方面都发挥着重要的指引和激励作用,成为当代中国最鲜明的时代特征。

第二,从理论维度角度来看,改革创新是进一步解放和发展生产力的必然要求。人类的进步是以科学技术和生产力的进步为基础的。在改革开放的发展过程中,邓小平就指出:"革命是解放生产力,改革也是解放生产力",他进一步阐述道:推翻帝国主义、封建主义、官僚资本主义的反动统治,使中国人民的生产力获得解放,这是革命,所以革命是解放生产力。社会主义基本制度确立以后,还要从根本上改变束缚生产力发展的经济体制,建立起充满生机和活力的社会主义经济体制,促进生产力的发展,这是改革,所以改革也是解放生产力。在这里,改革创新改造和变革了旧体制、旧思想、旧事物,并提出了促进事物发展的新思想、新方法、新体制,是符合事物发展的客观规律,有利于进一步解放和发展生产力。中国著名经济学家胡鞍钢曾提出的"国家生命周期理论"认为:国家生命周期的决定性因素就是能否创新,能否持续创新,不断创新和鼓励创新是国家崛起的背后动因。胡教授分析到,即使在 1820 年,中国 GDP 仍然占世界经济总量的 33%;而到了 1949 年中国国内生产总值(GDP)总量仅占世界经济总量的 4.5%,一下子沦为世界最贫困的国家之一。中国在 1500 年至 1800 年间未实现由农耕文明向工业文明转变,才由世界强国跌入半殖民地半封建弱国,在一个古老的、具有传统文明的社会里,缺乏工业化和全球化条件下的创新动力,是导致中国迅速衰落的主要原因。而 1978 年改革开放以来,中国进入一个全面创新的时代,中国崛起的独特之处在于,中国的不断创新,走出了自己的道路,即"中国之路",特别是进入 21 世纪,中国进入了大规模创新的时代、加速创新的时代、全面创新的时代,改革创新是中国崛起背后的决定性因素之一。[①]

今天,十九届五中全会指出,中国在世界正经历百年未有之大变局之际,各种不确定不稳定因素明显增多,国内的发展环境正发生着深刻复杂的变化,体现为我国发展不平衡不充分问题仍然突出,重点领域关键环节改革任务仍然艰巨,创新能力不适应高质量发展要求,农业基础还不稳固,城乡区域发展和收入分配差距较大,生态环保任重道远,民生保障存在短板,社会治理还有弱项等方面。改革创新是解决阻碍经济社会发展的体制性和机制性问题的根本途径,是适合我国社会主义现代化建设的需求,它是按照客观规律改造主观世界和客观世界的改造性活动,是时代精神的本质,体现了时代精神的灵魂,体现了发展生产力的必然要求。

第三,从现实需要的角度来看,改革创新是建设社会主义创新型国家的迫切需求,是全面建设社会主义现代化国家的基础。从战略发展来看,当前全球新一轮科技革命和产业变革孕育兴起,特别是信息技术、生物技术、制造技术等广泛渗透到各个领域,带动以绿色、智能、泛在为特征的群体性重大技术变革,大数据、云计算、移动互联网等新一代信息技术同机器人和智能制造技术相互融合步伐加快,正在引发国际产业分工重大调整,进而重塑世界竞争格局、改变国家力量对比。我国既面临赶超跨越的难得历史机遇,也面临差距拉大的严峻挑战,目前我们的创新能力不适应高质量发展要求,创新意识需要进一步增强,为了实现 2035 年关键核心技术实现重大突破,进入创新型国家前列,我们迫切需要发扬改革创新精神,全面增强创新能力,要求在建设创新型国家的发展道路上推动经济发展方式从要素驱动型向创新驱动型根本转变,使得改革创新成为经济社会发展的内在动力和社会的普遍行为,最终依靠制度创新和人文社会科学创新实现经济社会的持续协调发展,力争在新一轮全球竞争中赢得战略主动。另一个方面,从现实情况来

---

① 参见胡鞍钢:《国家生命周期与中国崛起》,《教学与研究》2006 年第 1 期。

看,我国社会主要矛盾已经转化为人民群众日益增长的美好生活需要和不平衡不充分的发展之间的矛盾,我国目前经济发展大而不强、大而不优,要素驱动力不足,新动能还未全面接续,社会发展、生态文明建设挑战严峻,国家安全风险压力逐渐增强,国民经济社会的发展对科技创新的需求从未像今天这样迫切,只有不断革新发展理念,充分践行五大发展理念,以创新发展为先导,才能不断推动我国经济社会向主要依靠知识积累、技术进步和劳动力素质提升的内涵式发展转变,不断提升我国发展的内生动力和活力,促进社会主义矛盾的解决。

综上所述,弘扬以改革创新为核心的时代精神,既是推进中国特色社会主义事业建设的需要,也是促进人的自由全面发展的需要,更是实现中华民族伟大复兴的需求。

案例 1:洪家光——匠心独运 毫厘之间 精密磨削

洪家光,从一名普通技工到数控、车工双料高级技师,再到首席技能专家,从业 20 多年,用自己的不懈努力,进行了 200 多项技术革新,解决 340 多个技术难题,特别是革新航发叶片加工技术,为企业增效过亿元,创造了不俗的成绩。

洪家光的成就,源于日积月累的操作实践,源于几十年如一日的坚持自律。

高楼万丈平地起,"匠"在于日复一日地磨炼。1998 年,19 岁的洪家光以技校第一名的成绩被分配到黎明公司。刚开始,洪家光每天的工作只是加工些小零件,他有些心浮气躁。"小伙子,可别小看小零件,若它们出现一丁点误差,就会影响到一台大机器的运转。"年龄稍长的一位师傅语重心长地告诉他。从那时起,他开始虚心学习和钻研。许多高精度的零部件没有现成的刀具,他就从车工最基础、最关键的一项技术——磨车刀开始做起。他磨出的刀具精度高,加工出来的零部件更是光亮平整。

2002 年,黎明公司接到一项紧急任务,加工某型号航空发动机叶片的修正工具——金刚石滚轮。航空发动机的叶片不但要承受高温和高压,更要承受上万转带来的巨大离心力,一旦出现偏差,后果不堪设想。金刚石滚轮,则是用于修正核心叶片的,其精准度要求极高,尺寸的公差均要求在 0.003 毫米以内,相当于人头发丝的 1/20。

洪家光自告奋勇,认真研究航空发动机叶片滚轮精密磨削技术。刚开始,他在制作金刚石滚轮的第一道工序——阴模加工时并不成功。"检验人员检验后说,没有几个合格的。"看着成堆的废品,洪家光没有气馁。为了改善加工方法,他请教了很多老师傅,每天工作 10 多个小时,经过 10 多天的连续奋战,洪家光终于在阴模加工上取得了进展。5 年后,在洪家光带领下,经过 1500 多次尝试,他的团队终于研发出一套成熟的航空发动机叶片滚轮精密磨削技术,将航空发动机叶片罐顶、榫头制造精度由 0.02 毫米提升到 0.005 毫米。这项"航空发动机叶片滚轮精密磨削技术"让洪家光获得了国家科技进步二等奖。

秦承着精益求精的匠人精神,在长期的实践工作中,洪家光总结创新出一套"看、听、闻"的加工心得。看,就是用眼睛观察砂轮磨削时火花的大小和颜色,以此判定加工精度;听,就是用耳朵听砂轮磨削时的声音,避免切削力过大导致砂轮破碎、工件打伤;闻,就是用鼻子去嗅砂轮磨削时散发的气味,一旦有工件烧伤,会发出一股特殊的呛鼻气味。这是来源于实践的成果。但是,工作更应该不断创新发展,"年轻人应该多学习,同时不断培养创新意识。"作为"洪家光劳模创新工作室""洪家光技能大师工作站"领军人,洪家光编写了《航空发动机典型零件的加工方法》技能操作书,还录制了教学视频《车工技能操作绝技绝活》,而经他培训的青年职工有135人次晋升了技能等级。在他与团队共同努力下,2015年至2019年4月,工作室获得实用新型专利32项、发明专利8项,完成技术创新和攻关项目86项、成果转化65项,解决临时技术难题72项。

"技工不能靠着传下来的东西吃老本,要在工作中不断研究和创新,使用相同设备的加工精度和效率才可以大幅度提高。唯有匠心,才有杰作。"洪家光告诉记者。

(参见《中国航发沈阳黎明航空发动机有限责任公司洪家光:毫厘之间 精密磨削》,《人民日报》,2020年08月26日第06版)

案例2:踏过平庸,一生为中国"天眼"燃尽——南怀东

在党的十九大报告中,"天眼"与天宫、蛟龙、大飞机等一起,被列为创新型国家建设的丰硕成果。然而,这背后的功臣——南怀东,却来不及目睹这一成果。

在南怀东的一生中,24年在追逐"天眼"的艰难历程中。24年,8000多个日夜,500米口径球面射电望远镜首席科学家、总工程师南仁东心无旁骛,为崇山峻岭间的中国"天眼"燃尽生命,在世界天文史上镌刻下新的高度。南先生这种执着追求科学梦想的精神,将激励一代又一代科技工作者接续奋斗,勇攀世界科技高峰。

(一)"天眼":一个国家的骄傲

在20年前,"天眼"可以说是一个非常大胆的计划。"天眼",外形上看似一口锅,然而却是世界上最大、最灵敏的单口径射电望远镜,可以接收到百亿光年外的电磁信号。它有着超高的灵敏度和巡天速度。相比美国寻找地外文明研究所的"凤凰"计划,"天眼"可将类太阳星巡视目标扩大至少5倍。随着"天眼"落成,中国射电天文学"黄金期"正在开启,越来越多国际天文学专家加入中国主导的科研项目。

在20世纪90年代初,那时候,我们中国最大的射电望远镜口径不到30米。

1993年的日本东京,国际无线电科学联盟大会在此召开。科学家们提出,在全球电波环境继续恶化之前,建造新一代射电望远镜,接收更多来自外太空的讯息。会后,南仁东极力主张中国科学家启动"天眼"项目。

"天眼"到底是一个多大的工程？在"天眼"馈源支撑系统高级工程师杨清阁的印象里，这个工程大到"漫山遍野"。这又是一个多细的工程？"600 多米尺度的结构，馈源接收机在天空中跟踪反射面焦点的位置度误差不能超过 10 毫米。"杨清阁说，"南老师做的事，就是带领我们用漫山遍野的设备和零件建起这口精密的'大锅'。"

南仁东曾在日本国立天文台担任客座教授，享受世界级别的科研条件和薪水。可他说："我得回国。"做世界独一无二的项目，他扛起这个责任。这个当初没有多少人看好的梦想，也最终成为一个国家的骄傲。

72 岁的"天眼"工程高级工程师斯可克回忆："南仁东总跟我说，国家投入 10 多亿元搞这个望远镜，如果因为质量问题或者工程延期导致停工，每天损失将达 50 万元。花了这么多钱，如果搞不好，就对不起国家。"

（二）坚持：为"天眼"燃烧 20 多年人生

西南的大山里，有着建设"天眼"极佳的地理条件：几百米的山谷被四面的山体围绕，天然挡住外面的电磁波。

从 1994 年到 2005 年，南仁东走遍了贵州大山里的上百个窝凼。乱石密布的喀斯特石山里，没有路，只能从石头缝间的灌木丛中，深一脚、浅一脚地挪过去。一次，南仁东下窝凼时，瓢泼大雨从天而降。他曾亲眼见过窝凼里的泥石流，山洪裹着砂石，连人带树都能一起冲走。南仁东往嘴里塞了救心丸，连滚带爬回到垭口。

"有的大山里没有路，我们走的次数多了，才成了路。""天眼"工程台址与观测基地系统总工程师朱博勤回忆，十几年下来，综合尺度规模、电磁波环境、生态环境、工程地质环境等因素，最终在 391 个备选洼地里选中了条件最适宜的大窝凼。

选址、论证、立项、建设，哪一步都不易。许多工人都记得，即使在炎热的夏天，为亲自测量工程项目的误差，南仁东总会丢下饭碗就往工地上跑。

"发文章和研发科学重器比较，哪个对科技的实质进步更重要，我选择后者。"南仁东总是这样说。

"20 多年来他只做这一件事。"国家天文台台长严俊说，"天眼"项目就像为南仁东而生，也燃烧了他最后 20 多年的人生。

（三）追梦：探索科学未知无止境

八字胡，嗓音浑厚，同事印象中的南仁东，个儿虽不高，却总是气场十足，"在人群中一眼就能认出来"。

生活中的南仁东常表现出率性幽默的一面。一次出国访问，在禁烟区犯了烟瘾，他开玩笑将"No smoking（禁止吸烟）"改成"Now smoking（现在吸烟）"。

但对待科学研究，南仁东无比严肃和严谨。"天眼"没有哪个环节能"忽悠"他，任何瑕疵在他那里都过不了关。

工程伊始,要建一个水窖,施工方送来设计图纸,他迅速标出几处错误打了回去。施工方惊讶极了:这个搞天文的科学家怎么还懂土建?

"南老师对自己的要求太高,他要吃透工程建设的每个环节。"学生甘恒谦说,"如果再给他一次机会,是选择'天眼'还是多活10年,他还是会选择'天眼'。"

他一心想让"天眼"尽快建成启用。"天眼"的英文名字FAST,正是"快"的意思。

在南仁东看来,"天眼"建设不由经济利益驱动,而是源自人类的创造冲动和探索欲望。"如果将地球生命36亿年的历史压缩为一年,那么在这一年中的最后一分钟诞生了地球文明,而在最后一秒钟人类才摆脱地球的束缚进入太空无垠的广袤。"南仁东的心中,总是藏着许多诗意的构想。

"让美丽的夜空带我们踏过平庸。"这是他留给人世间的最后思考。

(参见《踏过平庸,一生为中国"天眼"燃尽——追记"时代楷模"南仁东》新华网,2017年11月18日)

问题四:如何理解爱国主义与爱社会主义的一致性

在当代中国,祖国的命运与党的命运、社会主义的命运密不可分,当代中国是中国共产党领导下的社会主义中国,爱国主义就是爱国、爱党、爱社会主义的有机统一,是社会主义核心价值体系与中国特色社会主义道路的有机统一,是民族精神与时代精神的有机统一,这是当代中国爱国主义精神最本质、最重要的表现。

国家是经济上占据统治地位的阶级进行阶级统治的工具,其占统治地位的阶级为进行统治都必然采取一定的社会制度。国家总是与社会形态和制度联系在一起,没有脱离社会形态和制度而抽象存在的国家。政府是国家权力的执行机关,政党是影响国家运行的重要中介。它们之间相互作用、紧密相连。爱国主义是一个历史的范畴,在社会发展不同时期、不同阶段,具有不同的时代内容,爱国主义具有具体对象,不是虚幻的情感与行为。当代中国,爱国主义与爱党、爱社会主义是一致的,这集中体现于中国历史发展过程、价值取向和现实发展中。

第一,爱国主义与爱社会主义的统一是近代中国历史发展的必然结果。毛泽东曾说:"爱国主义的具体内容,看在什么样的历史条件下来决定。"[①]纵观中国近代历史进程,发生了无数次轰轰烈烈的爱国主义运动,从太平天国运动、戊戌变法到辛亥革命,无论是

---

① 毛泽东选集(合订本)[M].北京:人民出版社,1968,486.

实业救国还是教育救国、科学救国,无一不是以失败告终,究其原因与这些运动缺乏正确的政治方向和科学的理论指导紧密相关。十月革命以后,在马克思主义理论指导下,中国共产党领导的新民主主义革命,推翻了"三座大山",实现了民族解放和国家独立,建立了中华人民共和国,开启了新的历史纪元。新中国成立伊始,面对战后的满目疮痍与西方的敌视封锁,中国共产党紧紧把握时代发展的大势和人民群众的意愿,团结带领全国各族人民成功进行了社会主义改造,建立了社会主义制度,为当代中国一切发展进步奠定了根本政治前提和制度基础,第一次使得中华民族百年来富民强国的理想有了实现的可能。党的十一届三中全会以后,中国共产党敢于解放思想、实事求是,冲破"两个凡是"的思想禁锢,实现了党和国家工作中心的战略转移,实行了改革开放的历史性决策,紧紧把握发展这个党执政兴国的第一要务,加快建设富强民主文明和谐美丽的社会主义现代化国家,开创了中国特色社会主义事业新局面,为中华民族找到了一条走向繁荣富强的中国特色社会主义道路。由此可见,中国特色社会主义正是在中国近现代的历史中,党的发展历程中开辟、形成和发展的,同样,历史也充分证明了,只有社会主义才能救中国,只有改革开放的中国特色社会主义道路才能发展中国。

第二,当代中国的爱国主义与爱社会主义两者在价值取向上具有一致性。爱国与爱社会主义的价值着眼点都是中国广大人民的根本利益和实现中华民族伟大复兴的中国梦,我们可以从践行中国特色社会主义道路的具体行动和伟大成就中看到两者最终的价值诉求。一方面,爱国主义所追求的民族独立、国家富强和人民民主,是靠走中国特色社会主义道路来实现的,中国特色社会主义道路是一条符合国情、符合时代、符合人民利益的中华民族伟大复兴之路。新中国成立以后,面对着西方国家的封锁与围堵,面对着满目疮痍、百废待兴的国家,以毛泽东为核心的党中央带领全国各族人民独立自主地探索适合中国国情的社会主义道路,建立社会主义制度,实现了中国历史上最广泛最深刻的社会变革,将贫苦落后的中国建设成了初步繁荣昌盛的社会主义国家,为当代中国一切发展进步奠定了根本政治前提和制度基础;党的十一届三中全会后,以邓小平同志为代表的中国共产党人,立足国情,解放思想,实事求是,把马克思主义基本原理与中国现实结合起来,开辟了中国特色社会主义道路,创立了中国特色社会主义理论。正是在这一科学理论的指导下,走出了改革开放的新时代,中国取得了举世瞩目的成就,实现了中国由"站起来"到"富强来"的历史性飞跃。十八大以来,在以习近平同志为核心的党中央领导下,全党高举中国特色社会主义伟大旗帜,带领全国人民攻坚克难、砥砺前行,开辟了治国理政新境界,创新发展了中国特色社会主义理论体系,开创了中国特色社会主义事业新局面。中国共产党带领中国人民在革命、建设和改革的不同历史时期取得的伟大成就,是与中国特色社会主义理论、中国特色社会主义道路紧密联系的,奠定了爱国主义的坚实基础,爱国与爱社会主义的目标和价值是一致的。另一方面爱国主义与社会主义相统一体现在坚持和发展中国特色社会主义道路的具体实践中。2020年党的十九届五中全会上指出我国在决胜全面建成小康社会取得的决定性成就,脱贫攻坚成果举世瞩目,5575万农村贫困人口实现脱贫,我国实现了全面建成小康社会目标,这与当前世界上部分国家的人民依然生活在饥饿贫困甚至战争中的境遇是不同的,中国所取得的这些成就是以中国特色社会主义理论为指导,是坚定走中国特色社会主义道路走出来的。1992年,邓小平在南方谈话中指出:"社会主义的本质,是解放生产力,发展生产力,消灭剥削,消除两极分化,最终达到共同富裕。"①社会主义的价值取向就是消灭剥削,消除两极分化,最终实现共同富裕,其最终的着眼点仍然是人民的福祉和人民的利益。而一个真正的爱国主义者,明确知道个人理想是以社会理想为基础,为了祖国和人民的利益,也会牺牲个人的利益。在中国共产党领导人民进行革命、建设和改革的历程中,无数中共党员为国家、民族和人民的利益前赴后继、英勇奋斗,中国共产党的历史上矗立着一座座爱国主义的丰碑。无论是爱国主义还是爱社会主义,两者在价值取向上是一致的,没有分歧的,是立足于广大人民的根本利益的。

第三,社会主义与当代中国是有机融合,爱中国与爱社会主义具有高度一致性,不可分割。当代中国是中国共产党领导下的社会主义中国,社会主义制度在中国日益巩固、发展和完善。我国在政治、经济、文化、科技等各方面的快速发展,国家地位的显著提升,进一步显示和巩固社会主义制度的优越性,而社会主义制度的不断发展和完善,深化了中国的建设事业,爱国主义与爱社会主义实现了深度融合,构成命运共同体,对社会主义制度的破坏也会直接伤害中国的发展。当代中国是社会主义制度的中国,一味区分爱国主义与爱社会主义,其实是没有必要也没有意义的,爱国主义与爱社会主义是相统一的。

综上所述,在新时代的今天,我们要大力弘扬爱国主义精神,必须把坚持爱国主义与爱党、爱社会主义有机统一,坚定不移地走中国特色社会主义道路。具体落实到实践践行中,要做好下面几个方面:

一是强化"四史"学习,把握历史发展规律,坚定"四个自信"。习近平总书记指出,历史是最好的教科书,也是最好的清醒剂。通过对中国党史、新中国史、改革开放史和社会主义发展史的学习,从历史中汲取历史经验、历史智慧和精神力量,批判了历史虚无主义等形形色色的错误思潮,深化把握中国共产党执政规律、社会主义建设规律和人类社会发展规律,坚定走中国特色社会主义发展道路的自信。

---

① 邓小平. 邓小平文选[M].北京:人民出版社1993年版,第3卷,第373页。

二是加强理想信念教育,坚定共产主义的远大理想。理想信念是人生的精神导向、精神动力和精神支柱,对于一个政党和国家来说是前进的方向指南。加强对全民的理想信念教育,特别是引导民众将个人的理想信念与社会的理想信念相结合,树立崇高远大的共产主义理想,有利于高度凝聚社会共识,汇集奋进力量,共同投身于中华民族伟大复兴的事业。

三是树立立足民族又面向世界的国际视野,理性爱国。弘扬新时代的爱国主义精神,必须将爱国主义与对外开放相结合,在对外交往过程中,既要高扬爱国主义旗帜,自觉维护国家的主权和独立,又要尊重世界文明的多样性,尊重各国不同的发展道路和发展模式,求同存异,合作共赢,以更加宽广的世界胸怀和全球视野,推进人类命运共同体的建设,为全球文明治理体系建立和发展贡献中国智慧和中国方案。

案例1:"爱国但不认同社会主义?"

观点一:早在改革开放之初,邓小平就针对人民提出的爱国可以不爱社会主义的观点尖锐指出:"有人说不爱社会主义不等于不爱国。难道祖国是抽象的吗?不爱共产党领导的社会主义新中国,爱什么呢?港澳、台湾,海外的爱国同胞,不能要求他们拥护社会主义,但是至少也不能反对社会主义的新中国,否则怎么叫爱国主义呢?至于对中华人民共和国领导下的每一个公民,每一个青年,我们的要求当然要更高一些。"

很多人认为资本主义制度要优于社会主义制度,甚至有人主张中国可以走资本主义道路。但是,中国真的可以走资本主义道路吗?中国近现代历史以事实雄辩地证明了,资本主义道路在中国是行不通的,中国历史上曾多次进行资本主义道路的尝试,但是均以失败告终。社会主义制度在中国巩固与发展促进了中华民族从站起来、富起来到强起来,实现了一次次历史性的飞跃,这意味着社会主义具有强大的生命力与远大的发展前途,是适合中国社会发展的。

目前,中国已经是世界上第二大经济体,虽然中国社会存在一些问题,但是我们也要历史地辩证地看到,资本主义制度下也存在大量贫困落后的国家,资本主义制度在它的历史发展过程中,这些问题都先后出现过,甚至在当今的资本主义社会中,腐败问题并未根绝,反而以愈加隐蔽的形式普遍存在着。反观中国,我们在吸取资本主义的经验教训中,积极应对,以有力的举措推进这些问题的不断解决。2015年10月,"史上最严"的新《食品安全法》出台,完善了食品安全法律框架,逐步形成了社会共治的食品安全治理体系;从党的十八大以来,反腐倡廉进入新常态,不断推进反腐败国家立法,通过"猎狐行动""天网行动"等系列反腐行动,将权力关进牢笼,推进不敢腐、不能腐、不想腐体制机制,等等。这些都反映出中国共产党领导下社会主义制度的自我完善和发展,凸显社会主义制度的优越性。

观点二：随着对外开放的推进，我国也出现了一种离开我国社会主义性质，去抽象地谈论热爱祖国的虚无主义观点。这种观点认为，爱国主义与爱社会主义是完全可以分开的，热爱自己的祖国，并不意味着必须认同共产党及共产党领导的社会主义中国。出现这种观点的主要原因有：一是在社会主义建设和改革中的某些阶段，党和政府没有有效解决老百姓所关心的一些社会问题，特别是执政党的腐败问题，导致人们对党和政府的疏离感、不信任感，对社会主义的信心不足。二是西方发达国家借助其先进的传播手段，不断鼓吹人权高于主权、政治多元化、经济私有化、军队国家化、领土分治化等思想观念，制造人们对西方国家的政治制度和文化价值观的崇拜，同时利用我国在民主建设、民族问题的处理等方面存在的失误，攻击我国民主、人权，煽动人们对政府的不满，使一部分人对西方世界的民主和繁荣充满仰慕，他们希望中国通过改革，走上资本主义道路。三是受新自由主义思潮的影响。新自由主义的核心思想是在经济上否定公有制，否定社会主义，否定国家干预，主张自由化、市场化、私有化；在战略政策方面，鼓吹全球资本主义化。受新自由主义的影响，一些人也开始认同，只有西方的"三权分立""多党政治"才是最好的民主形式，主张用西方的多党制、三权分立制、竞选制等来取代我国基本的政治制度等。

"爱国不认同社会主义"的观点，实质上是对共产党的领导、社会主义制度的否定，是对"西化""分化"的某种程度的迎合。祖国作为一个国家的人民借以生存和发展的"政治的、文化的和社会的环境"，从来就不是一个抽象的概念，其在内容上既包括自然地理环境、文化历史，也包括特定社会历史条件的国家制度。在中国，共产党是最广大人民根本利益的代表，中国特色社会主义道路和国家制度，是共产党领导中国人民经过几十年奋斗、创造、积累的根本成就，也是中国人民的根本利益所在，因此，不能离开中国共产党的领导、中国特色社会主义的国家制度来抽象地谈论祖国。对此，邓小平曾就一针见血地指出过："有人说不爱社会主义不等于不爱国。难道祖国是抽象的吗？不爱共产党领导的社会主义的新中国，爱什么呢？"①因此，要特别警惕"爱国但不爱社会主义"观点背后的"西化""分化"的实质。

案例2：我为生在社会主义的中国而骄傲

爱国不是抽象，不能概念化，而应该具体化，落实到现实生活中。而爱国所有的元素，爱祖国的大好河山，爱自己的骨肉同胞，爱祖国灿烂的文化，爱自己的国家，这些的结

①　邓小平.邓小平文选，第2卷［M］.北京：人民出版社1994：392.

合体就是现实中的社会主义中国,社会主义是中国历史和人民的选择,只有社会主义才能救中国,只有社会主义才能发展中国。社会主义的中国在发展中彰显了自身强大的优越性。

(一)唱国歌举国旗过境 没花1分钱

看到电影《战狼2》片头撤侨的那一幕,中建八局海外部设计师的王本虎,心情久久不能平静。前一段事件,他在一档电视节目中讲述了6年前他从利比亚撤离时的情景,感动了不少观众。2011年2月22日至3月5日,中国政府协调派出91架次民航包机、12架次军机,5艘货轮、1艘护卫舰,租用35架次外国包机、11艘次外籍邮轮和100余班次客车,海、陆、空联动,从利比亚撤侨,最终将35860名中国公民平安撤出利比亚。

虽然事情已经过去6年,但王本虎仍然记忆深刻。随后的也门撤侨、尼泊尔地震撤侨等行动,也牵动着王本虎的神经。他告诉记者,经历了撤侨,他才深刻地明白"没有和平的年代,只有和平的国家"的真正含义。

"经历利比亚撤侨事件,我从不担心自己会成为难民。"王本虎激动地说。

2011年2月19日,王本虎刚刚从国内休完假返回利比亚第二大城市班加西。作为中建八局海外部的设计师,那是他在利比亚的第3年。

刚回利比亚就遭遇暴乱

在王本虎的印象中,班加西是一座安静、漂亮的城市,"火红鲜艳的凤凰花开满街头,一切都井井有条"。他原本以为这次返回班加西会和往常一样享受安静的生活,但仅仅一天之后,利比亚就发生了暴乱。

20日晚上,班加西暴乱死伤十几人,枪战的地点就在公司附近,"同事晚上不敢开灯,摸黑蜷缩到窗台下面躲子弹。数不清的子弹朝他们飞过来,窗户玻璃都被打碎,墙上满是弹孔。第二天从市里走过,地上满是散落的弹壳,仍然在焚烧的汽车还在冒着浓烟,狂热的武装分子举着枪、喊着口号,整个城市一片混乱。"

得知情况后,王本虎回到公司营地就赶紧收拾东西,把钱藏在鞋底,护照放到最贴身的衣服里面,随身携带手机,并保证手机电量充足。营地所有员工聚集在一起,给围墙上加了铁丝网,紧邻公路的工地大门用石头全部堵死,准备应对任何可能到来的暴徒。

但天刚刚黑,王本虎突然就从门外听到一声枪声:歹徒来了!"我们一直生活在和平的国家,第一次听到距离我们只有十几米的枪声。所有人都愣了。"王本虎有些惊愕。

抢劫的人来了一拨又一拨,他们抢现金、车辆、电脑,抢的同时还不停地打砸,一地狼藉。王本虎所在的营地人数少，为了保证安全，他们撤到了离公路较远的营地，那里人比较多。

"精神紧张到极点，外面一有什么声音，心立马就提到了嗓子眼。"当晚，营地所有人都没有合眼，每个人都准备了一根削尖了的钢管作为防身武器，他们还加固了围墙，并在围墙外面用挖掘机挖了一圈壕沟。

没想到国家行动这么迅速

在绝望的时候，王本虎脑海里经常闪现两个画面，一是老家的院子，二是北京宽敞的马路。

"我只有一个念头，就是回家。"可在当时，利比亚机场关闭、港口关闭、边境关闭，手机与国内的通信完全中断。凌晨一点，王本虎冒险爬到屋顶，在无数次失败后终于拨通了中国驻利比亚大使馆的电话。电话那头的人说："情况我已知晓，国家正在尽力协调，会尽快接你们回家。"听到这句话，王本虎激动得眼泪都掉下来了。

22 日，王本虎就接到了通知，中国租用的一艘希腊邮轮已经在赶赴班加西港口。中建八局海外部利比亚分公司领导自发组织起来，负责撤侨工作。"没有想到国家行动这么迅速！"王本虎后来得知，在暴乱发生的第一天，我国就开始准备营救方案。仅 3 天时间，9200 多名中建八局海外部利比亚分公司员工，3700 多兄弟公司的中国员工和 950 多名来自孟加拉国、越南的外籍员工就安全撤出了利比亚。

23 日，当王本虎登上希腊邮轮时，他长长地舒了一口气，"终于能回家了。"回忆起撤侨经过，王本虎由衷地感叹："当时中国人的表现很值得点赞，团结、有秩序、有纪律，而且把一些外国员工也接了出去，有道义。"

唱着国歌离开边境

王本虎告诉记者，《战狼2》里，吴京举着国旗通过交战区的情景并不是杜撰。当时有些人是陆路撤离，从利比亚撤到突尼斯或埃及，有的同胞因为护照丢了，无法离境时，前来协助撤侨的人就让他唱一首国歌，唱完就放行。

"国歌、国旗那时已经不是简单的一首歌和一面旗帜。当撤侨进行的时候，当同胞们唱着国歌、举着国旗通过边境的时候，国旗和国歌就是我们的力量来源，是我们精神归宿。中国是我们的根，是我们的魂。"

事后，王本虎看了一部关于利比亚撤侨的纪录片。当他看到有人下飞机后跪下亲吻脚下祖国的土地时，他哭了，"我深深地理解那句话：为什么我的眼里常含泪水，因为我对这土地爱得深沉！"

对话：《战狼2》撤侨有原型

广州日报：你返回利比亚之前，了解当地多个城市发生抗议行为，初露政局不稳的态势吗?

王本虎:当时国内新闻并没有相关消息。我从北京飞到曼谷机场转机时,从机场的电视屏幕上看到了也门暴乱的新闻。

从班加西机场回营地的路上,路上的车辆比往日少了许多,我们偶尔会看到皮卡车拉着荷枪实弹的军人呼啸而过。2月18日,当地已经完全陷入无政府的混乱状态,警察不再维护秩序,罪犯逃狱,形势已经非常紧张。后来我才知道,我的航班是倒数第二班进港的航班,不久后,班加西机场就彻底关闭了。

自始至终没花1分钱

广州日报:你登船时印象最深刻的事情是什么?

王本虎:我永远记得撤离时当地的好朋友来送我们上船的那一幕。看到我们登船离去,他一个大男人蹲在地上抱头痛哭,对我们说:"我们国家完了,你们可以回国,但是我们的家园毁了,要去哪里呢?"

广州日报:离开班加西港口后,你接下来的撤侨经过如何?

王本虎:坐船几个小时,我们就到达了希腊克里特岛,船一靠岸,中国驻希腊大使馆的工作人员就带着水和面包来迎接我们了。然后我们乘坐豪华大巴到了爱琴海边的四星级度假酒店,两三人一间房,每人都有一张床。在希腊待了一个星期之后,我们就依次搭乘飞机回国了;到了机场,还有人开车来接,并免费送我们回家。从始至终,我们自己没花一分钱。整个撤侨过程像是做梦一样,国家不仅接我们回来,还安排我们撤侨过程中的生活,很贴心。

希腊华人主动来慰问

广州日报:除了大使馆工作人员,还有其他人帮助过你们吗?

王本虎:抵达克里特岛后,希腊的华人不管是做生意的还是留学生,很多放下了手头的事情,组织起来作为志愿者,帮助我们安排住宿,办理各种手续等。

我们刚下船到酒店的时候,他们还自掏腰包买了一些当地的电话卡,让我们赶紧给家里报平安。至今想起来,我都非常感动和感恩,中国人碰到灾难时迸发出的力量和团结,是不可想象的。

广州日报:从暴乱发生到安全撤离,你如何联系家人?

王本虎:2月19日我到班加西就跟家人断了联系,一开始我很怕让他们操心,我想他们肯定每天守着电视看国际新闻。后来我才知道,我爸很多天都没有吃饭、睡觉,一直给我们公司打电话,但联系不上。

在希腊下船时,有媒体在报道我们,当时我还没有打电话给家里,但他们其实已经在新闻里看到我安全下船了。

发自内心感谢国家

广州日报：你为什么选择参加《演说家》节目？

王本虎：我在 8 月 1 日建军节的凌晨发了一条微博，讲述利比亚撤侨事件。转发评论挺多的，关于我的报道也不少。后来节目组就找到我，想让我上节目，讲述利比亚撤侨事件。我也想把这件事说出来，让更多人知道，传播正能量。

广州日报：你成功晋级，为什么没有继续参加节目？

王本虎：在参加节目前我就跟节目组说了我不想晋级，也不想出名，只想单纯地讲述这件事。《战狼 2》有撤侨镜头，有些人觉得某些情节不合常理。我就想把自己的亲身经历讲出来，告诉大家有些镜头不是杜撰的，是有原型的。

（参见《利比亚撤侨亲历者讲述：唱国歌举国旗过境 没花 1 分钱》，《广州日报》，2017年 10 月 07 日）

（二）没有孤胆英雄，但中国军舰就是"诺亚方舟"

2015 年的 4 月，一张照片被中国人刷屏：在战火摧残的也门亚丁港，穿着凯蒂猫背心的小女孩牵着海军的手，却轻松得像是去参加春游，照片拍摄于 2015 年也门撤侨时期，该事件也被认为是《战狼 2》的电影原型。照片里小女孩叫李禹霏，下面是他们一家的亲身经历。

怀着忐忑的心情，一家三口踏上去也门的路途

"5 年前我接到了去也门亚丁常驻的通知。也门在哪？亚丁在哪里？时至今日周围好多朋友还以为它在非洲。简单说说，也门是中东最贫穷的国家，石油储量很少，远远不及他的左右邻居。"

在炎热的 8 月，怀着忐忑的心情，我们一家三口踏上去亚丁的路途。30 多小时后，我们到了《明史》中有记载的"阿丹国"—"快乐之地"亚丁。一下飞机仿佛进入了烤箱，走在柏油路上穿鞋都觉得烫脚，随处可见身背 AK 的人，枪似乎成了男人们必备的装饰品，机场、商店、街头、甚至出租司机身上都挂一把。

常驻生活就这样开始了。到了 2015 年 3 月初首都萨那局势恶化，胡塞武装一路南下，有势如破竹之势。总统哈迪在亚丁建立临时首都，这座城市也成了争夺的重点，而在领馆 3 公里之外的机场也成了主要战场，枪声不断，偶尔还有坦克从门前开过，也有直升机和轰炸机低空飞过。

"伴着枪声入眠时，想着明天是否能穿过枪林弹雨安全撤离。女儿睡着前，嘴里还在念叨，住在这个家的最后一晚了，明天就要走了。"

3 月 26 日，局势陡然紧张，就着炮火声吃饭的经历终生难忘。我们接到通知要撤离但还没有定怎么走，亚丁机场受损严重影响航班起降，沙特空袭导致也门全境禁飞，陆路

往阿曼路途遥远,还有亚丁医疗队10名队员和远在百公里外中资企业的100多名员工也要安排撤离。

3月28日凌晨,我被枪炮声吵醒,上午机场方向有交火,中午安全局附近弹药库爆炸,爆炸声此起彼伏,窗户地板楼板都觉得在晃动。

3月28日晚间,机场方向又开始密集开火,有大型装甲车的声音,有流弹落到玻璃上,第二天在院子里捡到了几枚弹头。女儿知道打仗了,但是不理解其含义,依然沉浸在她的小世界里,那些声音对她来说好似除夕夜的鞭炮。

3月28日晚上8点,中国军舰还在公海上等待,进港许可还在办理。在当地政府机构基本瘫痪的情况下,办理许可证的难度可想而知,同事们都在各自的岗位上履行着职责,收集撤离人员的护照信息、对外联络、整理文件、清点物资。

3月29日,战事稍稍平息,利用这难得的窗口期撤离工作开始了。回望了一眼驻亚丁总领馆高高飘扬的五星红旗,我们出发了,与医疗队员、企业员工会合后,车队往港口行进。

当地军警在前方开道,防弹车上插着的五星红旗在阳光的照射下显得那么鲜红,短短3公里的路程开了半个小时,越过身着不同样式迷彩服、不知道属于那个派别的军警把守的关卡,避让还在冒着黑烟的轮胎,满是弹孔的建筑、街边烧毁的车辆、满地的弹壳展示着这几日的激烈战斗。车上的4岁半的女儿还在想着她带不走的玩具和绘本。

为了让大家不用乘坐小船到公海上登舰,能更快更安全的撤离,在我们坚持不懈的沟通和码头上数小时的等待后,军舰得以靠港。当"临沂舰"缓缓停靠在亚丁港时,当"祖国派军舰接亲人们回家"的横幅渐渐清晰时,当岸边的人们纷纷呼喊"祖国万岁"时,手握着五星红旗的一角的我,内心也跟着激动了一下,听着女儿喊着大军舰来了,我眼眶湿了。

军舰靠岸后,全舰官兵一级战备,扶梯搭好后最先跑下来的20名海军陆战队特战队员迅速做好外围警戒。他们真的太帅了,与嘴里嚼着卡特,斜挎枪支的当地警察形成了鲜明对比。

登舰前港口外不远处枪声不断,浓烟四起,后来我们得知,军舰上的防御和攻击系统已经完成战斗部署,随时可以展开攻击。39分钟后,122名中国公民和2名外国侨民登舰完毕。

那张照片就拍摄于登舰之前。撤侨对于女儿来说没有成人感触的那么深,整个过程没有害怕过,更像是一场旅行。

"女兵来牵她手时,她很自然的把手伸过去,好像以前就认识一样,没有一丝迟疑,都没回头看看我。"

作为舰艇上目前为止最小的乘客,女儿表现落落大方,军舰政委给她送来了玩具和糖果,她出乎所有人意料的给大家敬了一个不太标准的军礼,说长大以后我也要当海军。经过海上数小时的全速航行,在午夜时分到达了吉布提港,我驻吉布提大使、参赞和其他同事都在码头等着我们,从未想过我以这样一种方式踏上非洲大陆。

当我们辗转多日多地落地北京的时候,回到祖国的怀抱,终于把悬着的心放下时又为留守在萨那和亚丁的同事们开始担心。战事越来越激烈,首都萨那空袭不断,亚丁则是激烈的巷战,他们有些人每天只能在防空洞里过夜,有些人在建筑结构中最安全的洗手间打地铺过夜。

就在这样的条件下,同事们坚持岗位,与海军密切配合先后安排中外公民 600 余人分别从亚丁港、荷台达港和索科特拉岛撤离,中国军舰在那个春天就是"诺亚方舟"。

最近由于《战狼 2》大火和建军 90 周年的缘故,2015 年也门撤侨时的一张照片被频频提及,朋友、亲友、同事、同学纷纷发来消息,"又在电视上看见你女儿了!"。

看电影时,有些画面在我脑海里是重叠的。满目疮痍的国家,排队驶向港口的车队,人们看见中国军舰时的雀跃、全副武装的战士,登舰时紧张而有序的画面,舰艇上如回家般的温馨……

有些画面是电影里没有的,飞机轰炸时如烟花般的火光,也门首都萨那使馆的地下防空洞,亚丁领馆被爆炸震落的天花板和震碎的玻璃,24 小时不曾间断的炮火和枪声,使领馆工作人员为撤侨路线和军舰靠港的沟通联络,留守人员坚守在炮声隆隆的馆舍……经历过这些就更能理解"无论你在哪里,祖国都能接你回家。"

"两年多过去了,每每看到书架上被我拿回来的那颗子弹,都会想起那个曾经生活的城市、共同经历生死的亲人们、院子里一草一木。已经上一年级的女儿不止一次说过,等我长大了我要故地重游。"

从 2015 年 3 月 29 日开始的撤侨行动,海军第 19 批护航编队临沂舰、潍坊舰和微山湖舰,10 天内转战 3 国 4 港 1 岛,5 次赴也门安全撤离中外公民共计 897 人,彰显了负责任大国的能力与担当。

也门撤侨行动,是中国第一次使用武装军舰从外国撤侨,并且有武装人员携带武器离舰登岸,展开警戒,设立安全区。这是一个里程碑,标志着中国海军走向全球作战的开端。

（参见《中国外交官亲历也门撤侨:听到军舰来了我眼眶湿了》,《解放日报》,2017 年 08 月 11 日）

问题五：怎样理解经济全球化条件下要弘扬爱国主义？

经济全球化的迅猛深入发展打破了传统社会长期存在的国家、民族之间彼此隔绝、相对封闭的格局，使得人类社会形成了密切联系的"地球村"，与此同时，"民族国家的传统思维方式、行为模式已经过时""民族国家的时代已经过去""爱国主义已经过时"等各种言论甚嚣尘上，西方社会思潮不断冲击着传统爱国主义观念。在经济全球化形势下，我们是否需要弘扬爱国主义精神，如何弘扬爱国主义精神是一个重要且必要的问题，也是一个需要澄清和正确引导的问题。

在经济全球化时代背景下，弘扬爱国主义是必要的、并不过时，它对于中国特色社会主义事业的发展壮大，对于全球社会的健康发展都具有重要的意义。经济全球化背景下弘扬爱国主义与发展新的国际主义是相辅相成的，并不是狭隘的民族主义，而是对经济全球化和爱国主义思想有着深刻认识与理解下做出的清醒而又理性的选择。我们可以从下面三个不同方面来理解这个问题。

第一，经济全球化条件下，尽管国家与国家之间相互联系、相互影响、相互作用的程度在不断加深，但是民族、国家这个实体仍然存在，每个参与全球化活动的个人或者组织都有自己的祖国，国家仍然是本民族整体利益的最具权威的代表者。其一，我们可以看到，客观存在的现实世界仍然是由民族国家构成的世界，国家仍然是民族存在的最高组织形式，是国际社会活动中最强大的独立主体。其二，民族国家之间的界限依然森严，人们的民族国家身份认同（即国籍）仍然是主要的身份认同（如一个人只能享受祖国提供的福利和好处，别国的福利是无法享有的）。虽然经济全球化促进交通的便利发展，实现人们在全世界范围内有条件的贸易往来、交流互动，但是国界并没有消失，也没有带来人员流动的真正自由化。对于大多数人而言，一辈子只能生活在一个国家，个人的生存、发展、荣辱都与特定国家的兴衰联系在一起。国家的不断强大往往使得个人拥有更多选择的自由，包括了流动的自由、不必被迫移动或者移居他国的自由。反之，情况往往令人唏嘘，很多国家难民在世界其他国家的悲惨遭遇足以说明国家对于一个个体来说意味着什么。其三，民族国家利益仍然是各国政府处理国家关系的根本原则（只追求本国利益和本国利益的最大化，不会考虑别国利益），世界主义和人类主义在相当长一段时间内还不足以成为指导和调整国家关系的根本原则。因此，在经济全球化日趋深入的今天，我们每个人仍然无法脱离自己的民族国家"身份"，爱国的对象仍然是自己的祖国，而不是"世界"和"人类"，我们仍然需要弘扬爱国主义，把爱国主义作为个人与民族国家关系的根本准则。

第二,经济全球化背景下,国外敌对势力妄图西化和分化我国的战略未曾改变。冷战结束以后,随着中国综合国力的迅速发展,特别是中国成为世界第二大经济体,中国在世界上的地位和影响力上升,某些国家就认为中国已经成为其潜在的竞争对手,不断采取各种措施遏制、分化中国,特别是和平演变战略。西方国家凭借着经济全球化的条件,利用自身雄厚的经济实力和高科技优势,通过互联网、卫星电视、电台广播等不同媒体,大肆在全球范围内推行西方的价值标准、意识形态和主流价值,很多处于弱势的发展中国家,由于在互联网方面的话语权和控制力较差,对于西方意识形态的攻击和文化的渗透往往无还手之力,自身的核心价值观念受到极大的攻击和弱化,进而影响了国家的主权安全。可见,爱国主义教育在经济全球化的当今世界不仅没有过时,而且十分必要。

第三,当今的全球化主要是经济的全球化,经济的全球化并没有带来政治一体化和文化一体化,相反,经济全球化反而增加了国家之间的竞争。我们应该清楚认识到:当今经济全球化的主导权实际上仍然掌握在少数西方发达国家手中,西方发达资本主义国家是经济全球化的积极推动者,也是最大受益者。他们凭着资本、技术等方面的优势,在对外投资、技术转让、价格制定等方面的主导权和话语权,加大对发展中国家的剥削与压榨,同时,还不断将一些低效率、高污染的产业转移到发展中国家,加剧了发展中国家环境、生态的破坏,扩大了国与国之间的发展差距,激化了国家间的矛盾。在过去几十年的发展历程中,经济全球化的结果是:"资本全球流动,利润流向西方。"[1]广大发展中国家并没有因为追随西方,在经济全球化的浪潮中发展成为现代化的强国,反而成为西方发达国家发展的垫脚石。另外,我们也要看到,少数西方发达国家积极提倡超越国家界限的价值观念,其最终仍然是为了自身跨国公司的利益,而没有一个跨国公司是无国籍的。作为发展中国家的中国,要清醒认识到经济的全球化并不意味着放弃自身经济的独立地位,也不代表着政治一体化和文化一体化,只有捍卫国家主权,才能真正在经济全球化进程中维护国家安全,抵抗各种不良思潮的冲击与挑战,抓住全球化的机遇,不断提升与增强自身的综合国力。

第四,经济全球化背景下,弘扬爱国主义是民族国家团结、生存、发展的旗帜,也是对人类社会稳定健康发展的贡献。在世界多极化发展的今天,发达国家和发展中国家的地位是不同的,处于相对弱势的发展中国家只有团结起来,才能制约发达国家经济文化方面的侵略行为,只有用爱国主义才能最大限度地凝聚本国人民的力量发展自己。就如中国人民团结一致,齐心协力,经历了几十年的栉风沐雨,改革创新,在不断发展自身的同

① 任新民,刘亚建. 全球化进程中的社会主义[M].昆明:云南大学 出版社,2004:119.

时也对世界的发展做出了突出的贡献,自金融危机以来,中国对世界经济增长的贡献率大大超过美国。中国已成为120多个国家和地区的第一大贸易伙伴。中国是发展中国家增长的主要推动力:中国的开发银行向发展中国家提供的贷款超过了世界银行。经济全球化条件下,各主权国家更应该弘扬爱国主义精神,稳定本国经济政治,这既是自身发展的政治基础,也是抵抗霸权主义强权政治的有效手段。

综上所述,经济全球化条件下弘扬爱国主义并没有过时而且也不会过时。爱国主义是历史的、具体的,在社会发展的不同时期具有不同的时代内容,在经济全球化背景条件下,我们如何弘扬爱国主义?可以从下面几个方面进行思考。

第一,不断提高中国的综合国力。面对错综复杂的国际形势,我们需要不断夯实自身的综合国力,提高抵御各种风险挑战的能力。在十九届五中全会上,我们明确提出了要实行高水平对外开放,开拓合作共赢新局面。坚持实施更大范围、更宽领域、更深层次对外开放,依托我国大市场优势,促进国际合作,实现互利共赢。要建设更高水平开放型经济新体制,全面提高对外开放水平,推动贸易和投资自由化便利化,推进贸易创新发展,推动共建"一带一路"高质量发展,积极参与全球经济治理体系改革,畅通国内大循环,促进国内国际双循环。这些关于中国未来对外发展的种种举措,其最终的目的都是为了在经济全球化的背景下,更好地协调国内国际关系,尽快提高增强我国的综合国力。

第二,以开放的心态积极应对各种风险挑战。在经济全球化背景下,国际间的竞争更加激烈和残酷,如此背景下,作为最大发展中国家的我们必须要发展爱国主义精神,不断增强国家的凝聚力和向心力,保证国内经济发展环境的稳定性和安全性,同时提高应对全球经济风险的预测能力和掌控能力,做好相应的战略物资储备,增强国家对国际环境变化的承受能力等。

第三,培养广阔眼界,理性爱国。经济全球化发展需要我们防范狭隘的民族主义和大国沙文主义,正确处理热爱祖国与关爱世界,为祖国服务与尽国家义务,维护世界和平与促进共同发展的关系。同时我们要时刻警惕民族虚无主义、历史虚无主义思潮,反对"全盘西化"和片面抬高西方的媚外心态。要认真了解自己国家的历史,把握当前中国的国情,学习国家未来的发展战略规划,脚踏实地,为全面建设社会主义现代化国家而奋斗。

案例1:对于评论文章《人民网评三论华为事件背后的深意》的思考

日前,连续看了三篇文章,《与其坐而"联想",不如奋起"华为"》《历史的河流上,华为将成为一个生动坐标》和《华为从容的背后,有我们时代的整体加持》,从不同角度谈论

"华为"的选择和决定,见微知著,反映出中国在时代发展过程中遇到的机遇和挑战,在文章中也阐述了在经济全球化的今天,我们如何维护国家的安全与荣誉,如何弘扬爱国主义精神,如何践行爱国行为。

在《与其坐而"联想",不如奋起"华为"》中,我们可以看到,围绕着网络空间中一则"疑似"传闻进行了观点明确、掷地有声的表态,值得我们深思。

一个关于"如何看待联想疑似断供华为办公电脑、服务器的传闻?是否属实?有何影响?"的提问,在舆论场迅速由"疑似"发酵成"联想断供华为"的话题,对于前者的质疑、批评和嘲讽,近乎一边倒地在社交媒体蔓延。5月19日凌晨,联想集团发布声明,表示目前向华为公司供货正常。华为公司也向媒体表示,联想对华为的办公电脑和服务器停止供应的消息是"谣言"。面对这样的"谣言"以及背后的舆论反映,作者从主要矛盾和次要矛盾,从主要方面和次要方面,深入进行了思考,指出了"舆论"背后,归根到底,美国的极限施压,采取各种手段阻击华为,才是问题的缘起,更是问题的关键和根本所在。同时,作者也指出了,离开这个基本的事实和总体的背景,所有的讨论都会瞄错了靶子、模糊了焦点。从这个逻辑起点出发,如果为了枝节问题群情激愤,比如一味讨伐所谓的"断供者",始作俑者反倒成了置身事外的看客,我们就十分有必要对这样的情绪保持高度警惕。在美国动用国家力量打击华为的关键阶段,用不知从何而来的传闻"传播"中国企业之间所谓的嫌隙,撕裂舆论共识,激化公众情绪,动机暂且不论,效果却是"搅混水"层级的,受益者显然不是我们。许多亲痛仇快的事情,就是在盯着芝麻、无视西瓜的情境中形成的,"断供"传闻不应该成为舆论场上的一个新案例。另一方面,我们在阅读文章的过程中,也看到了作者指出了华为面对如此遭遇时的反映:就在美国商务部将华为纳入"实体名单"之后,华为子公司海思公司宣布一直作为"备胎"的海思芯片全部"转正"。之前的独立研发芯片之路,被称为"科技史上最为悲壮的长征",背后的支点是居安思危的危机意识和务实奋进的实干精神。中华文明源远流长,是世界古代文明中唯一没有中断而延续至今的,原因有很多,但是危机意识和实干精神一定是其中最为重要的元素。"备胎转正"是这些元素的最新呈现。与其坐而论道,被各种传闻牵着鼻子走,做一些无谓的"联想",不如奋起直追,对中华文明的赓续有所作为。这是"断供"传闻给我们最现实的启示。

在该篇文章之中,我们可以看到,面对经济全球化的激烈竞争,我国依然会继续前进,在种种各种困难、障碍和挑战,特别是面对来自外部的倾轧,消除内部的纷扰的情况下,我们要做好自己的事情,团结一致,众志成城。

在《历史的河流上,华为将成为一个生动坐标》中,作者在观看了任正非在华为深圳总部接受媒体采访时的谈话后,深有感触,针对其中的一些论断,提出了颇具价值的论断:一是没有谁能抽离时代而踽踽独行,也没有谁不被时代气质所涵养。"国家一定要更开放,开放才有未来"。任正非是改革开放的见证者,也是改革开放的参与者。改革开放塑造了中国企业家的气质,中国企业家也在不断"刷新"改革开放的风貌。任正非身上体现出的开放气度,折射了中国改革开放年代的总体精神气质。这种精神气质,是中国企业不断发展壮大的精神支撑,也是中国发展的内在动力。世界潮流,浩浩荡荡,是打开国门还是关闭大门?是共创繁荣还是孤芳自赏?答案不言自明。以华为为代表的中国企业,顺应了全球化背景下的世界发展大势,契合了历史发展潮流,势必获得更多的正向回馈。中国企业是善于学习的企业,中华民族是善于学习的民族。葆有这样的大局观和胸怀,我们就不会陷入局部发展利益的窠臼;秉持这种精神气质奋力前行,我们就能取得更为丰饶的成就。世界十大互联网企业,中国占据四席;一批批中国企业在国内风生水起,也积极走出国门,为世界经济做出应有贡献,就是最好的佐证。二是爱国不是喊口号,也不是空洞而抽象的表达。华为是中国的企业,是享誉中外的中国品牌,这是不争的事实,但是,华为手机中的软硬件是世界先进科技的集成精华。"如果认为不买华为就是不爱国,那我们孩子就是不爱国,因为他们也用苹果产品。"从这个角度看,任正非的认知是有高度的,也是有深意的,值得细细品味。

在该篇文章中,我们能够认识到,经济全球化的今天,中国的发展、中国企业的发展,都要积极融入世界,要把握好时与势,在深度切入国家发展和世界大势中审视我们所做的一切,这才是真正有益的爱国主义。在新的历史时期,爱国主义只有把国家利益同世界大势统合在一起,才能迸发出切实的推动力。

最后一篇文章《华为从容的背后,有我们时代的整体加持》,则从更加宏观的角度去审视,中国经济发展处于怎么样的时代?我们该以怎样的态度去面对?

文章中,我们看到,女儿被抓、产品被禁,面对美国的极限施压,身为一位父亲,作为一名企业家,即便是有激烈的抱怨、愤怒和反击,都可以找到令人理解的支点和空间。但是,任正非的答问却向世界展示了中国企业家的格局与胸怀。全世界的理性力量,都可以从中看到身处这个时代的中国人,正在如何看待自己、如何看待世界、如何思考人类未来。那么,为什么能够做到这样呐?那是因为华为在同世界一流企业长期的竞争合作中真切体会到,我们自己能行!这种从容还在于,清醒认识到同以美国为代表的发达国家相比,我们还有很大差距,尤其是核心科技、基础技术方面还不能比肩,这需要我们不断提升与完善。绝不妄自尊大,也不妄自菲薄,这才是从容这枚硬币的两面,华为的这种回应源于时代的历练。

通过这篇文章,我们也能够看到,经济全球化背景下,我们的企业发展抑或是个人发展,都要懂得审视自己所处的时代,正确审视自己所处的环境。华为的从容,背后是时代自信的整体加持,同时又为这种自信输入了更多值得珍视的力量!每个人都是这个时代的一员,要珍惜所处的时代,也要为这个时代奉献自己的力量。

案例2:做新时代的理性爱国者

今年6月,美国《华尔街日报》报道,苹果公司将本土最后的生产线转移至中国。路透社评论说,中国是苹果手机的关键市场,也是苹果产品的主要生产中心;在截至3月份的季度里,苹果公司总收入的近18%来自大中华区。

沃尔玛、家乐福超市遍布中国的大城市,日本、欧洲的商业街上,可以看到华为的广告和店面;玻璃大王曹德旺在美国建立了自己的工厂……

我们享受着全球化所带来的福利和便捷,也面对不断汹涌的反对全球化的民粹主义和贸易保护主义浪潮。世界不是变"平"了吗? 远没有这么简单,全球化打破了经济壁垒,但是民族、文化、人心隔阂的壁垒,反倒有强化之势。

此时,我们讨论爱国主义,必然要考虑到全球化这个至关重要的因素。如果说,在曾经的人类历史中,国与国之间更像一个黑暗丛林,充满了残酷的掠夺与竞争,那么,全球化时代,国与国之间的关系,则是利益相互交织,变得更为错综复杂。

"这个世界,各国相互联系、相互依存的程度空前加深,人类生活在同一个地球村里,生活在历史和现实交汇的同一个时空里,越来越成为你中有我、我中有你的命运共同体。"没有一个国家能够孑然独立于世界之外,在一系列的利益交织中,很难再有一边倒的博弈,更多的是相互妥协共同发展。作为一个受益于全球化正在崛起国家的爱国者,我们要积极做全球化的维护者。

中国的发展离不开世界,世界的繁荣也需要中国。中国发展到今天,已全面融入世界,需要走出去,也必须走出去,"一带一路"倡议的实施,更要求我们带着全球思维和共赢意识去看待世界、看待别国、看待自己。增强互联互通,发挥比较优势,畅通全球市场,共谋发展进步,这不仅有利于世界的和平、繁荣与发展,也符合中国与中华民族的利益,这也是一种爱国,只是它不再狭隘地"一国至上",而是在共赢的思维下,去推进国家的崛起。

[参见《中国青年报》:《做新时代的理性爱国者——写在新中国成立70周年之际(下)》,2019年9月26日01版]

本 章 小 结

实现中国梦必须弘扬中国精神,这就是以爱国主义为核心的民族精神和以改革创新为核心的时代精神,中国梦是民族精神和时代精神的统一,中国精神是兴国强国之魂,是实现中华民族伟大复兴的精神支撑和精神动力。在经济全球化的时代条件下,爱国主义并不过时,反而具有更为丰富的内涵和鲜明的时代特征,作为新时代的大学生,要坚持爱国主义与爱党、爱社会主义相统一,维护祖国统一和民族团结,要注意尊重和传承中华民族历史和文化,要树立国际视野,立足民族又面向世界,以合理合法的方式理性爱国。同时,要敢于并善于迎接新时代的挑战,弘扬改革创新的时代精神,树立创新的自觉意识,不断夯实学识,在实践生活中增强创新能力和本领,争做改革创新生力军,为全面建设社会主义现代化国家奉献青春力量。

第四章　践行社会主义核心价值观

本章重难点

(一)社会主义核心价值观的基本内容

(二)培育和践行社会主义核心价值观的重大意义

(三)坚定核心价值观自信的原因

(四)如何做社会主义核心价值观的积极践行者

问题一:如何理解社会主义核心价值观与文化软实力之间的关系

党的十九大报告指出:"文化是一个国家、一个民族的灵魂。文化兴国运兴,文化强民族强。没有高度的文化自信,没有文化的繁荣兴盛,就没有中华民族伟大复兴。"文化的影响力首先表现为其价值观的影响力。核心价值观决定了国家文化软实力的深度和强度。社会主义核心价值观是意识形态的高度凝练和集中表达。意识形态问题事关党的前途命运,事关国家长治久安,如果一个国家或政党失去意识形态领域的主导权则会导致亡党亡国

坚持和发展中国特色社会主义,必须坚持正确的价值取向,充分发挥社会主义核心价值观在文化软实力建设中的重要作用,不断巩固和加强意识形态领域阵地。

(一)社会主义核心价值观对文化软实力建设具有引领作用

社会主义核心价值观是社会主义意识形态的反映,是中国特色社会主义先进文化的灵魂,对我国文化软实力建设具有重要的引领作用。随着我国改革进入深水期,社会经济结构、利益分配格局发生深刻的变化,出现许多新的阶段性特征。其中,利益多元化导致在意识形态领域表现出价值观多元化的特征。加之在经济全球化的大背景下呈现出的文化多元化态势不断发展,中西方文化交流日益密切频繁,西方文化及价值观或主动、或被动的涌入我国,造成各种思潮交流碰撞,形成先进的和落后的、健康的和腐朽的思想观念交织并存的局面。

在价值观多元化的社会,如果缺少强有力的居于主导作用的价值观必然导致大众价值观模糊、思想混乱、行无依归,甚至引发社会动荡。社会主义核心价值观贯穿于政治、经济、文化、社会生活之中,从国家、社会、个人三个层面将国家价值目标、社会价值追求、公民价值准则统一起来,引领发展积极健康的主流意识形态,为我国文化软实力建设提供正确的价值导向,引领我国文化软实力建设始终确保社会主义的性质和方向。

案例1:董存瑞、黄继光英雄烈士名誉权纠纷公益诉讼案

为在全社会营造培育和践行社会主义核心价值观的良好氛围,2020年人民法院发布了弘扬社会主义核心价值观十大典型民事案例。其中,以保护革命英烈、当代英烈为主旨的杭州市西湖区人民检察院诉瞿某某侵害烈士名誉权公益诉讼案、淮安市人民检察院诉曾某侵害烈士名誉权公益诉讼案对通过司法公正培育和践行社会主义核心价值观起到了很好的示范作用。

瞿某某在其经营的网络店铺中出售两款贴画,一款印有"董存瑞舍身炸碉堡"形象及显著文字"连长 你骗我! 两面都有胶!!",另一款印有"黄继光舍身堵机枪口"形象及显著文字"为了妹子,哥愿意往火坑跳!"杭州市某居民在该店购买了上述印有董存瑞、黄继光宣传形象及配文的贴画后,认为涉案网店经营者侵害了董存瑞、黄继光的名誉并伤害了其爱国情感,遂向杭州市西湖区检察院举报。

西湖区检察院发布公告通知董存瑞、黄继光近亲属提起民事诉讼。公告期满后,无符合条件的原告起诉,西湖区检察院遂向杭州互联网法院提起民事公益诉讼。

杭州互联网法院认为,英雄烈士是国家的精神坐标,是民族的不朽脊梁。英雄烈士董存瑞在解放战争中舍身炸碉堡,英雄烈士黄继光在抗美援朝战争中舍身堵枪眼,用鲜血和生命谱写了惊天动地的壮歌,体现了崇高的革命气节和伟大的爱国精神,是社会主义核心价值观的重要体现。任何人都不得歪曲、丑化、亵渎、否定英雄烈士的事迹和精神。被告瞿某某作为中华人民共和国公民,应当崇尚、铭记、学习、捍卫英雄烈士,不得侮辱、诽谤英雄烈士的名誉。其通过网络平台销售亵渎英雄烈士形象贴画的行为,已对英雄烈士名誉造成贬损,且主观上属明知,构成对董存瑞、黄继光的名誉侵权。同时,被告瞿某某多年从事网店销售活动,应知图片一经发布即可能被不特定人群查看,商品一经上线便可能扩散到全国各地,但其仍然在网络平台发布、销售上述贴画,造成了恶劣的社会影响,损害了社会公共利益,依法应当承担民事法律责任。该院判决瞿某某立即停止侵害英雄烈士董存瑞、黄继光名誉权的行为,即销毁库存、不得再继续销售案涉贴画,并于判决生效之日起十日内在国家级媒体公开赔礼道歉、消除影响。

董存瑞、黄继光等英雄烈士的事迹和精神是中华民族共同的历史记忆和宝贵的精神财富。对英烈事迹的亵渎,不仅侵害了英烈本人的名誉权,给英烈亲属造成精神痛苦,也伤害了社会公众的民族和历史感情,损害了社会公共利益。互联网名誉侵权案件具有传播速度快、社会影响大等特点,该两案系全国首次通过互联网审理涉英烈保护民事公益诉讼案件,明确侵权结果发生地法院对互联网民事公益诉讼案件具有管辖权,有利于高效、精准打击利用互联网侵害英雄烈士权益不法行为,为网络空间注入尊崇英雄、热爱英雄、景仰英雄的法治能量。

（参见:中国法院网,2020 年 5 月 13 日,https://www. chinacourt. org/index. php/article/detail/2020/05/id/5214644. shtml）

案例2:淮安谢勇烈士名誉权纠纷公益诉讼案

江苏省淮安某小区一高层住宅发生火灾,消防战士谢勇在解救被困群众时坠楼壮烈牺牲,公安部和江苏省有关部门追认谢勇同志"革命烈士"称号,追记一等功以及追授谢勇"灭火救援勇士"荣誉称号。被告曾某对谢勇烈士救火牺牲一事在微信群中公然发表"不死是狗熊,死了就是英雄""自己操作失误掉下来死了能怪谁,真不知道部队平时是怎么训练的""别说拘留、坐牢我多（都）不怕"等侮辱性言论,歪曲烈士谢勇英勇牺牲的事实。谢勇的近亲属表示对曾某的侵权行为不提起民事诉讼,并支持检察机关提起诉讼追究曾某侵权责任。江苏省淮安市人民检察院遂向淮安市中级人民法院提起民事公益诉讼,请求判令曾某通过媒体公开赔礼道歉、消除影响。

淮安市中级人民法院认为,英烈精神是弘扬社会主义核心价值观和爱国主义精神的体现,全社会都应当认识到对英雄烈士合法权益保护的重要意义,有责任维护英雄烈士的名誉和荣誉等民事权益。本案中,被告曾某利用微信群,发表带有侮辱性质的不实言论,歪曲烈士谢勇英勇牺牲的事实。因该微信群成员较多且易于传播,被告的此种行为对谢勇烈士不畏艰难、不惧牺牲、无私奉献的精神造成了负面影响,已经超出了言论自由的范畴,构成了对谢勇烈士名誉的侵害。网络不是法外之地,任何人不得肆意歪曲、亵渎英雄事迹和精神。诋毁烈士形象是对社会公德的严重挑战,被告曾某的行为侵犯社会公共利益,该院判令曾某应当在当地地级市一级报纸上公开赔礼道歉。

该案是《中华人民共和国英雄烈士保护法》实施后全国首例适用该法进行审判的案件,是以检察机关提起公益诉讼方式保护当代消防英烈名誉、维护社会公共利益的典型案例。本案中,谢勇烈士的英雄事迹和精神为国家所褒扬,成为全社会、全民族宝贵的精神遗产,其名誉、荣誉等人格权益已经上升为社会公共利益,不容亵渎。曾某利用成员众多、易于传播的微信群,故意发表带有侮辱性质的不实言论,歪曲烈士谢勇英勇牺牲的事实,诋毁烈士形象,已经超出了言论自由的范畴,侵害了谢勇烈士人格权益和社会公共利益,应承担相应的法律责任。本案裁判顺应时代要求,回应民众呼声,通过释法说理匡扶正义,传播社会正能量,弘扬时代主旋律,对营造崇尚英烈、敬重英烈、捍卫英烈精神的社会环境以及引导公众树立正确的历史观、民族观、文化观,起到积极作用。

(参见:中国法院网,2020 年 5 月 13 日,https://www.chinacourt.org/article/detail/2020/05/id/5214649.shtml)

(二)社会主义核心价值观对文化软实力建设具有凝聚作用

文化软实力主要体现在一个国家的凝聚力上,文化软实力就是通过人们对社会主义核心价值观的认同,培育以爱国主义为核心的民族精神和以改革创新为核心的时代精神、共同认可的道德规范、达成一致的奋斗目标、不断增强民族向心力。习总书记曾在视察北京大学同师生们座谈时指出:"我国是一个有着 13 亿多人口,56 个民族的大国,确立反映全国各族人民共同认同的价值观'最大公约数',使全体人民同心同德,团结奋进,关乎国家前途命运,关乎人民幸福安康。"社会主义核心价值观的认同程度是当今中国凝聚力的突出体现。社会主义核心价值观是全国人民共同认可的价值理念,符合全国人民共同的根本利益。社会主义核心价值观从国家、社会、公民三个层面最大程度上弥合分歧,弘扬社会主旋律,为坚持和发展中国特色社会主义提供了强大的精神支撑。通过不断深化与加强全社会对社会主义核心价值观的认同,将社会主义核心价值观深入人心,有利于巩固全国人民建设中国特色社会主义事业的共同理想,凝聚全社会的力量和智慧致力于实现中华民族伟大复兴梦的实践中去。

(三)社会主义核心价值观提升文化软实力的竞争力

习近平同志强调:"我们要在全社会牢固树立社会主义核心价值观,全体人民一起努力,通过持之以恒的奋斗,把我们的国家建设得更加富强、更加民主、更加文明、更加和谐、更加美丽,让中华民族以更加自信、更加自强的姿态屹立于世界民族之林。"[1]一个国家的文化软实力的强弱直接关系到其在国际竞争中是否具有强大的话语权。改革开放以来,中国越来越向世界敞开胸怀,中国人民也越来越多地了解西方社会,但是,当今中国社会对西方的了解程度与西方社会对真实的中国情况的了解程度是不平衡的。西方仍然有一批反华势力和反华媒体戴着"有色眼镜"看中国,妖魔化、污名化中国,并有一大批被反华政客和媒体蛊惑的西方民众对中国缺少客观真实的认识。

改革开放四十多年来中国经济迅猛发展、综合国力显著提升、人民生活水平显著提

---

[1] 《习近平谈治国理政(第一卷)》[M].北京:外文出版社,2018:169.

高,取得了世界瞩目的成就。中国特色社会主义制度在与西方资本主义制度的比较中具有明显的制度优势,中国人民的凝聚力进一步加强,"中国模式"的成功更加凸显了"中国价值"的正确。但是,西方反华势力及其操纵的反华媒体却颠倒黑白、混淆是非、无视事实大搞"双标",对中国进行百般诋毁和污蔑。中国政府对西方反华政客和媒体的抹黑给予了坚决的反击。但是,从另一个侧面也反映出我们还需要更强大的话语权,更大声的发出"中国声音"。过去我们常说"落后就要挨打",今天我们还要加上一句"失语就要挨骂"。随着中国综合国力和国际地位日益提升,越来越走向世界舞台的中央,在维护世界和平、促进全人类共同发展问题上发挥的作用日益重要,我们需要建立与自身国力和国际地位相匹配的国际话语权。文化软实力越强,就拥有越强的话语权和主动权。社会主义核心价值观不仅内涵于"四个自信"之中,而且为中国特色社会主义制度的进一步发展和完善提供了价值导引和坚实的思想基础。中国特色社会主义制度的成功实践和未来的光明前景是我们坚定"四个自信",争取更大话语权的最强硬的底气。

案例3:提高国家文化软实力 建设文化强国

党的十九届五中全会审议通过的《中共中央关于制定国民经济和社会发展第十四个五年规划和二〇三五年远景目标的建议》明确提出到2035年建成文化强国的战略目标,并以专门一个部分阐释"繁荣发展文化事业和文化产业,提高国家文化软实力",为今后文化发展谋篇布局、擘画蓝图。站在"两个一百年"奋斗目标的历史交汇点上,新时代中国特色社会主义文化建设即将开启新征程。

文化兴国运兴,文化强民族强。"党的十九届五中全会提出了到2035年建成文化强国的战略目标。"中国艺术研究院党委书记、院长韩子勇认为,"这是以习近平同志为核心的党中央基于历史和现实、着眼全局和长远作出的战略决策,标志着我国文化建设在'两个一百年'奋斗目标接续推进中进入了一个新的历史阶段。"

党的十九届五中全会审议通过的《建议》明确提出,坚持马克思主义在意识形态领域的指导地位,坚定文化自信,坚持以社会主义核心价值观引领文化建设,加强社会主义精神文明建设,围绕举旗帜、聚民心、育新人、兴文化、展形象的使命任务,促进满足人民文化需求和增强人民精神力量相统一,推进社会主义文化强国建设。

"坚定文化自信,让完善和发展中国特色社会主义伟大事业增强了文化底蕴和价值底气。没有高度的文化自信,没有文化的繁荣兴盛,就没有中华民族伟大复兴。"《建议》明确建成文化强国的战略目标,吹响了增强"四个自信"、凝聚人心力量、继续向着第二个百年奋斗目标昂首进发的冲锋号。

文化是民族生存和发展的重要力量。"十三五"期间,以习近平同志为核心的党中央高度重视文化事业和文化产业发展。"过去几年中,习近平同志赴地方调研考察时,都高度重视当地的文化建设工作。党的十九届五中全会闭幕不久,习近平同志在江苏省南京市主持召开全面推动长江经济带发展座谈会时强调,要把长江文化保护好、传承好、弘扬好,延续历史文脉,坚定文化自信。"韩子勇说,"坚持走中国特色社会主义文化发展道路,以文化凝心聚力、以文明交流互鉴,中华民族必将以更加自信、更加自强的姿态屹立于世界民族之林。"

中华民族的伟大复兴,离不开中华文化的繁荣兴盛;中华文化的繁荣兴盛,需要中华文化的当代创造。党的十八大以来,我国文化建设有了崭新格局和气象:《湄公河行动》《流浪地球》《我和我的祖国》等口碑和票房俱佳的影视作品一部接一部出现;京剧名家张火丁走进纽约林肯中心,成功演出全本京剧《白蛇传》《锁麟囊》;上海昆剧团将汤显祖的"临川四梦"首次完整搬上舞台并开启世界巡演,所到之处盛况空前;莫言、曹文轩、刘慈欣等一批中国作家,站到了世界最高领奖台上……

"但要看到,我们的文艺创作有数量缺质量、有高原缺高峰的现象没有彻底改变,出精品、攀高峰,依然是摆在我们面前的一项重大任务。"韩子勇表示,"可喜的是,在这个问题上,党的十九届五中全会提出了明确要求,对'十四五'期间繁荣发展文化事业和文化产业,提高国家文化软实力作出全面部署。文化艺术界要加强对精品创作的组织策划,集中优势资源和精英团队合力攻坚。"

广大文艺工作者要自觉站在时代高处,积极投身现实、烛照现实,从民族伟大复兴的历史进程中、推动经济高质量发展的生动实践中、中华民族独具特色的历史文化中汲取营养、提炼主题,打造更多思想精深、艺术精湛、制作精良、群众喜爱的优秀作品。

求木之长者,必固其根本;欲流之远者,必浚其泉源。"在全面建成小康社会后,我国将开启全面建设社会主义现代化国家的新征程。"韩子勇指出,这就需要进一步提升国家文化软实力,大力推进文化事业和文化产业的繁荣和发展。

"越是接近实现中华民族伟大复兴的目标,就越要重视文化的价值,越要加强文化建设,为我们攻坚克难、砥砺前行提供坚强的思想保证、强大的精神力量、丰润的道德滋养。"必须坚持以人民为中心的创作导向,建立健全文化产品创作、生产、传播的引导激励机制,坚持百花齐放、百家争鸣,坚持创造性转化、创新性发展,不断铸就中华文化新辉煌,让更多有新时代特色的文化扛鼎之作,在中国文化的广阔星空中绽放光芒。

党的十九届五中全会审议通过的《建议》明确提出,要"提高社会文明程度"。"提高社会文明程度"是在完成第十三个五年规划目标、全面建成小康社会的基础上,对社会文明进步与发展的预判与愿景,是一项承前启后的部署。

社会文明程度是社会进步发展的表征,也是发展的基础和动力。潘鲁生认为:"'提高社会文明程度'是对传承中华优秀传统文化、提高民族创新创造力等一系列举措和需要的概括与呼应。这对于指导我们从更高层次认识各项文化事业和基层工作，从更长久的意义上理解教育、创作、科研等各领域工作的目标和方向，从更核心的价值层面把握科学、艺术等各方面发展方向具有重要意义。"

从实现中华民族伟大复兴的意义上看，"提高社会文明程度"包括对中华优秀传统文化的继承和发展，以及新的发展条件下民族的创新性、创造性发展，从而实现历史、当下以及未来贯通式的复兴。从文明转型变迁的意义上看，"提高社会文明程度"要求我们在具体工作中关注和研究社会发展的文化变迁、需求和规律，从文明高度和视野求解文化命题。比如，在乡村要传承和发展好优秀的乡土文化传统，使人民群众物质上富裕、精神上富足；在家庭、在社区，要以民间文艺等人民群众喜闻乐见的样式培育和弘扬社会主义核心价值观，形成良好的社会风尚。

"提高社会文明程度"是一件尽精微而至广大的事业，既见于生活细节，又化于无形的意识形态，能够成为提升发展的持续动力。落实《建议》关于"提高社会文明程度"的重要表述，我们需要实现的不只是一个具体的成果或量化的指标，更是一种深入、持久的提升和推进，这就要求我们在社会教育、文艺创作、舆论宣传、公共文化等方面齐发力，使全社会各方面树立坚定的理想信念，行稳致远。

第一是要推动理想信念教育常态化制度化。加强党史、新中国史、改革开放史、社会主义发展史教育，加强爱国主义、集体主义、社会主义教育。第二是要加强公民道德建设，实施文明创建工程，拓展新时代文明实践中心建设。第三是加强行为规则、公约性的道德建设，弘扬诚信文化，推进诚信建设，使公约守则内化于心、外化于行。第四是要加强网络文明、网络伦理建设，完善网络社会信用体系，营造良好的网络生态、网络秩序。

"提高社会文明程度"是从我国社会和文化发展的实际出发作出的目标指向，将直接指导我们的教育事业、文化事业等各方面发展，不断提高教育水平、国民素质与公共文化服务等文化事业发展水平，从而全面提升社会的创造力和发展活力。

提升公共文化服务水平 惠民乐民。党的十九届五中全会对文化建设高度重视并指出，"要提高社会文明程度，提升公共文化服务水平，健全现代文化产业体系"。随着全面建成小康社会任务即将完成，广大人民群众对于文化事业部门所提供公共文化产品的需求日益增强，这就要求我们不断提升公共文化服务水平。

"不断满足广大人民群众高品质、多样态的公共文化需求，重点要从两方面入手。一是要提高公共文化服务供给的精准度。当前我国公共文化服务供给与需求错配的结构性矛盾比较突显，基础设施布局不合理，服务内容与人民群众的喜好不匹配。提高公共文化服务水平就要从增强适应性和灵活度上下功夫，在兜底式的基本服务基础上转变为根据不同群体、不同地域、不同场景提供群众丰富多样、喜闻乐见的产品和服务。二是要提高公共文化服务的效能。当前,我国已初步建立了覆盖全面的基本公共文化服务体系,但还需要深度整合现有的基础设施,加快推动公共文化服务数字化进程,广泛吸纳社会各方面力量参与,从而实现公共文化服务效能最大化。"文化繁荣,才能惠民乐民。"十三五"期间,我国公共文化服务持续投入不断增长,公共文化服务已经从"有没有"转变为"好不好":截至2019年底,全国共有博物馆5535家、美术馆559个、公共图书馆3196个;2019年,中央财政安排公共文化服务体系建设相关资金225亿元;2017年3月1日,《中华人民共和国公共文化服务保障法》正式实施……

但是,就全国范围而言,公共文化服务保障工作仍存在地区之间、城乡之间不平衡的问题。为此,《建议》明确指出,"推进城乡公共文化服务体系一体建设,创新实施文化惠民工程"。

越来越多的城市正积极将文化建设作为引领区域转型发展的强大动力和重要支撑。很多地方将基层公共文化设施社会化运营作为推动现代公共文化服务体系建设提质增效、实现高质量发展的重要方式,引进专业机构运营全区各街道综合文化中心和部分社区文化室,从而更好地满足群众需求。

要变单纯依靠政府投入的"单向输血"为多方参与、共建共赢的"良性循环"。要形成投入主体多元、服务主体多元、管理主体多元的发展格局,有利于提升公共文化服务整体效能和质量水平。

只有紧随时代发展,不断创新形式,提高文化供给的质量,才能促进满足人民文化需求和增强人民精神力量相统一,推进社会主义文化强国建设。

（参见:《光明日报》,2020年11月26日）

（四）中国共产党积极培育和践行社会主义核心价值观的发展历程

中共中央办公厅日前印发的《关于培育和践行社会主义核心价值观的意见》明确提出,以"三个倡导"为基本内容的社会主义核心价值观,与中国特色社会主义发展要求相契合,与中华优秀传统文化和人类文明优秀成果相承接,是我们党凝聚全党全社会价值共识作出的重要论断。这一论述表明,社会主义核心价值观的发展形成,经历了一个长期的探索过程,为此,光明日报特别约请戴木才研究员就此话题展开论述。

新民主主义革命时期核心价值观的培育和践行

中国共产党的性质,决定了在不同的历史时期我们党对核心价值观的培育践行虽然具有不同的历史内涵,但在本质上必然是一脉相承的。一般而言,"社会主义"作为我国新民主主义革命的目标,其价值观念和理想追求,必然贯穿于新民主主义始终。在一定意义上,必然成为我国新民主主义革命时期培育和践行核心价值观的主体内容。

一是马克思主义及其中国化理论体系是新民主主义时期培育核心价值观的指导思想和理论基石。我们党自1921年成立的那一天起,就明确以马克思主义为指导思想,以社会主义、共产主义为奋斗目标。经过我们党对"什么是马克思主义、怎样坚持马克思主义"这一问题的艰辛探索,并通过反对教条主义、本本主义的一系列斗争,最终确立了马克思主义的指导地位。马克思主义和社会主义的根本价值取向和价值追求,为我国新民主主义革命时期培育核心价值观奠定了理论基石。

二是"为人民服务"是新民主主义革命时期核心价值观的根本内容和精神动力。马克思说:"过去的一切运动都是少数人的或者为少数人谋利益的运动。无产阶级的运动是绝大多数人的、为绝大多数人谋利益的独立的运动。"在著名的演讲《为人民服务》中,毛泽东深刻阐述了中国共产党的根本宗旨。毛泽东说:"我们的共产党和共产党所领导的八路军、新四军,是革命的队伍。我们这个队伍完全是为着解放人民的,是彻底地为人民的利益工作的。""为人民服务"的根本宗旨和价值取向,为整个新民主主义革命提供了强大的精神动力。

三是推翻"三座大山"、最终建立社会主义是新民主主义革命的目标和核心价值观的实践主题。新民主主义革命的历史任务,是推翻帝国主义、官僚资本主义和封建主义"三座大山"。正是基于这种清醒认识,中国共产党领导中国人民进行新民主主义革命,明确中国革命的目的是最终走向社会主义,建立人民共和国。

四是集中体现为"建立一个独立、自由、民主、统一和富强的新中国"的新民主主义纲领。毛泽东对我国新民主主义革命的奋斗目标进行了深入思考,响亮地提出了"建立一个独立、自由、民主、统一和富强的新中国"的新民主主义纲领。他说:"我们共产党人从来不隐瞒自己的政治主张。我们的将来纲领或最高纲领,是要将中国推进到社会主义社会和共产主义社会去的,这是确定的和毫无疑义的。""独立、自由、民主、统一和富强"深刻、集中、高度地体现了近代以来中华民族面临的两大历史任务,针对性强,价值指向明确。

五是广泛深入开展社会主义共产主义思想道德教育。中国共产党自成立后就非常重视用社会主义和共产主义思想道德教育党员干部。抗日战争时期,毛泽东写下了《纪念白求恩》《为人民服务》等光辉著作,号召共产党员加强共产主义道德修养,做道德高尚的人;刘少奇在《论共产党员的修养》中指出:"要有无产阶级的思想意识和道德品质的修养。"在党的七届二中全会上,我们党提出了要继续保持谦虚谨慎、不骄不躁的优良传统和艰苦奋斗的优良作风。

社会主义革命与建设时期核心价值观的培育和践行

新中国的建立,标志着我们党胜利地完成了国家独立、民族解放第一大历史任务。之后,我们党开始了从新民主主义革命向社会主义建设的伟大历史转变。社会主义基本政治制度、基本经济制度的确立和以马克思主义为指导思想的社会主义意识形态的确立,为社会主义核心价值体系建设奠定了政治前提、物质基础和文化条件。

一是马克思主义毛泽东思想得到广泛深入传播。新民主主义革命的胜利,证明了马克思主义、毛泽东思想是指引中华民族走向国家独立和民族解放的科学理论武器。中国共产党在巩固新生的人民民主政权、进行土地改革和民主改革、恢复国民经济发展的同时,开展了广泛宣传马克思主义、毛泽东思想、改造知识分子等一系列意识形态建设工作,奠定了马克思主义指导思想、社会主义意识形态的雄厚基础。

二是提出了实现"四个现代化"的宏伟设想。新中国成立后,建设一个什么样的社会主义国家,成为我们党考虑一切问题的出发点和落脚点。面对旧中国的贫穷落后和一穷二白,我们党把走向繁荣富强作为国家建设的最主要的现实目标,在社会主义工业化基础上,我们党于 1964 年 12 月提出了建设"四个现代化"的社会主义强国的宏伟战略目标,成为一面动员、凝聚、鼓舞全党全国各族人民团结奋斗的伟大精神旗帜。

三是广泛开展了以爱国主义社会主义集体主义和为人民服务为主要内容的社会主义思想道德建设。在社会主义革命和建设时期,我们党开展了广泛的社会主义思想道德建设,在全社会道德领域除旧布新,宣传和发展新的思想道德观念,涌现出了雷锋、王进喜、焦裕禄、南京路上好八连等一批社会主义道德的先进典型,在全国形成了爱祖国、爱人民、爱劳动、爱科学、爱社会主义和大公无私、服从大局、艰苦奋斗、廉洁奉公等优良社会风气。

四是培育了伟大的民族精神和时代精神。从新中国建立至改革开放前,我们党带领全国人民展开了全面建设社会主义的伟大实践,建立了比较完整的工业体系和国民经济体系,石油工业、"两弹一星"事业取得了举世瞩目的成就。伟大的时代培育了伟大的民族精神和时代精神,培育了独立自主、自力更生、无私奉献、全心全意为人民服务、不怕困难、勇于攀登的精神品质,培育了抗美援朝精神、雷锋精神、"两弹一星"精神、大庆铁人精神、红旗渠精神等民族精神和时代精神的典范。

改革开放新时期社会主义核心价值观的培育和践行

改革开放以来,我国社会主义意识形态建设不断进行新的探索,提出了从建设社会主义核心价值体系到以"三个倡导"积极培育和践行社会主义核心价值观的重要论断和战略任务。

一是始终坚持发挥马克思主义指导思想的主导作用。党的十一届三中全会重新恢复和确立实事求是的思想路线,从根本上扭转了"文化大革命"的"左"倾错误。通过拨乱反正,坚持把马克思主义与改革开放和我国社会主义现代化建设伟大实践相结合,不断推进了马克思主义中国化,科学地继承了毛泽东思想,创立了邓小平理论、"三个代表"重要思想、科学发展观等马克思主义中国化最新成果,马克思主义在我国意识形态领域的指导地位不断巩固和发展。

二是始终坚持用中国特色社会主义共同理想凝聚力量。在改革开放新时期,建设中国特色社会主义,逐渐成为全党全国各族人民共同理想的主要内容,成为我国思想政治教育和思想道德建设工作的重要内容和重要组成部分。党的十六届六中全会把中国特色社会主义共同理想确定为社会主义核心价值体系的重要内容。中国特色社会主义共同理想,是实现中华民族伟大复兴的必由之路,是全国各族人民团结奋斗的强大动力。

三是坚持以爱国主义为核心的民族精神和以改革创新为核心的时代精神鼓舞斗志。在改革开放新时期,加强爱国主义教育,弘扬和培育民族精神,成为我国社会主义文化建设极为重要的任务。党的十六届六中全会明确地把以改革创新为核心的时代精神与以爱国主义为核心的民族精神一道,确立为社会主义核心价值体系的基本内容。

四是高度重视社会主义道德建设和社会主义荣辱观在社会风尚中的引领作用。以"八荣八耻"为主要内容的社会主义荣辱观,继承和发展了我们党关于社会主义思想道德建设褒荣贬耻、扬荣抑耻的思想,继承了我国古代的"知耻"文化传统,同时又赋予了新的时代内涵,深化了我们党对社会主义道德建设规律的认识,党的十六届六中全会把社会主义荣辱观确定为社会主义核心价值体系的重要组成部分。

五是提出从建设社会主义核心价值体系到以"三个倡导"积极培育和践行社会主义核心价值观的战略任务。党的十六届六中全会第一次明确提出了"建设社会主义核心价值体系"的重大命题和战略任务,党的十七大进一步指出了:"社会主义核心价值体系是社会主义意识形态的本质体现。"党的十七届六中全会指出"社会主义核心价值体系是兴国之魂,是社会主义先进文化的精髓,决定着中国特色社会主义发展方向。"党的十八大报告进一步提出了"三个倡导"这一明确表述,并强调:"要积极培育和践行社会主义核心价值观。"

当前,我国已进入改革发展的关键时期,经济体制深刻变革,社会结构深刻变动,利益格局深刻调整,思想观念深刻变化,社会思潮更加多元多样多变,各种观念相互交织、碰撞、影响,迫切需要主流价值观念的引领,新风正气的形成。《关于培育和践行社会主义核心价值观的意见》的印发,为积极培育和践行社会主义核心价值观提供了基本遵循,必将推动社会主义核心价值体系建设更加广泛地走向社会生活的实践层面,培育和践行社会主义核心价值观必将迎来新的高潮。

(来源:《光明日报》,2013 年 12 月 31 日)

问题二:社会主义核心价值观有哪些中华优秀传统文化要素

中华优秀传统文化是中华民族在悠久的历史发展过程中形成的具有民族特质的道德观念、精神气质、风俗习惯的总和。中华优秀传统文化历经五千年的发展、沉淀已经融入每个中华民族儿女的血脉之中。习近平同志指出:"中华优秀传统文化是我们民族的'根'和'魂',如果抛弃传统、丢掉根本,就等于割断了自己的精神命脉。"①培育社会主义核心价值观必须立足中华优秀传统文化,在优秀传统文化中汲取营养。2013年 3 月 1 日,习近平总书记在中共中央党校建校 80 周年庆祝大会上指出:"中国传统文化博大精深,学习和掌握其中的各种思想精华,对树立正确的世界观、人生观、价值观很有益处。"②

社会主义核心价值观深深地植根于中华优秀传统文化之中,在国家、社会、个人三个层面的价值追求中都能在中华优秀传统文化中找到源头。中华优秀传统文化超越时空的局限,获得中华民族的普遍认同,可以凝聚全社会各阶层的精神力量。

案例 1:在核心价值观的引领下复兴优秀传统文化

"中国优秀传统文化是核心价值观的深厚源泉,是广大人民群众千百年来的文化积淀、道德准则和观念形成的丰厚土壤。"2018 年 5 月 15 日上午,由中宣部宣教局、光明日报社共同主办,中共信阳市委宣传部、中共光山县委、光山县人民政府、光明网、中国伦理学会承办的"核心价值观百场讲坛"工程第七十一场活动走进河南省信阳市光山县,当地干部群众约 900 人现场聆听了中国人民大学文学院教授、博士生导师,中国人民大学文化创意产业研究所所长金元浦题为《核心价值观与中国传统文化的现代复兴》的精彩演讲。

此次"核心价值观百场讲坛"走进光山,是对近年来我们培育和践行社会主义核心价值观的充分肯定,更是我们全面展示全社会良好精神风貌的一次难得契机,必将进一步

---

① 中共中央宣传部编.《习近平总书记系列重要讲话读本》[M].北京:学习出版社、人民出版社,2014:100.
② 习近平.《在中央党校建校 80 周年庆祝大会暨 2013 年春季学期开学典礼上的讲话》[M].北京:人民出版社,2013:9.

激发全县人民传承弘扬传统文化的热情,并将其凝聚为全县人民的精神力量,转化为加快发展的强大动力。在两个多小时的演讲中,金元浦与现场观众共同探讨了在核心价值观的引领下中国优秀传统文化复兴的意义与途径,深入阐释了中国传统文化的丰富内涵和基本精神、理想人格与人生境界,指出中华文化的核心是"和合"思想,为现场观众和网友献上了一场丰盛的文化大餐。大家纷纷表示,将以本次讲座为契机,进一步弘扬、践行社会主义核心价值观,使其更好地与当地优秀传统文化结合起来,让核心价值观在光山更加入脑入心。

（参见:《光明日报》,2018 年 05 月 16 日 04 版）

金元浦:核心价值观与中国传统文化的现代复兴

五千多年中华文明发展中孕育的中国优秀传统文化,积淀着中华民族最深沉的精神追求,代表着中华民族独特的精神标识,对延续和发展中华文明、促进人类文明进步发挥着重要作用。中华优秀传统文化是核心价值观的深厚源泉,是广大人民群众千百年来的文化积淀、道德准则和观念形成的丰厚土壤。中华优秀传统文化是包含在中国人心中的深层信念系统,它关乎国家前途、民族命运、人民幸福。

复兴中华优秀传统文化的重大意义

中华文明,观乎人文,以化成天下。中华文化从古到今都一脉相承。

中华民族在修齐治平、建功立业过程中培育和形成的基本思想理念,为我们在新时代认识和改造社会提供有益启迪,为治国理政提供有益借鉴。传承和发展中华优秀传统文化,就要大力弘扬讲仁爱、重民本、守诚信、崇正义、尚和合、求大同等与核心价值观相关的理念。

中国优秀传统文化是中华文明发展进步的精神力量,它"包含着几千年来中国人民生生不息、绵绵不已的民族精神和发展动力,蕴含着今天实现中国梦的中国精神和中国力量,它在今天依然是我们推进改革开放和社会主义现代化建设的强大精神力量"。

习近平总书记指出:"一个民族、一个国家,必须知道自己是谁,是从哪里来的,要到哪里去,想明白了、想对了,就要坚定不移朝着目标前进。"同时,领袖的个人风范对形成和引领国民风尚也有着重要作用。习近平同志在各种场合引用古典文献,范围十分广泛、内容相当深厚。他对中华优秀传统文化的爱好和取向,对于当前传统文化的复兴,特别是传统审美意识的回归,发挥了不可替代的引领作用。

中国传统文化的丰富内涵和基本精神

中国文化不仅丰富多彩,而且有着迷人的气质和丰富的内涵。这内涵就是中国文化的基本精神,是指导和推动几千年中国文化发展的世界观和人生观。习近平总书记指出:"中华文化积淀着中华民族最深沉的精神追求,是中华民族生生不息、发展壮大的丰厚滋养。"

刚健有为、自强不息的精神是中国传统文化的主导精神,人本主义精神是中国传统文化基本精神之一。此外,中国传统文化还渗透着礼治精神。

中国文化的核心是"和"思想

中国文化的核心是"和"思想,"和"即和合、和谐、中和的思想。自然与社会的和谐,个体与群体的和谐,我们民族的理想正在于此,我们民族的凝聚力、创造力也正基于此,甚至还可以毫不夸张地说,我们中华民族传统文化的精髓也正是在于这种伟大的和谐思想。

在思维方式上中国人用中和思维来指导人生的认识和实践活动,把中庸看作最高的善,这是中国传统文化的重要特点。"中庸之道"固然是儒家的伦理思想和方法论,但它更是中华民族的一种思维方式。

"天人合一"是中国传统文化发展中提出的又一重要思想。它是古代文化思想的一个重要组成部分,也是中国传统文化精神的主要内容之一。

中国古代的儒家文化和道家文化都追求"人天和合",其主张各自不同,但殊途同归,互补互济,相得益彰。这些思想深刻地影响了中国文化的形成和发展,构成了中国传统文化的核心理念。

中国传统文化的理想人格与人生境界

中国传统文化不仅是国家、社会层面的内容,也大力肯定个体的心性向善。个体的人性向善,具有鲜明的道德伦理特征。中国传统文化对个人价值的肯定,不在于个人物质欲望的满足,也不着眼于个人精神的愉悦,而是从个人与对象(家庭、宗族、国家)的关系上来肯定。

中国传统文化重视人的理想人格,讲人的风骨和气节,特别关注人文教养。修身、齐家、治国、平天下作为一种价值取向,它体现了中国传统知识分子对人生的积极进取精神,是一种积极有为的人生哲学。中国传统文化特别注重人要有远大的志向,要有鸿鹄之志,要有伟大的胸襟。

一个人的理想人格与人生境界至关重要,因此,如何看人,如何用人,为政之要,首在得人。我们党始终以史为鉴,历来高度重视选贤任能,始终把选人用人作为关系党和人民事业的关键性、根本性问题来抓。

今天,在习近平新时代中国特色社会主义思想的指引下,中华优秀传统文化的深厚底蕴和中国精神将重新焕发光彩,为实现"两个一百年"奋斗目标、为中国梦的实现助力。

(参见:《光明日报》2018年05月16日04版)

（一）从"富强、民主、文明、和谐"的国家层面价值追求来看

"富强"，在中国自古就有强国富民的价值追求。在春秋战国时期就明确提出"正主之所以为功者，富强也。故国富兵强，则诸侯服其政，邻敌畏其威"（《管子·形势解》）。意思是说：君主的功劳是使国家富强，国富才能具有强大的军事实力，才能令诸侯服从君主的命令，才能使敌国畏惧其威力。"富国"内含有"养民""富民"的要求，"德惟善政，政在养民"（《尚书》），"政之急者，莫大乎使民富且寿也"（《孔子家语·贤君》）。"民主"，有部分学者认为在中国传统文化中不存在民主思想，这种观点是有失偏颇的。在中国古代阶级社会中，关于民主的观念早在春秋战国时期就已有之，其中墨家是代表。《墨子尚同上》中说："天下之所以乱者，生于无政长，是故选天下之贤可者，立以为天子。天子立，以其力为未足，又选择天下之贤可者，置立之以为三公。"墨家明确主张从贤者中"选天子"乃至当天子管理整个国家力有不逮时还要从贤者中"选官员"，这无疑是一种民主思想。后来，随着汉朝"罢黜百家、独尊儒术"，更有利于统治阶级的"儒家"思想成为主流思想。在儒家思想中虽然作为政治制度上的"民主"观念较为缺乏，但是体现在作为对"人"的重视和关怀的社会意义上的"民本"思想却极为丰富。先秦时期，各主要思想流派几乎都有关于"民本"思想的论述：《荀子》中说"天之生民，非为君也；天之立君，以为民也"，又说"君者，舟也；庶人者，水也。水则载舟，水则覆舟"。孟子提出"以民为本""民为贵，社稷次之，君为轻""民为邦本，本固邦宁"（《尚书》），这与今天我们强调的人民至上的理念具有内在一致性。"文明"，既包括创造丰富的物质文明，也包括创造丰富的精神文明，"仓廪实而知礼节"，"富强"为文明提供物质基础。文明是社会进步的标尺，也对社会发展起着导向和规范作用，"文明以止，人文也……观乎人文以化成天下"（《周易·贲卦·象辞》）。"和谐"，包括人与人之间的和谐、人与社会的和谐、人与自然的和谐乃至国家与国家之间的和谐。中国优秀传统文化中有极为丰富的和谐思想，早在先秦时期《尚书舜典》中就有"八音克谐，无相伦也，神人以和"的论述。儒家代表人物孔子所讲的大同社会就是一个和谐的社会，并且提出"和为贵"的主张，还提道："君子和而不同，小人同而不和"（《论语·卫灵公》），"协和万邦"等。孟子也提出"天时不如地利，地利不如人和"，强调和谐的重要性。道家所强调的"人法地，地法天，法天道，道法自然"的天人合一思想着重强调人与自然的和谐。

（二）从"自由、平等、公正、法治"的社会层面价值追求来看

中国传统文化中的"自由"首先是一种不受外界干扰、压迫，能够真正坚守本心的状态。古人对这种境界持高度赞赏的态度，如孟子所褒扬的"富贵不能淫，贫贱不能移，威

武不能屈。此之谓大丈夫"(《孟子·滕文公下》)。而这种"自由"并非不受任何限制,而是通过自我修养达到一种可以充分舒展自我但又不违背规则的境界,就如孔子所说:"七十而从心所欲不逾矩。"(《论语·为政篇》)这种对自由的理解与我们今天所讲的"没有不受限制的自由"观点是一致的。"平等",在中国传统文化中蕴含着朴素的平等观,如庄子所说的"万物一齐,孰短孰长"(《庄子·秋水》)观点。另外,平等也有平均的意思,如"不患寡而患不均"等。《礼记·礼运篇》中讲到的理想社会是一个"大道之行也,天下为公"的社会,天下为人们所共有,这里面既包含了平等的含义,也包含了公正的意思。《论语》中讲到季康子向孔子询问怎样理政? 孔子回答他:"政者,正也。"孔子认为处理政事、治理国家首先就要端正、公正。而且最关键的是执政者要首先以身作则,成为公正的典范,"子帅以正,孰敢不正"。朱熹曾经提出 :"盖无私心,然后好恶当于理。"这句话的意思是进行判断时不能包含私心,而是应该以道理作为判断好恶的标准,这也是公正思想的体现。以春秋战国时期法家学说为代表,中国古代"法治"思想极为丰富。中国古代思想家们很早就认识到法治对治理国家的重要性。法家代表人物商鞅认为:"法令者,民之命也,为治之本也,所以备民也。"(《商君书·定分》)意思是法律是人民的生命,是治国的根本,是为维护统治秩序做准备的,将法律放在了一个极高的位置上。持类似观点的还有"法者,治之端也。"(《荀子·君道篇》)"盖君子之为政,立善法于天下,则天下治;立善法于一国,则一国治。"(王安石《周公》)中国古代先贤们在意识到法律对治理国家的重要作用的基础上,还进一步提出法治中的平等原则,这是很难能可贵的,如法家另一位杰出代表人物韩非子提出:"法不阿贵,绳不挠曲。法之所加,智者弗能辞,勇者弗敢争,刑过不避大臣,赏善不遗匹夫。"(《韩非子·有度》)持有类似观点的论述还有"诛不避贵,赏不遗贱。举事不私,听狱不阿"(《晏子春秋·内篇》)。

(三)从"爱国、敬业、诚信、友善"的社会层面价值追求来看

爱国主义是中华民族民族精神的核心,也是中华优秀传统文化中最宝贵的部分。中国历史上涌现出无数爱国英雄人物,从"精忠报国"的岳飞到"封侯非我意,但愿海波平"的戚继光,一位位爱国英雄人物已化作中华民族的集体记忆,爱国主义已经深深烙在每个中华儿女的心里,世代相传。在优秀传统文化中,"爱国"表现为注重整体利益、国家利益,如:"以公灭私,民其允怀。"(《书经·周官》)"国而忘家,公而忘私。"(《治安策》)强调对国家、社会的责任意识和担当精神,如:"先天下之忧而忧,后天下之乐而乐。""天下兴亡,匹夫有责。""敬业",《说文解字》中云:"敬,肃也。"指发自内心地对职业的尊重态度。在中国传统文化中,敬业首先是个人道德修养的体现,"执事敬""事思敬""修己以敬"(《论语》)。其次,敬业还是全力以赴、勤勤恳恳、兢兢业业的工作态度,"功崇惟志,

业广惟勤"(《尚书·周书》)。第三,古代匠人精益求精的工匠精神是敬业的具体体现。"轮匠执其规矩,以度天下之方圆"(《墨子·天志上》),庄子认为"技进乎道",意思是当某项技艺达到巅峰后就已经接近天地规律,这无疑是对工匠精神的极高评价。"诚信"是中华民族的传统美德,"季布一诺""商鞅立木""曾参教子"等这些关于诚信的故事流传至今。作为中国古代核心价值观的"五常"(仁义礼智信)、"八德"(孝悌忠信礼义廉耻)中都有"诚信"的内容。孔子说:"人无信不立",主张"言必信,行必果"。诚信被认为是人立身之本,是最重要的道德修养,"人所以立,信、知、勇也"(《左传·成公十七年》),其中诚信被排在首位。"友善",是调节人际关系的一项基本准则。"仁者爱人"是儒家思想的核心,孟子主张用"仁、敬"去调节人际关系。"仁者爱人,有礼者敬人。爱人者,人恒爱之;敬人者,人恒敬之。"(《孟子·仁者爱人》)通过人与人之间的互敬互爱达成社会的和谐。

传统文化不可避免地会被打上时代的烙印,具有一定的历史局限性。因此,对于中华优秀传统文化要坚持古为今用、推陈出新、扬弃地继承,将其与时代发展要求相结合,以马克思主义理论为指导对其进行创造性转化和创新性发展,使中华优秀传统文化既具有时代精神又体现民族特色。

案例2:中国传统文化核心价值观念论略

社会主义核心价值观是中华文明复兴的精神支柱。培育和践行社会主义核心价值观,需要继承和弘扬中华传统文化精华,这是因为,中华传统文化是新时代中国特色社会主义文化的根基和重要组成部分,其内含的传统价值体系,能够为培育和践行社会主义核心价值观提供历史文化参考和丰厚滋养。

先秦儒家提出了以"仁义"为核心的价值体系。孔子以"仁、义、礼"构建礼治秩序,孟子延伸为"仁、义、礼、智"。西汉中期以后,新儒家杂糅了法家、道家、墨家、阴阳家、兵家等各个学派,建构了中国古代社会的正统价值学说体系。董仲舒将孔孟的基本价值规范扩充为"仁、义、礼、智、信",后称为"五常"。

仁义作为中国传统伦理的核心要义,对忠孝、智勇、诚信、廉耻、勤俭等其他伦理价值规范具有统领作用。中国自殷商灭亡,大多数历史时期没有全国统一信奉的国教,而仁义既是基本伦理规范,又发挥着统一思想的功能,是整个国家的核心价值。但中国传统价值又不限于仁义,其在仁义基础上由内心而行为、由个人而群体,形成了下列五组基本价值。仁义与这五组基本价值构成了中国传统文化核心价值观念。

孝与忠

孝是以血缘亲亲之情界定个人和团体内在伦理属性、规范人际关系的价值准则,是人伦规范的核心。在家庭领域,孝不仅是指子女对父母的孝敬,而且包括父义、母慈、子孝、兄友、弟恭等内容。扩展到更大的社会空间,孝不仅是独爱其亲的私爱,还包括"老吾老以及人之老,幼吾幼以及人之幼"的群体"博爱"。忠在字形上,从中,从心,原指心态中正、立正纠错,作为道德概念,指为人正直、诚恳厚道、尽心尽力;后指对他人、对团体尽心任事不懈于责任,忠于国家、忠于职守。忠是孝的进一步扩展,是建立在家的基础之上的社会群体认同与责任,但在古代君主集权体制下,特别是明朝以后,忠和孝都被片面化,仅仅强调臣民对君主的愚忠,而节略了君主遵从仁义的天道。在当代伦理价值体系中,基于国家对公民的保障,国家作为人民当家作主的政治法律共同体,公民对国家的忠诚源于政治法律责任,同时也源于伦理情感。忠孝是相互维系的伦理价值规范,两者互相促进、相辅相成,是我们当代爱国、爱家的伦理基础。没有忠孝,其他伦理价值都失去了养成的基础。

智而有勇

智是整个伦理价值系统的智力支持,其内涵包括了对情感的理性控制,对行为的成本与功利的权衡、行为方式的技巧把握,其终极价值在于个人长远的、社会整体的利益最优化。中国古代在个人、社会和国家层面都不同程度地推动智识的发展,在社会层面注重家庭教化,注重兴办学校,并把家庭教化、学校教育作为衡量地方发展的重要指标;在国家层面,设立选举制度,隋朝以后发展定型为以科举制为主体的考试选拔制度体系。勇在字义上,从力,从心,是行动力、决心、意志的体现,是实现其他伦理价值的力量保障。儒家并不崇尚智与勇,而注重事功的法家和兵家,多智勇并重,其认为唯有智勇结合才能实现正义和美德,去除社会污秽而实现善治。自明朝以后,专制政府为维护社会稳定,很大程度上背弃了教化、教育以人为本的宗旨,在科举考试中以八股取士,专以四书五经为教条,泯灭士人创造性,扼杀知识上的创新;并且重文轻武,忽略对人民勇武精神和技能的培养。

诚信奉法

《管子·枢言》有言:"诚信者,天下之结也。"许慎《说文解字》对诚信的解释是:"诚,信也","信,诚也"。基本含义都是诚实无欺,信守诺言,言行相符,这是为人的基本伦理规范。《孟子·离娄上》也曾讲道:"诚者,天之道也;诚之者,人之道也。"诚信是做人必须遵循的,也是社会稳定秩序的伦理基石。奉法,源自法家的学说,是指每个人都要自觉遵守各种法纪,包括强制力较弱的软性规范和强制力较强的硬性规范。奉法不仅是外在的服从、畏惧法纪,而且是信奉并能自觉遵守各项法纪。诚信与奉法两者的结合,要求从内心到行为都能表里如一地履行自己的责任、遵守公共规范。诚实奉法对国家机关及其公职人员有更高的要求——不仅不能利用公权力进行欺诈,而且要做诚信奉法的表率。

廉而明耻

廉耻关乎人格之尊严,与社会风尚、国家秩序关系甚大。顾炎武曾说:"廉耻,立人之大节;盖不廉则无所不取,不耻则无所不为。人而如此,则祸败乱亡,亦无所不至;况为大臣而无所不取,无所不为,则天下其有不乱,国家其有不亡者乎?……人之不廉,而至于悖礼犯义,其原皆生于无耻也。故士大夫之无耻,是谓国耻。"廉耻首先是为人的基本伦理操守,不知廉耻则迷失于财货,无所不欲,无所不取,无所不为,祸乱他人,也戕害自身;对于有权位者,不能惕守廉耻之防,则不仅有亏职守,甚而丧败国格。当代社会之风清气正、国家法纪昌明,需要每个公民深明廉耻,不能以伸张一己之权益而无所不为;特别是国家公职人员,更需要廉而明耻,知所戒惕。

勤俭戒奢

中国古代社会有"四海无闲田,农夫犹饿死"的诗句,反映了一个大国的资源和财富相对于庞大人口需求都显得匮乏不足,因而勤劳开源、节俭节流对于个人、家庭、国家都是生存与发展的重要伦理规范。中国古代的善治盛世,不仅每个劳动者、每个家庭都注重勤劳节俭,纵然君王贵族也特别以此相约束。唐贞观时期的名臣魏征曾劝谏唐太宗:"上之所好,下必有甚,竟为无限,遂至灭亡。"勤俭应是每个人的美德,特别是一家之长、一国之主,更需要起到表率作用。否则,懒惰奢靡之风易兴难抑,败家亡国即在瞬息之间。

综上所述,中国传统文化价值观念从一个核心范畴——仁义,扩展出五组基本价值,形成了一个紧密的价值体系。这个价值体系既简明,以人为本,可以凝聚价值认同;又具有扩展性,对个人修为、群体组织、国家安定起到支撑作用,形成长治久安的秩序。如唐朝的魏征所言:"求木之长者,必固其根本;欲流之远者,必浚其泉源;思国之安者,必积其德义。"以仁义为核心的价值体系,为礼法规范体系提供了正当性支持,为规范体系的遵守和有效实施提供了文化自觉。当规范体系退化而变得不合理的时候,以仁义为核心的价值体系能够对规范体系起到修复作用,使之回归合理和正当。

中国传统文化核心价值观念有其历史局限性,我们在继承和弘扬传统文化的过程中,必须去除那些糟粕。例如,明朝以后,专制主义的发展破坏了仁义价值体系的均衡性,毁坏了价值关系的相互性。三纲五常被极端片面化,将君臣关系提高到社会价值体系的最高层面,片面强调臣子对于君主的愚忠死节;父子关系从一种自然血亲关系异化为无条件孝顺服从;夫妻关系也从双向互敬互爱变成了单方面的服从关系。五常作为社会普遍价值规范被神圣化、教条化,异化为封建统治和压迫的意识形态工具。现代社会,我们应当破除传统仁义中的身份等级局限,在独立人格的基础上,建立起平等、相互的爱。

(参见:《光明日报》,2018 年 01 月 11 日)

案例3:用传统文化涵养核心价值观教育

当代大学生的价值观状况,主流是积极、健康、向上的,但毋庸讳言在一些学生中也存在着所谓"人生理想实际化、价值标准实用化、个人追求实在化、行为选择实惠化"的思想和行为。究其原因,一方面是当代大学生受自己人生经验和社会阅历所限,面对身边急剧变化转型的经济、政治、文化和社会现实缺乏适应的心理准备和能力,缺乏对未来美好追求的前瞻认识和自信底气。另一方面,一些大学生自身在思想政治上还不够成熟,很容易被某些西方价值观念所迷惑,而国内某些人在讲坛上不负责任的言论煽动和不良情绪的传导,无疑也对大学生价值观造成负面影响。

对当代大学生进行社会主义核心价值观教育,不仅非常必要而且十分紧迫。但教育不可能一蹴而就,离不开日积月累的中华优秀传统文化的熏陶和滋养。正如习近平总书记所指出,"博大精深的中华优秀传统文化是我们在世界文化激荡中站稳脚跟的根基""中国特色社会主义植根于中华文化沃土""要认真汲取中华优秀传统文化的思想精华和道德精髓""使中华优秀传统文化成为涵养社会主义核心价值观的重要源泉"。中华优秀传统文化是进行大学生核心价值观教育不可或缺的重要源泉,它能使当代大学生认知和亲近中华五千年的灿烂文明,切实增强大学生对民族文化的自信、自觉和爱国情感。

以"群己之辩"所崇尚的"群体重于个人"观念,来激发大学生的爱国情怀、社会责任感和集体主义观念。

"群己之辩"是指对于群体和自我关系的讨论、探究和反思。可以分为两个层面:一是自我和社会(国家)的关系,二是自我和他人的关系。中华传统文化中的"群己之辩"始于孔子。孔子的主张是寄望于重建礼乐来优化群己关系。他说:"夫仁者,己欲立而立人,己欲达而达人。""己欲立"是指个人的立身与成德,"立人"则是指立他人和促进群体的完满和谐。在他看来,人在群己两个维度上都应该采取积极的态度,仁德之人必须既要"自立"又要"立人"。后来从先秦儒学到程朱理学的演变,总体而言,在群己关系上一直占主导地位的价值观念基本上是"群体重于个人",特别强调个人对于群体的义务和责任。

"群体重于个人"的思想观念有利于激发当代大学生的爱国情怀和社会责任感。在中国历史上,一向不乏将国家前途、民族命运和自身的发展奋斗紧密结合的爱国仁人志士。例如,孟子的"富贵不能淫,贫贱不能移,威武不能屈",范仲淹的"先天下之忧而忧,后天下之乐而乐",顾炎武的"天下兴亡,匹夫有责",陆游的"位卑未敢忘忧国",杜甫的"安得广厦千万间,大庇天下寒士俱欢颜",岳飞的"精忠报国",鲁迅的"横眉冷对千夫指,俯首甘为孺子牛",等等,都曾激励着一代代人胸怀祖国,勇于担当。这些,都是对大学生开展爱国情怀和社会责任感教育的极好素材。

"群体重于个人"的思想观念也有利于培养当代大学生的集体主义观念。儒学文化中倡导的"修身、齐家、治国、平天下",是以和谐的人际关系、群体和合、社会稳定有序为条件和基础的,因为身与家、家与国乃是一个密不可分的整体。因此,儒学文化主张用"仁爱"来处理自己和他人的关系。当代大学生多是独生子女,一些人从小就养成了过分强调自我的思维模式,集体归属感不够强。针对这种情况,进行集体主义观念教育,引导大学生更好地处理好人际关系,自觉遵守道德规范和履行社会义务,非常具有现实意义。

以"义利之辩"所彰显的"以义导利"价值取向,来培育大学生的社会主义义利观。

"义利之辩"是指对于道德义务和利益关系的讨论、探究和反思。人的生活可以分为物质生活和精神生活。义与利的关系问题实际上就是人的精神生活和物质生活、道德原则和物质利益的关系问题。当然,利也会涉及公利和私利的关系问题。中华传统文化对待义与利关系问题的主流价值取向是重义轻利。儒家向来强调精神生活优于物质生活、道德原则高于物质利益,但对于义利关系的认识也有一个从"重义轻利、以义制利"到"义利并举、以义导利"的过程。例如,孔子曰:"君子喻于义,小人喻于利",他把"义"看成了君子固有的修养。但他看重义的道德价值的同时,也肯定利有其合理性,只是强调要"义以为上"和"见利思义",凡是符合道义的正当的利益才可以考虑,而不符合道义的利益或不正当的利益,一定要自觉舍弃。作为一个君子,在处理义利关系上,应当把履行道德义务放在第一位,把个人利益放在其后。

"以义导利"价值取向有利于培育大学生的社会主义义利观。"义"与"利"的冲突在市场经济条件下表现更为激烈和明显。当今一些大学生过分追求现实功利,过分扩张物质欲求。在当前社会主义市场经济条件下,对大学生进行核心价值观教育,就要继承这种"以义导利"的义利观。引导大学生在面对各种各样的物质利益时,首先要以义去规约之、筛选之,当义利发生矛盾和冲突,两者只能选择其一时,就应当"义以为上"或"以义为重"。大学生作为中华优秀传统文化的传承者,应当保留着对于崇高意义的追求和向往,而力求避免太过于世俗化和功利化。当然,马克思主义的义利观,强调"义利统一"原则,把国家和人民利益放在首位的同时,又充分尊重公民个人的合法利益,这是对传统的义利关系的辩证升华。

以"天人之辩"所倡导的"天人合一"思想,来培育大学生的人文价值理性和生态文明意识。

"天人之辩"是指对于天(天道、天理、自然)和人(人道、人事、人为)之关系的讨论、探究和反思。总体而言,从先秦儒学到程朱理学,在天人关系上一直占主导地位的价值观念基本上是"天人合一"思想。在儒学文化中,天与人不是对立关系,而是和谐一致的关系。例如,孔子曰:"天何言哉?四时行焉,百物生焉。"但同时他也强调"畏天命"的必要性。孟子则明确提出了"天人合一"思想。他说:"尽其心者,知其性也。知其性,则知天矣。"意思就是,充分觉悟、发掘、扩展人的本心,就能认识自己的本性,认识了自己的本性,就能够把握天的本质。可见,儒学文化中的"天人合一"思想是具有注重人文价值理性之特点的。

儒学文化的"天人合一"思想中高扬的人文价值理性,对遏制当代社会存在的科技理性、工具理性将会发挥积极作用。针对一些大学生存在着生活迷茫、精神空虚等问题,要引导他们秉承"天行健,君子以自强不息"的精神,在火热的社会实践活动中为民族复兴、国家进步做出贡献。此外,要继承和弘扬"天人合一"思想中认为人类是大自然的一部分,讲究人与自然的和谐相处和顺应天时,对自然抱有一种敬畏的态度,顺应自然才能更好地使社会存在和发展。

(参见《人民日报》,2015 年 09 月 15 日 11 版)

问题三:大学生培育和践行社会主义核心价值观的意义和路径是什么

(一)大学生培育和践行社会主义核心价值观的意义

党的十九大报告指出:"培育和践行社会主义核心价值观,要以培养担当民族复兴大任的时代新人为着眼点。"[1]青年大学生担负着民族和国家的希望,是建设社会主义现代化强国的主力军,对大学生进行社会主义核心价值观教育意义重大。

第一,社会主义核心价值观引导大学生树立正确的价值取向。"青年的价值取向决定了未来整个社会的价值取向。"[2]当前,面对各种国外价值观的涌入以及国内社会转型引发的各种社会矛盾在不同程度上的凸显,并由此引发出各种纷繁复杂的思潮。2018 年人民论坛通过问卷调查和访谈筛选出 2017 年国内值得关注的社会思潮,主要有民粹主义、民族主义、生态主义、消费主义、泛娱乐主义、激进左派、文化保守主义和历史虚无主义,等等。[3] 以上各种思潮在不同程度上影响着大学生的价值取向。大学生因缺少人生

---

① 习近平.决胜全面建成小康社会 夺取新时代中国特色社会主义伟大胜利——在中国共产党第十九次全国代表大会上的报告[R].北京:人民出版社,2017:42.
② 习近平.在北京大学师生座谈会上的讲话(2018 年 5 月 2 日)[N].人民日报,2018－05－03(2).
③ 人民论坛问卷调查中心.《当前国内社会思潮趋势走向》.人民论坛网 http://www.rmlt.com.cn/2018/0223/511821.shtml? from = timeline,2018.02.23.

阅历及社会经验,独立思考能力和辨别能力较弱,感情波动大,极易被调动起极端情绪甚至引起价值观扭曲。因此,需要以社会主义核心价值观为"压舱石"统领各种价值观。以社会主义核心价值观为大学生在价值引导上保驾护航是培养合格的社会主义事业建设者和接班人的现实需要。

案例1:"最美大学生"阿斯哈尔·努尔太:不忘初心 青春逐梦军营

我们要给大家介绍的一位大学生叫阿斯哈尔·努尔太,他的名字来自父亲。母亲告诉他,在哈萨克的美丽传说中,阿斯哈尔是一座雄伟高山。"每个人心中都应有座神圣的高山,人生最大的意义,就是朝着心中目标奋勇前进。"他想,这大概就是父亲想通过这个名字告诉他的。

在中宣部、教育部主办的"闪亮的名字"——2019"最美高校辅导员""最美大学生"发布仪式上,阿斯哈尔·努尔太这样自述:"如今我身在军营,始终把爱国敬业,作为新时代青年的使命担当,把实现自身价值同强军使命结合起来。既要仰望星空,又要脚踏实地。我们这一代青年要立鸿鹄志,要做实干家,建功新时代,把青春之花,绽放到祖国最需要的地方。"钢枪戎马,固土卫家。他将这个梦想扎根心底,然后开出花来……

哈萨克男儿将"从军报国"的种子扎根心底

"墙上挂着的照片是谁?"这个问题让幼小的阿斯哈尔疑惑不解。照片里的男人英俊坚毅,与他对视,阿斯哈尔总能感到自己充满力量。

1995年12月,哈萨克族的阿斯哈尔·努尔太出生在新疆伊犁。阿斯哈尔不到两岁的时候,父亲就在一次反恐行动中牺牲了。墙上那张照片里的男人,就是他的父亲。

对于阿斯哈尔来说,父亲就是他的英雄。受到父亲的影响,阿斯哈尔从小就立下志向:成为像父亲一样的人,延续他的精神,继承他的遗志,肩负起自己的使命,为军队建设和国防事业挥洒自己的青春与热血。

"从军报国"的种子深深扎根在阿斯哈尔的心底,"可能对大多数人来说父亲是沉稳的,是无言的,是默默奉献不求回报的。我的父亲不是,他年轻,他如火,他冲动,他没有把爱留给我,而是给了他最爱的祖国。他没有教会我很多,他教给我的就是义无反顾,就是在国家和人民最需要的时候牺牲一切。他是我的英雄。"

种子破土而出,阿斯哈尔终圆"军人梦"

2015年9月,阿斯哈尔以优异的成绩考入南开大学。在校期间,他经常参加体育类社团、竞赛,更是院篮球队队长、足球队门将。提到参加体育竞赛带给他最大的收获,他说:"体育竞赛教给我的就是永不放弃、勇争第一。"

阿斯哈尔将永不放弃的体育精神记在脑里,印在心里,更付诸在行动上。

2017年,正值中国人民解放军建军90周年,阿斯哈尔决定提交入伍申请表,给梦想一个绽放的机会。但追逐梦想谈何容易,他很快就遭到了家人的反对。阿斯哈尔由母亲一手抚养长大,出于母亲保护孩子的本能,她不希望阿斯哈尔从事危险的职业。"她是个坚强的女人,父亲去世之后一直未嫁,既扮演母亲角色,又扮演父亲角色,一心抚养我成人,所以从小到大我非常尊重她的意见。我想做警察,要报考公安大学,她不希望我去,我放弃了;之后想要去当兵,她反对,这次我没有妥协。"看着儿子坚定的神情,母亲明白,该是他自己做选择的时候了。最终,母亲同意了阿斯哈尔当兵的请求。

2017年暑假,阿斯哈尔如愿以偿地成为一名军人,同另外7名南开同学一起投入到实现兴军强军的伟大洪流中。至此,"从军报国"的种子破土而出,向阳而生。

从"胖子"到"瘦子",阿斯哈尔在部队淬炼成钢

说到刚入军营的时候,阿斯哈尔坦言自己还是个小胖子。得益于读书期间坚持锻炼,阿斯哈尔在进入部队后快速适应了高强度的体能训练。他每晚给自己加练、减重,那段时间瘦了25斤。从最初的不适应,到逐渐融入军营,阿斯哈尔始终没有放松自己。

2017年9月23日,习近平同志给南开大学8名入伍大学生回信,对阿斯哈尔和其他7名同学表示肯定:"你们响应祖国召唤参军入伍,把爱国之心化为报国之行,为广大有志青年树立了新的榜样。"习近平同志的句句嘱托都牢印在他的心上,激励他努力成长。

入伍期间因为表现优异、训练成绩突出,阿斯哈尔被支队评为"十佳义务兵"。除了军事技能突出外,他还积极追求思想政治上的进步,主动向党组织靠拢。

2018年,阿斯哈尔获得第十三届"中国大学生年度人物"和天津市首届"青年创优能手"称号。就在上个月,他又当选为2019年"最美大学生"。对于荣誉,他总是用"幸运"来解释,这次亦如是,他说,希望自己以后的成绩能足够匹配最美的称号。

2019年9月,阿斯哈尔复员返校,继续完成学业。谈到对未来的规划,他说:"我会不忘初心、坚持梦想,把实现个人价值同社会和谐稳定结合起来。回到学校后,希望能够在学术领域也有所成绩。"

他寄语青年朋友:"立鸿鹄志,做实干家。"希望大家把个人价值同国家需要结合起来,把青春奉献给祖国,把才华奉献给人民,努力谱写无愧于时代和人民的青春篇章。

(参见:中国青年网,2019 – 07 – 19, http://qclz. youth. cn/znl/201907/t20190719_12014886. htm)

第二，社会主义核心价值观教育是实现高校"立德树人"任务的着力点。大学阶段是人生中道德习惯养成的重要阶段。大学生是社会上整体综合素质较高的一个群体，大学生的道德水准决定了未来中国社会的道德状况。社会主义核心价值观以中国优秀传统文化为根基，顺应新时代经济、政治、文化、社会、生态等发展需要，从意识形态层面构建了新时代社会主义道德的标杆。其中，"富强、民主、文明、和谐"是为人民创造美好生活的基础性条件；"自由、平等、公正、法治"是促进国家稳定、实现社会公平正义的保障；"爱国、敬业、诚信、友善"是激发全民活力、使人民获得更多幸福感、满足感的精神指引。社会主义核心价值观将国家的德、社会的德、个人的德统一起来，用精炼的文字从明大德、守公德、严私德三个层面表述了全体社会成员的道德共识。社会主义核心价值观既为大学生"做大事"树立理想信念，也为大学生日常行为确立规范标准。

案例2:23 岁的张震鸣走了,他却让 6 个生命延续

张震鸣是江苏建筑职业技术学院能源与交通工程学院城轨专业 2015 级专科生。2017 年 11 月中旬突发脑肿瘤,2017 年 12 月 4 日在广州医治无效脑死亡并无偿捐献心脏、肝脏、双肾脏、双眼角膜,救了 6 个人 4 条生命。

2015 年 9 月初,在城轨 15 - 1 班第一次班会课上,一位精神十足的小伙子,用带着广东味的普通话介绍着自己:"我叫张震鸣,我来自广东揭西,我会修电脑,大家的电脑出问题了可以找我修。每天早晨起来背一段英语,每个学科都要认真。"张震鸣个头相对矮一点,偏瘦一点,但为人开朗、乐观、外向、人缘好,很快就在同学间获得了"小哥"这一美誉。

张震鸣成绩优良,不断去努力提高专业技能,是本专业中第一个获得 BIM 技术认证的人。凭借着扎实的专业功底,2017 年 10 月底他就找到了心仪的工作。实习归来,他在紧张的学习之余,又尽量去泡图书馆,投入到专转本复习迎考中。

张震鸣是一个电脑小能手,同学的电脑有故障,"包在我身上"就把问题给解决了。他也曾把晚饭让给困在旅途的同学。

张震鸣充满童趣,他在徐州感受到了人生第一场的大雪,雪地里撒欢、堆雪人、打雪仗、拍照、发朋友圈。

在 208 室舍长人选上,张震鸣被推选为舍长,因为他热心、阳光,会全身心照顾大家。6 个人学习生活在一起,慢慢地在点点滴滴中融成一家人。张震鸣会拿出自己的小药箱,给生病的舍友找药,也会在寒冷的冬天,冒着大雪替舍友到医院开药。他会制定出详细的值日表,与舍友们一起保持内务整洁,一直以来受到宿管阿姨的称赞。

在同学们看来,张震鸣是一个可爱可敬的助班。在第一次班会上,他帮助大家了解大学生活,寻找适合自己的生涯目标,给大家上好大学的第一堂课;面对想进入学生组织发展的同学,张震鸣会把自己的学生干部经验告诉他,如何成功处理人际关系,赢得同学们的信赖,更好的服务班级、同学;面对想加强专业学习的同学,张震鸣会把自己的专业学习资料、转本资料和考证资料找来,还会充分利用时间帮助辅导"爆破工程"等课程。

在老师们看来,张震鸣是一个好助手、好帮手、好朋友。办公室电脑的维修他都给包了。只要有需要,一个电话,他的身影很快就会出现。他利用在工地实习的机会,帮助拍摄制作贫困学生工地励志视频,从拍摄到后期剪辑、配乐等很好地完成老师交代的任务。在教学资源库建设中,优化课件动画、处理音频、合成微课等都少不了他的参与。考虑到自己快要毕业,他跟老师们讲要赶紧带两个徒弟,加强培训,不然等毕业后没有人帮着修电脑了。

张震鸣是一个懂事的孩子。家里经济条件不好,在努力兼职时也非常节俭,在学习生活中坚持把钱用好。小时候因为父母工作的原因,经常更换居住地,为更好照顾妹妹,他三次留级,这也是他比同班同学大三岁的原因。初中时,便到电脑维修铺打工,这也是他精通电脑的原因。

张震鸣更是一个有大爱的孩子。考虑到自己病情的严重性,2017年11月21日,手术前一晚,便主动向父母提出,"如果下不了手术台,帮我把器官捐了吧!"手术未能留住他的身影。2017年12月4日,根据生前心愿,无偿捐献了心脏、肝脏、双肾脏、双眼角膜等器官,救了6个人4条生命。

江苏建筑职业技术学院发布《关于号召全校团员青年向张张震鸣同学学习的倡议书》,号召团员青年们把感动和敬仰化作实际行动,从现在做起,从身边小事做起,从一言一行做起,认真领悟张震鸣精神的真谛,努力使自己成长为社会主义新时代的栋梁之材,为构建富强、民主、文明、和谐、美丽的社会主义现代化国家做出自己应有的贡献;举行张震鸣同学追思会,全校千余名师生自发聚集一起,怀着无比沉重与无限崇敬的心情,追思张震鸣同学。

江苏建筑职业技术学院校党委书记孙进教授、党委副书记梁惠教授带领学校相关职能部门负责人奔赴广东省揭西县张震鸣同学家中,看望慰问他的父母。孙进书记一行还向张震鸣父母转交了全校师生的一份慰问信与10万元慰问金,充分表达全校师生员工对张震鸣同学的无比崇敬和学校对张震鸣同学父母的尊重关爱。同时也给张震鸣父母带去了一份珍贵礼物,一本从学校老师和同学手中广泛征集来的100多张照片制成的影集,保存了张震鸣同学在校学习生活的珍贵点滴。

张震鸣同学捐献器官的义举感动了全社会,人民日报、中新网、新华网、中国经济网、搜狐、新浪、网易、今日爆点、广州参考、徐州日报等多家媒体报道了张张震鸣同学的事迹,受到社会各界的高度关注和广泛赞誉。

2018年2月1日,共青团江苏省委2018第5号文件,追授张震鸣同志"全省优秀共青团员"称号。同时号召全省广大团员青年向张震鸣同志学习,学习他舍己为人、无私奉献的赤子情怀,争做有理想、有本领、有担当的新时代青年。

2018年3月6日,"2017感动中国·江苏十大感动人物"评选活动投票正式启动,张震鸣同学总票数141431票,位列第一位。

生命虽结束,爱仍在延续。张震鸣同学在他生命的最后时刻,用大爱续写他人的生命,为社会尽最后一份力。他实现了自身价值与服务人民、回报社会统一起来。他的事迹是对社会主义核心价值观的生动诠释和践行,展现了当代大学生崭新、崇高的情操和时代精神,为青年树立了榜样和楷模!

（参见:人民网,2018年5月4日）

案例3:救下落水少年的90后硕士生

吴达是武汉工程大学法商学院马克思主义经济学专业硕士研究生。2016年11月6日下午3:30左右,与其同行的一名少年不慎落入赤壁市区一处水库,吴达毅然纵身跳入水库抢救落水少年,他竭力将少年托起、送上船,自己却不幸献出了年轻而宝贵的生命。吴达同学舍己救人的英雄事迹,在社会上引起了强烈反响。

吴达2011年9月考入武汉工程大学法商学院国际经济与贸易专业学习,2015年9月考入武汉工程大学法商学院马克思主义经济学专业攻读硕士研究生。作为一名新时代大学生,吴达具有报效祖国、服务人民的远大理想和抱负,他发奋学习,立志成才,成绩优良,获得研究生学业奖学金等多项奖励。作为一名学生干部,他热爱集体,关心同学,积极参加各种社会实践活动,在实践中增长才干,用行动回报社会;公益活动他是组织者、参与者,连续四年义务献血,主动担任学校留学生的义务向导。作为一名时代青年,他乐于助人,无私奉献,在村里主动帮助劳动力缺乏之家打理农活,到左邻右舍为孩子们补习功课;他见义勇为,敢于担当,曾勇跳长江营救同村15岁落水少年。作为一名家庭经济拮据的学生,他省吃俭用,减轻家庭负担;勤工助学,锻造独立意识;艰苦奋斗,磨砺坚强意志。

吴达同学的英雄壮举引起了社会各界的广泛关注,被人民网、凤凰网、环球网、央广网、中国青年报、腾讯网、搜狐新闻等多家媒体报道,他先后被湖北省委高校工委、省教育厅追授"湖北省优秀大学生"荣誉称号、共青团湖北省委员会追授"湖北省优秀共青团员"称号、武汉工程大学追授"舍己救人优秀大学生"称号等。同时,在共青团中央、全国学联举办的 2016 年度寻访"中国大学生自强之星"评选活动中,吴达荣获"中国大学生自强之星"称号。

（参见:人民网,邵京京、熊旭,2018 年 5 月 4 日）

第三,社会主义核心价值观教育有利于大学生自身健康成长。社会主义核心价值观是促进大学生心理健康的"调节器"。大学生虽然身处校园,但是不可避免地会面临着学业、友情、爱情、就业等多方面压力和困扰。大学生自主调节、控制情绪能力较差,做事容易冲动、不计后果,近年来因学业、就业不顺利、感情受挫折而选择轻生或伤人的恶性案件报道屡见不鲜。造成大学生出现心理问题,既有自身因素,也有社会因素。不同阶层之间存在较大的贫富差距的社会现实,以及阶层流动性减弱导致阶层固化的问题也是导致大学生迷茫、沉沦,易走极端的重要因素。"知识改变命运",曾经是激励许多青年大学生特别是寒门大学生艰辛求学的动力,但是"富二代""官二代"这个特殊阶层因为占据更多的先天社会资源而在竞争中享有"身位优势",使普通大学生凭借自身努力实现梦想的机会被削弱。代际不公正以及社会阶层间权利享有的不平等,会导致弱化大学生对社会主义核心价值观的认同①。这就更加迫切需要加强社会主义核心价值观教育以强化其中国社会各阶层的"最大公约数"的价值整合作用。教师要通过讲清楚"平等""公正"这些价值目标的实现是一个动态的过程,党和政府通过改革更加公平的社会分配制度、均衡各种民生资源等一系列措施促进这些价值目标的实现,引导学生用发展的眼光辩证理性地看待社会现实问题。

案例 4:知行合一,他是核心价值"践行者"

王成弟是四川大学华西临床医学院(华西医院)呼吸内科专业 2014 级硕士生,获医学/金融学双学士学位,学业综合成绩连续 6 年稳居第一,发表 SCI 文章 7 篇。一年多时间里,他率领团队 2 次获智慧城市创意赛全国第一名,获"创青春"省金和全国银奖,获第二届中国"互联网+"创新创业大赛全国金奖(省金 3 项),得到国务院刘延东副总理的接见。同时,他还获美国百人会英才奖(评审 11 年来首位临床医学生得主)、中国大学生自强之星、国家奖学金等荣誉 120 余项。他勤学笃行,践行核心价值,9 次赴边远山区,团队义诊累计上万人次。

辛勤耕耘,他是学习科研"领头羊"

冰冻三尺,非一日之寒。大学至今,他严格自律,保持着雷打不动 6:30 准时起床进

---

① 杨利利.《阶层分化背景下大学生社会主义核心价值观认同危机与消解》[J],长春理工大学学报(社会科学版),2019 年 7 月,第 32 卷第 4 期:16 – 21。

行晨练晨读的习惯。他学业综合成绩连续 6 年稳居年级第一,研究生阶段学分绩点 3.8,综合成绩 97.45 分,是同学眼中的学霸。

他热爱学术,喜欢钻研,常把学到的理论知识在实验室进行检验,在临床运用和提升,孵化出多个创新科研项目,获批教育部重点课题 1 项、校级重点课题 3 项;发表学术论文 10 余篇,其中 SCI 文章 7 篇,影响因子累计超 30;参编书籍 2 部,获国家授权专利 4 项。今年初,他凭优异的学习成绩和丰硕的科研成果以第 1 名的成绩被保送攻读临床医学博士学位。

他连续四年被学校选拔赴美国、新加坡、欧洲等国家和地区游学,其间到哈佛、耶鲁、等 10 多所全球顶尖学府学习交流,培养了国际视野和社会责任。

他获国家奖学金(3 次)、全国大学生英语竞赛三等奖、四川省大学生综合素质"A 级证书"(2 次)、四川大学"百佳"学生标兵、唐立新奖学金(学校首批获得者)、四川大学综合一等奖学金(4 次)、华西英才特等奖(2 次)等各类荣誉 120 余项。仅 2016 年,他获智慧城市创意赛全国唯一特等奖(总决赛在北京大学举办,四川大学学生参赛历年最好成绩)、美国百人会英才奖(该奖评审 11 年来首位临床医学生得主)、"互联网 +"创新创业大赛全国金奖及 3 项省金、中国大学生自强之星、省优毕等众多荣誉,成绩背后是他夜以继日的付出与拼搏。

作为一名医学生党员,他热心社会工作和公益实践。他先后任院研究生会主席、学生党总支宣传部部长、党总支青年委员、支部委员、班长、校唐立新奖学金俱乐部副团长、校研代会委员等职,他严于律己率先垂范,每天至少花 1 小时关心时政,把系列讲话、社会主义核心价值观内化于心外化于行,策划组织活动百余次,把时政精神传达给身边同学,组织学生参加学习党的十八届三中、四中、五中、六中全会精神宣讲会,带领团队参加"'全国两会、践行社会主义核心价值观'等时政宣讲 PPT 大赛"并取得优异成绩,多次获"优秀党务工作者、优秀共产党员"。医学生本来学业繁重,大多无暇顾及专业外知识,他却对人文社会科学情有独钟,在校党委宣传部担任学生记者 4 年,成为校新闻宣传的骨干力量。500 篇文稿累计上百万字,稿件在校、省、国家级媒体刊登或转载,传播正能量。近几年特别是在去年"两学一做"学习教育中,他充分发挥学生党员的模范带头作用,作为学校"博士快车"志愿服务项目核心学生成员,9 次深入凉山德昌、广安岳池、四川马边、湖北麻城等老少边穷地区开展义诊咨询和爱心帮扶,将所学医学知识与华西优质医疗资源带到广大农村和基层地区,用实际行动落实精准健康扶贫和社会主义核心价值观。志愿团队义诊累计上万人次,捐赠药品、器械价值达 40 万元,并荣获"全国大学生暑期实践优秀团队",该举动得到团中央、中国文明网、四川学联以及当地电视台等媒体报道称赞。

他来自普通家庭,体恤父母的艰辛与不易,感恩父母的养育和教诲,大学至今未拿过父母一分钱,还把奖助学金、文章稿费、兼职所得等累计20万元寄回缓解家庭经济负担。心怀感恩不断激励自己,勇担责任身体力行。他深知"知识可以改变命运",志愿辅导了20多位学生成功考上研究生。他挤出时间为同学们答疑解惑累计上千人次,因工作表现突出被评为四川大学优秀研究生助教。组织团队开展"暖冬计划",走街串巷为少数民族和灾区群众募捐,为四川民族地区孩子们寄学习用品和书籍。

青春搏击,他是创新创业"弄潮儿"

近年来,大众创业、万众创新已成为时代鲜明主题。还在学校的王成弟同样感受到了这股喷薄的热潮,成为最先一批响应"双创"号召并开展创新创业实践的在校大学生。在全国首批双创示范基地——四川大学这片沃土上,他带领团队一路披荆斩棘,从校级、省级再到国家级,斩获"互联网+""智慧城市""挑战杯"等大型创新创业赛事全国金奖、特等奖。

2016年,他带领团队经7个月连续奋战、8次选拔赛、10多次培训,辗转数个城市答辩路演,最终凭"SMART MED 云病理共享平台"项目,从2110所高校12万个项目中脱颖而出获第二届中国"互联网+"大学生创新创业大赛全国金奖,实现了"互联网+"大赛创意类四川省全国金奖零的突破。作为全国唯一的医疗项目,王成弟及其团队得到了中共中央政治局委员、国务院副总理刘延东的亲切接见,刘延东副总理对项目所体现和推进分级诊疗给予肯定,并勉励团队把项目做好做强,使优质医疗资源和技术更好地服务于基层群众。

他还创立思唯特尔成都医疗科技有限责任公司并任公司法人,注册资本100万,旨在通过最前沿的医学技术和最新发明专利服务大众身心健康,成为大学生成长成才的孵化器。

王成弟的奋斗故事在学校传开广为流传,感动川大师生,获得广泛好评。他的奋斗事迹和他所带领的团队先后被新华网、四川省教育厅、四川大学、华西都市报、《中国研究生》、新浪网、搜狐网等20多家单位或主流媒体专题报道或转载,激励着为梦想而奋斗的莘莘学子。

"人生没有等出来的美丽,只有走出来的辉煌",王成弟如是说。一路走来,他勤学笃行研践相济,不忘初心继续前行,用青春和梦想不断抒写当代大学生不懈追求"中国梦"的炫彩华章。

(参见:人民网,2017年4月20日)

（二）培育和践行社会主义核心价值观的路径

充分发挥课程思政对培育社会主义核心价值观的协同作用。思政课程是对大学生进行社会主义核心价值观教育的主阵地，而其他课程也同样承担着对大学生进行社会主义核心价值观教育的任务。要充分发挥课程思政的协同育人作用，需要深入挖掘各门课程的社会主义核心价值观教育资源。同时，思政课教师要与专业课教师相配合，做好课程思政建设工作。"术业有专攻"，不同教师所擅长的学科领域各不相同。专业课老师擅长于专业教学，但是对培育社会主义核心价值观理论内涵、重要性和必要性等问题认识普遍还不够深刻，很难将相关问题讲清讲透。而思政课教师同样缺乏对专业知识的了解，在进行社会主义核心价值观教育时，所选择的案例与学生所学专业联系不紧密，导致学生缺乏代入感，难以激发学习兴趣，影响学习效果。因此专业课、思政课教师有必要共同进行教研、集体备课，分享优秀资源资源共享、交流教学经验、分析教学效果，将思政课教师理论素养相对较高的优势与专业课教师掌握专业学科前沿发展情况、了解学生对专业内容的兴趣点等优势相结合，实现思政课程与课程思政在培育大学生社会主义核心价值观上的同频共振。

案例5：安徽大学立足"三个课堂"推动思政教育入脑入心

思政教育是立德树人、铸魂育人的工作。安徽大学全面实施思政工作质量提升工程，加强统筹谋划，精心组织实施，立足"三个课堂"，推动思政教育入脑入心。

坚持"有意思更有意义"，"第一课堂"有滋有味

安徽大学2019级的王成同学在听完"不忘初心，牢记使命"主题教育形势与政策报告后激动地谈道："听了今天的这堂课，更让我认识到作为新时代青年，我们生逢其时、重任在肩，要坚定理念、勤奋学习，为中华民族伟大复兴的中国梦贡献力量！"

安徽大学党委书记蔡敬民在博学北楼作了题为《承担青年使命争做时代新人》的形势与政策报告，解读了习近平总书记关于青年思想政治教育的重要论述。蔡敬民勉励安大学子珍惜韶华，不忘初心，牢记使命，在习近平总书记关于青年思想政治教育重要论述的引领下，与祖国同发展，同民族共前进。

长期以来，安徽大学高度重视思政课建设，每年所有校领导都走进课堂上思政课，为大学生们奉献一堂堂精彩的人生大课。深入推动习近平新时代中国特色社会主义思想进教材、进课堂、进头脑，开展习近平新时代中国特色社会主义思想"三进"调研，编写研究读本，录制专题教学示范片。以"金课"建设为重点，出台《安徽大学"课程思政"实施方案》，推动各类课程与思政课同向同行。推动思政课在守正中创新，形成研究生"问题导入、专题拓展"，本科生"模块设计、专题讲授"的教学模式，获教育部思政课教

学方法改革项目择优推广计划以及高校示范马克思主义学院和优秀教学科研团队建设项目,在全国形成一定的示范作用。让学生"爱听、想上、真相信",筑牢思想政治工作"生命线"。

做到"时时在线、永不掉线","第二课堂"活力无限

"在选择职业时,我们应该遵循的主要指针是人类的幸福和我们自身的完美……"安徽大学 2018 级财务管理专业团支部的"不忘初心・牢记使命"主题团日活动正在进行,同学们通过诵读马列经典、分享读书感悟,更加坚定了理想信念,明确了责任使命。

像这样学生喜闻乐见、教育效果良好的主题活动在安徽大学还有很多。一直以来,该校积极主动把思想政治工作与学生志愿服务、社会实践、校园文化活动等融为一体,将"大水漫灌"与"精准点灌"结合起来,坚持"社会主义核心价值观是魂,中华优秀传统文化是根,特色校园文化是本"的基本原则,实施精神融入、项目融入、活动融入"三项融入",从而达到课上课下相融合的全过程育人目标。该校连续 27 年成功举办"校园文化艺术节",每年直接参与文化艺术节的学生达 2 万余人次,近三年获得 6 个国家级奖项、24 个省级高层次奖项。

在实践中感悟红色文化,贡献青春力量。以"红色筑梦点亮人生,青春领航振兴中华"为主题,开展"青年红色筑梦之旅"活动,600 余名同学深入基层,引导青年用创新创业成果服务乡村振兴战略、助力精准扶贫。让思想政治教育"下课不下线",种好思想政治工作"责任田"。

用好网络这个"最大增量","第三课堂"润物无声

"请大家登陆'智慧思政'平台,开始进行 100 题测试……"安徽大学计算机科学与技术学院本科生党支部正在开展"不忘初心、牢记使命"主题教育知识测试。此次测试所使用的正是安徽大学创新开发的"智慧思政"平台。

安徽大学以建设省高校网络思想政治工作中心为契机,力争在网络思政教育工作上走在全国前列。目前,智慧思政、智慧思政教学、易班、新媒体联盟及舆情监测分析中心等重点项目建设已初见成效。学校历来注重网络思想引领,建构健康文明、蓬勃向上的网络育人空间。建有国家级、省级精品课程、精品资源共享课程、精品视频公开课程 77 门,网上课程资源 207 门等一批数字化优质教学资源;形成课堂教学、小班辅导、专题报告和网络教育"四位一体"的形势与政策课教学体系;打造了"安徽大学""安大先锋""安徽大学团委"等一批有影响力的微信公众号,多次获得全国、全省各类网站建设、网络文化作品奖项。实现网络育人工作由"条块分割"到"协同育人"的新局面。

让网络思政教育"点—线—面"同频共振,打造思想政治工作"新名片"。近年来,安徽大学构建 233N 人才培养模式,突出把思政教育贯穿人才培养全过程,思政教育成果丰

硕,获得"首届全国文明校园""安徽省文明单位""安徽省首批'三全育人'综合改革试点高校"等多项荣誉,安徽大学法学院荣获全国教育系统先进集体称号。涌现出全国高校思政课教师年度影响力人物、全国思政课教学标兵、全国辅导员年度人物、全国"践行社会主义核心价值观先进个人标兵""中国大学生自强之星"全国高校"百名研究生党员标兵"等一批先进典型。

(参见:人民日报海外网,2019年12月3日)

营造良好校园文化是培育大学生社会主义核心价值观的重要途径。第一,将社会主义核心价值观培育延伸到"第二课堂"。由团委、学生社团等组织开展以弘扬社会主义核心价值观为主题的辩论比赛、演讲比赛、文艺汇演等活动;还可以结合互联网时代,大学生对"微文化"具有浓厚兴趣的特点,引导学生拍摄"微电影"、制作"微课",激发学生对社会主义核心价值观的学习热情和主动性。第二,充分依托高职院校的实训基地、车间等资源大力开展劳育教育,引导学生树立"劳动最光荣,劳动最崇高,劳动最伟大,劳动最美丽"的理念,加强对"工匠精神"的培养,在劳动中践行"敬业"的价值观。第三,要让社会主义核心价值观"入脑入心",需要先做到入眼入耳。利用校史馆、广播站、校园公众号等载体宣传社会主义核心价值观,在走廊、教室张贴社会主义核心价值观宣传画,开展社会主义核心价值观进宿舍、进食堂等活动,形成浓厚的"以文育人"的培育和弘扬核心价值观的文化氛围。第四,组织学生开展志愿服务公益活动,鼓励大学生积极参与社会实践,培养学生的服务意识和担当精神。通过广泛参加社会实践活动,深化学生对社会主义核心价值观的体验和感悟,锻炼知行合一、明辨是非的能力。

案例6:东北大学多措并举,推动社会主义核心价值观入脑入心入行

东北大学紧紧围绕立德树人根本任务,立足主动建设,积极构建培育和践行社会主义核心价值观的立体化长效工作机制。

注重思想引领,推动核心价值观"入脑"。通过教学改革,将核心价值观的要求落实到思想政治理论课教学中,落实到由辅导员主讲的9门人文素质选修课程中,推动课程精品化建设。邀请专家学者举办系列专题讲座,阐释核心价值观的深刻意义和科学内涵。举办"续写雷锋日记""感恩正在发生""争做核心价值观的践行者"等13个教育主题的团日活动,形成按年级、分层次的主题团日推进体系。通过学生自编自导自演的爱国爱校主题话剧《离离原上草》系列展演,感召学生情系祖国、心系天下。

注重榜样表率,推动核心价值观"入心"。连年开展"自强之星""大学生道德模范""我最喜爱的老师""优秀辅导员"等评选活动,挖掘身边好人好事,讲述校园好故事。组织"走进优秀大学生"先进事迹报告团、基层立业杰出校友报告会、东北大学"自强之星"

十周年回访等,累计举办 3000 余场交流活动,在事迹分享和情感互动中营造崇德向善、见贤思齐的氛围,将核心价值观内化于心。隆重表彰"志愿服务国家需要优秀毕业生",校领导亲自为每一名受表彰的毕业生颁发荣誉奖金和《致东北大学"志愿服务国家需要优秀毕业生"的一封信》,鼓舞广大学生立志笃行、成才报国。

注重知行合一,推动核心价值观"入行"。网上网下联动,弘扬核心价值观。利用"掌上东大"手机客户端、"东大人"微信、各团支部微博、微信等平台,开展"诚信承诺网上接龙""宣唱核心价值观"微博微视传播、"走在勤学、修德、明辨、笃实的路上"青春宣言网上接力等活动。课内课外结合,践行核心价值观。启动优秀班集体建设"知行"工程和示范寝室建设"悦居"工程,将勤劳节俭、明德知礼、诚信友善等融入日常学习生活当中。开展"追寻我的中国梦 践行核心价值观"社会实践活动,以"阳光助残行动""关爱农民工子女行动"等志愿服务品牌项目引导广大学生从自己做起、从小事做起、从身边做起,做核心价值观的积极践行者。

(参见:中华人民共和国教育部网站,http://old.moe.gov.cn/publicfiles/business/htmlfiles/moe/)

讲好英雄故事,用榜样的力量培育社会主义核心价值观。"天地英雄气,千秋尚凛然。"一个有希望的民族不能没有英雄,一个有前途的国家不能没有先锋。英雄楷模是鲜活有形的精神元素载体,是民族精神和时代精神的人格体现,凝铸着高尚的道德与价值,也寄托着人民的精神甚至信仰。英雄榜样、时代楷模等都是社会主义核心价值观在现实领域的具化体现。第一,要充分发掘、利用中国古代英雄资源,爱国精神是中国古代英雄最重要、最突出的伟大精神。第二,宣讲在中国共产党领导的中国近代革命以及新中国建设中的无数革命英雄,他们表现出的坚定信仰、不怕牺牲、坚韧不拔、艰苦奋斗的革命精神是中国精神的重要组成部分。第三,宣讲在新时代建设中国特色社会主义现代化强国过程中各行业涌现出的时代楷模。英雄榜样、时代楷模表现出的家国情怀、自强不息、不怕牺牲、爱岗敬业、甘于奉献、勇于担当的精神与社会主义核心价值观在文化渊源、价值追求和思想特性上具有高度一致性,为实现中华民族伟大复兴提供强大的精神动力。他们以其信念、人格、行动感染社会,引领风尚,其丰满真实的英雄形象及其宣扬的崇高的英雄精神是对高度凝练的社会主义核心价值观的极大丰富。将英雄精神融入高校社会主义核心价值观教育,通过宣讲英雄故事、观看相关题材电影等方式宣传英雄精神,有助于丰富教育内容、拓宽教育渠道、凝聚教育力量。

案例 7:"两弹一星"功勋于敏:踏踏实实地做一个"无名英雄"

历史的天空风云变幻,岁月的江河奔流浩荡。唯一不变的是,总有丹心赤子甘为国家鞠躬尽瘁,总有殷殷志士愿为民族负重前行。

那个爱皱眉头、喜欢思考的著名核物理学家走了。今年1月,"两弹一星"功勋奖章、国家最高科学技术奖、改革先锋奖章获得者于敏去世,享年93岁。

于敏最后一次出现在公众视野中还是在2015年1月9日。那天,他从习近平总书记手中,接过了当年唯一的国家最高科学技术奖获奖证书。

这样的"抛头露面",于敏只经历过两次。上一次是1999年,在表彰为研制"两弹一星"做出突出贡献的科技专家大会上,他被授予了"两弹一星"功勋奖章,并代表23位获奖科学家发言。

对于这样的大场合,于敏并不习惯。因为此前几十年里,作为我国核武器事业重要奠基人之一的他,一直都隐姓埋名。

"一个人的名字,早晚是要没有的。能把自己微薄的力量融进祖国的强盛之中,便足以自慰了。"这是于敏生前的一次自白。今天,当我们再次提起这个名字时,他已经成为一座永远矗立的丰碑。生命无法永恒,精神却能不朽。

于敏,著名的核物理学家。生于1926年8月16日,1949年毕业于北京大学物理系。他填补了我国原子核理论的空白,对我国科技自主创新能力的提升和国防实力的增强作出了开创性贡献。

"我不能有另一种选择。"于敏生前的卧室里,一本《三国演义》摆放在案头。和煦的阳光从窗口透进来,照着泛黄起皱的封皮。可想而知,那位温文尔雅的主人,曾经多少次倚在窗前的靠椅上,翻阅着心爱的书籍。

其实,于敏自己也没想到这辈子会与氢弹结缘,更没想过个人与国家的命运会紧紧联系在一起。当时,正在中国科学院原子能研究所工作的他,原本以为会在钟爱的原子核理论研究道路上一直走下去。

然而,一次与时任二机部副部长、原子能研究所所长钱三强的谈话,让他的人生发生了重大转变。1961年1月的一天,雪花飘舞,于敏应邀来到钱三强的办公室。一见到于敏,钱三强就直言不讳地说:"经所里研究,报请上级批准,决定让你参加热核武器原理的预先研究,你看怎样?"

从钱三强坚毅的眼神中,于敏立刻明白,国家正在全力研制第一颗原子弹,氢弹理论的预先研究也要尽快进行。

于敏感到很突然,甚至还有几分不解。一向沉默的他,喜欢做基础理论研究。不过,于敏没有犹豫,因为他忘不了童年"亡国奴的屈辱生活"带给他的惨痛记忆。

"中华民族不欺负旁人,也不能受旁人欺负,核武器是一种保障手段,这种民族情感是我的精神动力。"于敏后来这样说。

"我们国家没有自己的核力量，就不能真正的独立。面对这样庞大又严肃的题目，我不能有另一种选择。"这是于敏当时的想法。

这个决定，改变了于敏的一生。自此他开始了隐姓埋名的生活，把自己的一切奉献给了我国的核武器科技事业。

"土专家"有"真把式"。未曾出国留学的于敏，自谦是"地道的国产"。但他对自己的学生说，"土专家"不足为法，科学需要开放交流和开阔视野。因此，他鼓励学生出国留学，但有一个条件——"开过眼界后就回国作贡献"。

氢弹理论的探究是一个全新的领域，当时被核大国列为涉及国家安全的最高机密。因此，要在短期内实现氢弹研制理论上的突破，绝不是一件轻而易举的事。

干惊天动地的事，做隐姓埋名的人。为了尽快研制出我国自己的氢弹，于敏和同事们知难而进、昼夜奋战。然而，有好长一段时间，他们始终找不到氢弹原理的突破口。

重大转折点发生在那一年秋天，于敏带领一批年轻人前往外地用计算机进行优化计算。在"百日会战"里，他和同事们找到了突破氢弹的技术途径，形成了从原理、材料到构型完整的氢弹物理设计方案。

氢弹原理一经突破，所有人斗志昂扬，恨不得立马造出氢弹。但是原理还需经过核试验的检验。试验场远在西北大漠，生活条件相当艰苦，吃的是夹杂沙子的馒头，喝的是苦碱水；茫茫戈壁上飞沙走石，大风如刀削一般，冬天气温达零下30摄氏度，道路冻得像搓衣板……而于敏都甘之若饴。

1966年12月28日，氢弹原理试验取得圆满成功。1967年6月17日，我国又成功进行全威力氢弹的空投爆炸试验。

试验成功的那一刻，于敏很平静，"回去就睡觉了，睡得很踏实"。

直到于敏的工作逐步解密后，他的妻子孙玉芹才恍然大悟："没想到老于是搞这么高级的秘密工作。"

在我国第一颗氢弹成功空投爆炸指挥现场，于敏凝望着半空中腾起的蘑菇云，一言不发，直至听到测试队报来的测试结果时，才脱口而出："与理论预估的结果完全一样！"

尽管在氢弹研制中居功至伟，但对别人送来的"中国氢弹之父"的称呼，于敏并不接受。"核武器的研制是集科学、技术、工程于一体的大科学系统，需要多种学科、多方面的力量才能取得现在的成绩，我只是起到了一定的作用，氢弹又不能有好几个'父亲'。"他说。

完成了时代赋予的使命，于敏没有停止追寻的脚步。为了研发第二代核武器，于敏隐身大山，继续加班加点搞科研，他的身体变得越来越虚弱，几次与死神擦肩而过。

此身长报国，拿命换科研，这是何等的奉献！在那些日子，于敏常常会想起诸葛亮，矢志不渝，六出祁山。

1984年冬天,格外的冷。于敏在西北核试验场进行核武器试验,他早已记不清自己是第几次站在这严寒的戈壁上。

"臣受命之日,寝不安席,食不甘味……"在试验前的讨论会上,于敏和陈能宽感慨地朗诵起了诸葛亮的《后出师表》。

不同于蜀汉丞相的"出师未捷身先死"以及"知其不可为而为之",于敏的事业是"可为""有为"的。就像他沉默的事业一样,于敏是个喜欢安静的人。他曾对身边人说,别计较有名无名,要踏踏实实地做一个"无名英雄"。

这种"安静",在于敏子女的记忆中却有点模糊。儿子于辛小时候对父亲的记忆就是一个字:忙。"整天待在房间里想东西,很多人来找他。"女儿于元亦很难觅寻儿时对父亲的记忆,因为父女俩不曾有太多交流。

于敏对"安静"有着自己的解释:"所谓安静,对于一个科学家,就是不为物欲所惑,不为权势所屈,不为利害所移,始终保持严谨的科学精神。"他倾慕文天祥的威武不屈,以及"丹心照汗青",这"丹心"于他就是坚持科学,就是献身宏谋。

正如他73岁那年在一首题为《抒怀》的七言律诗中表达的那样,即使"身为一叶无轻重",也要"愿将一生献宏谋"。

"于敏先生那一代人,身上有一种共性,他们有一种强烈的家国情怀。这种精神影响了一代又一代人,希望这种精神能够不断传承下去。"与他一起工作了50多年的中国工程物理研究院原副院长杜祥琬说。

一棵大树俯身而卧的地方,正在长出一片森林。

(参见:《解放军报》,2019年4月12日)

本 章 小 结

社会主义核心价值观是当代中国发展进步的精神指引,是保证中国特色社会主义发展坚持正确方向的价值遵循。中华优秀传统文化的涵养、中国特色社会主义建设实践的巨大成功以及社会主义核心价值观本身具有的强大道义力量是价值观自信的来源。在价值观日益多元化的今天,需要大力培育和践行社会主义核心价值观,以此在全社会形成巨大的价值共识,凝聚全国人民的共同价值追求。当代大学生要从我做起、从点滴做起,成为社会主义核心价值观的坚定信仰者、积极传播者、模范践行者。

第五章 明大德 守公德 严私德

本章重难点

(一)实现中华传统美德的创造性转换化和创新性发展

(二)社会主义道德必须以为人民服务为核心、以集体主义为原则

(三)引导大学生遵守社会生活、职业生活、家庭生活以及网络生活中的基本道德规范和要求

问题一:加强社会主义道德建设具有怎么样的意义

道德是由社会经济基础所决定的一种社会意识形态,它是以善恶为评价方式,主要通过社会舆论、传统习惯和内心信念来发挥作用的行为规范的总和。道德是一种准则和规范,它既不是由国家制定的,也不是由社会组织制定的,而是在社会生活中逐渐形成的。而法律是由国家制定或认可并以国家强制力保证实施的,反映由特定物质生活条件所决定的统治阶级意志的规范体系。它体现着国家对其成员在政治、经济、文化等各个领域中行为的要求,体现着维护社会稳定、保护人民生命财产安全、保障国家安全的要求,以国家强制力为后盾,通过法律程序保证实现的社会规范,具有强大的约束规范力量。

进入新时代,我国在经济、政治、文化、社会生活各个方面实现了有法可依,中国特色社会主义法律体系已经形成,依法治国已成为我国治国理政的基本方略,全面推进依法治国是当前我国治国理政的关键和重中之重。随着我国市场经济的深入发展和社会的转型变化,许多新的社会问题、社会矛盾需要用法治思维去解决。那么,当法治已经成为现代社会的普遍共识和追求后,我们为什么还要强调道德的力量,特别是要加强社会主义道德建设,发挥社会主义道德的作用呢?

新时代不断推进法治社会的建设和发展,但是道德在社会中的作用并没有过时,反而具有更加独特和凸显的作用,加强社会主义道德建设具有重要的理论和实践价值。在这里,我们可以从道德的功能作用、道德与法律之间的相互作用、道德的实践价值等多方

面对该问题进行解读。

第一,道德的功能与作用。道德属于社会意识形态,是上层建筑的组成部分。马克思主义认为,社会意识具有相对独立性,先进的、革命的、科学的社会意识对社会存在的发展产生巨大的促进作用;落后的、反动的、不科学的社会意识对社会存在的发展起着阻碍作用。道德作为社会意识形态的重要组成部分,必然会对社会生活起到影响作用,它具有认识功能、调节功能、导向功能、激励功能、辩护功能、沟通功能等重要功能,有着完善系统的功能体系,约束和规范人们的相互关系和个人行为,调节社会关系,还能与其他社会规范一起对社会生活的正常秩序提供保障。总体上而言,道德对于个人的成长发展和国家治理建设具有重要的作用。一是道德是提高人的精神境界、促进人的自我完善、推动人的全面发展的内在动力,构成了个人发展的核心竞争力,为人生确立标杆。纵观人的一生,每个人都避免不了反省自我,认识、估量与处理和他者之间的关系。道德最生动的和最原始的功能与作用,正是在自我与他者之间建立的第一重省察的体系。正是这种道德的自我省察,让个人能够明确自身与他者的关系,明确自身存在的问题与过失,并施以相应的规范约束、管理自我和发展自我,这对于个人成长和社会治理都有重要的作用。一个道德冷漠、缺失道德自律的人往往会对他人、社会造成一定的负面影响。当今社会,每个人日益处于各种社会关系中,个人的发展离不开社会关系,一个人要想在社会关系中立足站稳,就必须重视加强道德水平的提升。道德是比知识、权力、地位更为重要的因素,是个人可持续发展的必备条件,是处理好社会关系的重要筹码。我们可以看到,从古至今,在人才选拔标准中都强调"德才兼备","德"在"才"前,处于第一位,具有优先和主导地位,"德"对"才"起着统帅和保证作用,它既决定着"才"的方向,同时也是"才"的原动力。"德"不备,没有正确的方向以施其"才"。一个有才无德的人,可能出卖商业机密,可能贪污受贿,也可能作奸犯科,毫无底线和规则。因此,不同行业、不同企业、不同岗位对员工的"德"都具有严格的要求。一个具有良好品德的人更易受到他人的信任和青睐,也更容易维系社会关系的稳定和和谐发展。二是道德是国家尊严和民族价值的核心呈现,具有汇集软实力和凝聚力的作用,是一个国家长治久安的基础。国家社会治理、公共秩序稳定、人际关系处理、政府信任打造等都需要价值根基与道德准则,在道德提升中不断修正社会发展裂痕,改善人际关系冷漠,守住民族精神家园,培育民族意识和民族精神。古罗马的毁灭正在于全国上下的腐败和生活的堕落。早期的罗马人"健康、纯朴、高尚",富有爱国心和荣誉感,具有强烈的民族精神和尚武精神,美德和荣誉是罗马共和国的宗旨,有抱负的公民都竭尽全力以求无愧于一次胜利所带来的庄严的荣誉。之后,道德精神的堕落弥漫于上至达官显贵下至普通百姓的各个社会阶层,腐败、奢靡、不检点成为促使罗马衰亡最为根本的原因。从罗马人的历史教训中，我们可以深刻看到道德建设与一个国家的繁荣昌盛紧密相连。结合中国近代史我们亦可得到同样的经验教训：国家陷于半殖民地半封建社会的黑暗中，正是马克思主义的深入传播和民族精神的重塑，我们取得一次又一次的胜利，推翻"三座大山"，建立新中国。可见，道德是一种重要的社会精神力量，发挥着不可估量的作用。

第二，道德与法律的相互作用。一方面，法律和道德虽然都是调整社会关系、规范人们行为的重要手段，可以实现内容价值上的相互转化，但是两者属于不同的范畴，着眼点、调节对象和内容有所不同，各自在社会调控上的作用都有自身的局限性和不足，并不是万能的。法律是最严厉的社会规范，具有强制性，但它不是万能的，其调整和规范的范围是有限的，对于一些情感关系、友谊关系就不宜采用法律进行调整，同时它是以社会为基础，不可能超越社会发展需要而创造或者改变社会，具有一定的滞后性；而道德的调节范围是比较广泛的，重要的，但它是一种靠社会成员的自觉性来遵守的自律性规范，对于社会成员的约束力量比较薄弱，是有限的。让具有强大约束力、有限规范调整范围的法律与有限社会约束力和较大规范调整范围的道德相结合，可以实现在社会管理中相互支持、相互作用，实现最大范围最有效地把人们的行为纳入一定的秩序范围，保障社会的安定与有序。另一方面，道德对于当前社会主义法治建设具有推动作用，道德能够为法治建设提供价值判断的标准，有利于促进法治的贯彻实施。法律的贯彻实施首先需要社会成员知法、守法、懂法、用法，究其根本就是认同和支持我国的法律。道德是法律正当性、合法性的内在根据，以道德为支撑的法律比较容易获得社会的普遍认同，道德为法律提供内在支撑；同时，通过道德的宣传教化，可以促进法律的广泛传播和深入，以道德为支持，提高社会成员的守法意识和用法水平。因此，党的领导集体历来强调把依法治国与以德治国紧密结合起来。

第三，重要战略机遇期加强社会主义道德建设的重要意义。面对国际国内形势快速而深刻的变化，提高公民的整体道德水平，强化中华民族精神建设，有助于防范各种不确定的风险与挑战，夯实精神基石，保持社会发展的稳定有序。一是加强社会主义道德建设有助于筑牢经济建设的精神基础。近年来，我国社会主义市场经济高速发展，自2010年以来我国已是世界上第二大经济体，取得一系列经济上的成就，但市场经济本身的自发性、自利性也激发了人们的逐利行为，出现了许多经济上道德失范现象，假冒伪劣、食品安全、环境污染、贫富差距、拜金主义，等等，直接影响人们的生命财产安全，破坏经济秩序。通过加强社会主义道德建设，提高经济主体的道德水平，加强道德约束和舆论监督，能够限制不良的经济行为，调节经济矛盾，为市场经济的健康发展提供一个坚实的精神基石。二是加强社会主义道德建设是政治建设的内在要求。

"政治本身蕴涵着道德的内容,政治建设应该是内含道德的政治建设,道德建设涵育政治建设的根基。"①在道德建设的实践中可以丰富政治建设的内容,增强公民的权利意识和义务意识,增强公民参与政治生活的积极性和主动性,同时,道德建设直接提高了公民的思想道德水平,从而促进公民贯彻执行政治建设的各项政策举措,提高政治建设的实效性。三是加强社会道德建设是文化建设的重要内容。当今世界的竞争归根到底是综合国力的竞争,文化软实力是重要的组成部分,而道德建设是文化的灵魂所在,是文化建设的重要内容。在我国,思想道德建设的内容是由我国现阶段经济基础决定的,同时,思想道德建设的内容也集中反映社会主义基本制度的本质要求,决定着文化建设的性质和方向。加强思想道德建设,能够保证文化建设沿着社会主义方向稳定前进,夯实文化建设的精神内蕴。

人无德不立,国无德不兴。在法治时代的今天,道德仍然发挥着重要的规范、调节作用,对于个人和社会都具有基础性意义,加强社会主义道德建设对于社会主义市场经济的健康发展、政治民主建设以及文化繁荣都发挥着重要的作用,因此,我们更要加强社会主义道德建设,为实现中华民族伟大复兴中国梦凝心铸魂。

案例1:诚信妻子打工5年还清亡夫欠款

2006年,施建银在老家与丈夫邱小平共同创办了一家小型织布加工厂。2014年,丈夫不幸患肝癌去世,摆在她面前的不仅是失去家中顶梁柱的痛苦和无助,还有被迫停工的纺织厂和宛若天文数字的贷款和外债。施建银没有逃避,她信守承诺,主动扛起了沉重的债务,只身前往苏州,靠在脚手架公司扛运钢管赚钱,用5年的时间还清了9位工人的欠款,共计10万余元,用实际行动让我们感受到一诺千金的可贵和依法履行义务的可敬。

幸福生活突遭意外,弱小身躯扛起沉重债务

2006年,施建银和丈夫邱小平贷款在村里办了一家小型织布加工厂。厂房不大,几台喷水织机,八九个工人,夫妻二人齐心协力,工厂一天天走上正轨,不仅他们的小家过上了小康生活,还帮助附近村民解决了就业难题。就在一家人和和美美地享受幸福生活的时候,邱小平在2014年不幸被查出肝癌,短短两个月后便离开了人世。施建银从前只会帮忙干活,工厂经营全靠丈夫,如今顶梁柱倒了,厂子经营不下去,只能关闭歇业。

丈夫虽然不在了,织布厂的"后事"却不能一了百了。施建银在丈夫留下的织布厂账

① 翁世平.简析政治文明与道德的相融互动【J】.道德与文明,2002,(5):6.

本中发现,30多万元贷款没还,还有9名女工的10万多元工资没有结清,对于施建银而言,简直是雪上加霜。"我虽然没文化,但知道什么是诚信,更何况欠债还钱本来就是天经地义!"施建银主动与女工们取得联系,到如皋市人民法院以调解方式确定了欠债事实,约定一年内还清,用柔弱的肩膀扛起了沉重的债务。

信守承诺背井离乡,扛钢管五年还清亡夫欠款

一年的时间转眼过去,作为一名一直生活在农村的普通妇女,施建银文化水平低,年龄又偏大,除了种地,没有别的经济来源,实在无法靠打工在短时间内还清10万余元的高额债务,9名女工一气之下向如皋法院申请强制执行。尽管施建银生活窘迫,但她并没有因此"耍赖",而是咬紧牙关,一边重新与9人订立了分期还款的计划,一边四处寻找打工挣钱的地方,尽可能地多赚钱还债。

2016年初,施建银在朋友的帮助下终于找到了一份力气活——在苏州昆山市同乡开办的一家脚手架公司清理脚手架。她把年迈的婆婆托付给自己的兄嫂,只身前往苏州打工,撸起袖子干起了一份本不应该女人干的力气活——扛钢管。公司的场地上,一堆堆脚手架垒成了小山,长的每根重达20斤,短一些的每根也有5、6斤,施建银的工作是将它们分类整理好。每天,她都要通过肩扛的方式,将上千根钢管一摞一摞地整理打包起来。这份工作拿的是计件工资,为了多挣钱,施建银常常凌晨5点不到就起床,晚上6点多下班,一天工作超过12个小时,沉重的钢管一天来来回回搬运打包几十趟。为了节约开支,她吃住都在工地上,除了基本的生活开销外,每月3000元的工资全部用来还债。就这样,她一元一元地挣,一百一百地存,一个一个地还。2018年,施建银还清了3位工人的欠款。2019年1月7日,她约好其他6人一起来到法院,还清了剩下的欠款。此时的施建银百感交集,忍不住放声大哭。

还完工人们的欠款,施建银继续回到昆山打工,家里还有当初丈夫开办织布厂时的30余万元贷款需要她还,"日子虽然苦,但心里越来越踏实!"施建银说。过去,账本上的数字像一块块石头,压得她喘不过气。现在,她边打工、边还债,还一笔、记一笔,账本上的数字被划掉,心里压着的石头也被搬走了。

诚信无价媒体热议,凡人善举收获满满爱心

2019年3月29日,施建银的事迹被江苏高院制成视频发布在"抖音"。视频中,穿着朴素的施建银在如皋法院执行局,从带来的布包中取出一摞百元大钞,然后又从口袋里摸出一把10元、5元的纸币,最后又掏出1元、5角的硬币,还清欠款后的她放声大哭,一声"老公,你的欠债我终于还清了",让和她一起来的几名女子也不由泪流满面。视频发布后,短短3个小时,点击量就达到了1700多万,超过10万网友留言评论。24小时内,该视频累计点击量超过3700万次,点赞333万次。随后,人民日报、新

华社、新华日报等多家媒体纷纷跟踪报道,央视《新闻联播》以"平民英雄 成就不平凡人生"为题报道了一系列平凡英雄的事迹,其中就包括这位"诚信妻子"。施建银的事迹在网上引起了强烈反响,网民们纷纷点赞,更有网友表示:"我要向她学习,我是失信人,我要努力还钱。"

施建银的事迹感动了很多人,其中就包括她所在企业的负责人邱世宏,得知施建银的情况后,邱世宏主动给她涨了工资,换了一份轻松点的工作,并且联系了其他企业为她捐款。中亿丰建设有限公司和浩博设备租赁公司两家公司为施建银捐款合计 11 万元,为她还清债务助了一臂之力。他们表示:"施大姐为夫还债的事情充满了正能量,现在社会经济发达了,我们缺的不是钱,是精神,而精神东西里面最重要的就是诚信,人与人之间的相处也好,生活也好,诚信是最珍贵的。我们大家都愿意伸出手来帮帮她,希望她能够走出目前的困境。"

诚实守信,一诺千金。施建银作为一个普通公民,在人生最困难的时候,没有逃避债务,而是用并不伟岸的身躯扛起了钢管,更扛起了人生大义,用身体力行镌刻真诚信用,更镌刻了不平凡的人生。施建银先后获评第四届"如皋市诚实守信模范""南通市第 40 次文明新风典型"。

(参见:中国文明网,2019 年 12 月 25 日)

问题二:为什么说社会主义道德是对中华传统美德和中国革命道德的继承和发展

2019 年 10 月,中共中央、国务院印发《新时代公民道德建设实施纲要》(以下简称《纲要》),《纲要》中强调坚持和发展中国特色社会主义,需要物质文明和精神文明全面发展、人民物质生活和精神生活水平全面提升。中国特色社会主义进入新时代,加强公民道德建设、提高全社会道德水平,是全面建成小康社会、全面建设社会主义现代化强国的战略任务,是适应社会主要矛盾变化、满足人民对美好生活向往的迫切需要,是促进社会全面进步、人的全面发展的必然要求。《纲要》对公民道德建设、社会道德建设的重要意义和作用做了明确阐释。在新时代,社会道德建设要更好地实现人的全面发展,提高社会成员的整体素质,从根本上来说就是要提高社会成员的道德素养和水平。

传承和弘扬中华传统美德。中华文明源远流长,孕育了中华民族的宝贵精神品格,培育了中国人民的崇高价值追求。推动社会道德建设,需要吸收借鉴优秀道德成果,中华传统美德是社会主义道德建设的源头活水,更是中华优秀传统文化的重要组成部分,蕴含着丰富的思想道德资源。

中华传统美德内容丰富,博大精深。从家庭方面看,中华传统美德强调勤俭持家,父慈子孝,夫义妇顺,兄友弟恭,亲善邻里。在社会方面,强调诚实守信,诚信为本、义重于利,团结友善,贵和乐群,崇尚"己所不欲勿施于人""己欲立而立人,己欲达而达人"等。在国家方面,强调国家和民族大义,精忠报国,维护团结统一,崇尚"天下为公""为政以德""天下兴亡匹夫有责"。在世界方面,强调民族之间要睦邻友好、以德服人、爱好和平,注重民族气节,崇尚"天下一家""协和万邦"。在自然方面,强调敬畏自然,向自然学习、人与自然要和谐相处,崇尚"天人合一""道法自然"。中华传统美德中的重视整体利益,强调责任奉献,推崇"仁爱"原则,注重以和为贵,提倡人伦价值,重视道德义务追求精神境界,向往理想人格强调道德修养,注重道德践履。长久以来这些美德已经深入到中华民族基因中,影响着全民族的思维方式、价值观念、行为方式和风俗习惯。社会主义核心价值观就是对我国五千年一脉相承的优秀传统文化的继承和弘扬。正是因为汲取了丰富的思想营养,才使得当代的社会主义核心价值观具有生命力和影响力。因此,我们要在社会发展和时代需要中,辩证地对待中华传统美德,去其糟粕,取其精华,进行创造性转化,做到古为今用。

继承和发展中国革命道德。中国革命道德是对中华传统美德的延续和发展,传承和发展中国革命道德也是弘扬中华传统美德的应有之义。中国革命道德超越了中华传统美德的时代局限性,是社会主义道德建设的思想源泉。中国革命道德是近代以来中国社会大变革的时代性成果,它的生成和发展是伦理道德领域的一次空前革命,标志着封建主义伦理道德体系的终结,开创了中国伦理道德发展的崭新阶段,具有不可磨灭的划时代意义。深刻认识和正确评价革命道德,对于大力弘扬中华民族优良传统,推进新时期精神文明建设,具有重大意义。中国革命道德是马克思主义与中国革命、建设、改革伟大实践相结合的产物,它萌芽于五四运动前后,发端于中国共产党人,一切先进分子和人民群众在新民主主义革命实践中形成的革命精神、精神品质和道德情操。在中国共产党领导中国人民进行革命、建设、改革的实践中形成了为实现社会主义和共产主义理想而奋斗,全心全意为人民服务,始终把革命利益放在首位,树立社会新风,建立新型人际关系,修身自律,保持节操的中国革命道德,其丰富的内容历久弥新,在当代的社会主义现代化强国建设中发挥着重要作用。弘扬中国革命道德,有利于培养中国人民的社会主义和共产主义信念,有利于深刻理解社会主义核心价值观的科学内涵和历史渊源,增强价值认同,为中国特色社会主义事业提供强大的精神动力。

社会主义道德的发展。社会主义道德是植根于社会主义经济基础,与社会主义的经济、政治、文化状况相适应的社会道德。社会主义是共产主义的初级阶段,又是向共产主义高级阶段前进的历史运动,社会主义道德本质上从属于共产主义道德体系,是共产主义道德在社会主义历史阶段的具体体现。弘扬社会主义道德,必须坚持以为人民服务为核心,以集体主义为原则,推进社会公德、职业道德、家庭美德、个人品德建设。社会主义道德以社会主义的集体主义为道德原则,以实现共产主义为道德理想,以中国特色社会主义理论为指导,传承中华传统美德和革命道德的优良基因,适合中国国情和民众的道德生活,并能够与经济、政治和法律体系相配合。社会主义道德、中华传统美德、中国革命道德,三种道德既有不同,又在历史延续、传承创新、继承发展方面有着密切的联系。在社会主义道德建设过程中,要结合时代需要推动中华传统美德的创造性转化和创新性发展,坚持古为今用、推陈出新的原则,为社会主义道德建设提供丰富的道德资源。同时,还要加强对中国革命历史的学习,在历史中深刻了解中国共产党人带领人民进行革命斗争的艰苦实践,深刻把握历史,认识社会、审视人生,抵制各种腐朽思想,树立浩然正气、凝聚崇德向善的正能量。实践证明,只有对这些优秀的道德资源进行综合性地运用于创新,才能切实推进中国特色社会主义道德建设,为全面提高公民素质、实现社会和谐、达到国家长治久安起到长久作用。

案例1:民族英雄——林则徐 苟利国家生死以 岂因祸福避趋之

林则徐,福建省侯官人,清朝政治家、思想家、诗人,曾任湖广总督、陕甘总督和云贵总督,两次受命钦差大臣,以"禁烟"闻名于世,近代中国"睁眼看世界第一人"。

1839年,林则徐受命为钦差大臣,到广州查处禁烟。林则徐查找各家烟馆,掌握了大量第一手资料,会同邓廷桢等传讯十三行洋商,命外国鸦片贩子限期缴烟,并具结保证今后永不夹带鸦片进入中国。

外商拒绝交出鸦片,林则徐与他们进行了坚决的斗争。林则徐严正声明:"若鸦片一日不绝,本大人一日不回,誓与此事相始终,断无中止之理。"最终挫败英国驻华商务监督义律和众多鸦片贩子,收缴全部鸦片,约237万余斤,近2万箱。6月3日,在虎门海滩上,当众销毁鸦片。

但是,因为禁烟和抗英,也给赤胆忠心的林则徐带来了灾难。林则徐后来因此成了朝廷的一名"罪臣",遭受了3年的流放生活。1840年6月,英军派舰队封锁了珠江口,开始进攻广州。林则徐严密布防,英军进攻未能得逞。英军受阻后沿海岸北上,攻占定海,随后抵达天津大沽口，威胁到了北京的安全。道光帝惊慌失措，急令直隶总督琦善前去议和，并欲将林则徐作为"替罪羊"。从此，各种诬陷、打击和指责，接连降到林则徐头上。琦善当然不会错过这陷害和打击报复林则徐的机会。他险恶的声称，英国不满的就只是林则徐一个人，只要朝廷惩治了林则徐，所有问题都可解决。这时候的林则徐，仍然不顾个人安危荣辱，还两次上奏，大胆陈述禁烟抗英的合理性和正义性，希望朝廷坚决继续开展禁烟运动、驱逐洋人、收缴鸦片。但是腐朽无能、惧怕洋人的道光帝却像换了一个人似的，再也不是先前赏识赞扬林则徐的他了。

清道光帝下旨，将林则徐革职严办，并由新任钦差大臣琦善对他进行审问和发落。1841 年 5 月 1 日，林则徐降为四品卿衔，速赴浙江镇海听候谕旨。到镇海后，林则徐积极参与当地海防建设。不久，将军奕山在与英军作战中打了败仗，为了开脱罪责，竟造谣说英方是愿意议和的，他们恨之入骨的只有林则徐一人。必须再次惩办林则徐，英方才肯罢兵议和。道光帝求和心切，便把广州战败的责任再次归罪于林则徐，革去林则徐职务，从重发往新疆伊犁。被投降派诬陷的林则徐，踏上西去的戍途。在与家人告别时，林则徐满腔热血地写下了著名的"苟利国家生死以，岂因祸福避趋之"的诗句。这是林则徐炽烈爱国情感的淋漓表达，是忠君为国的民族英雄壮怀激烈、感天动地的博大情怀的写照。

赴戍登程口占示家人二首

林则徐

（一）

出门一笑莫心哀，浩荡襟怀到处开。

时事难从无过立，达官非自有生来。

风涛回首空三岛，尘壤从头数九垓。

休信儿童轻薄语，嗤他赵老送灯台。

（二）

力微任重久神疲，再竭衰庸定不支。

苟利国家生死以，岂因祸福避趋之。

谪居正是君恩厚，养拙刚于戍卒宜。

戏与山妻谈故事，试吟断送老头皮。

（参见：https://www.sohu.com/a/164173321_99904027）

案例2:伟大的共产主义战士——方志敏

方志敏,1899 年 8 月出生,江西省弋阳县人。1919 年夏以优异成绩考入江西省立南昌甲种工业学校。这时,正值五四爱国运动后新思想、新思潮在中国开始广泛传播,他如饥似渴地阅读《新青年》等进步书刊,参加和组织学生运动,被选为南昌学联的负责人之一。1922 年 7 月,为寻求革命真理,他来到上海,同年 7 月加入中国社会主义青年团。1924 年 3 月,在南昌方志敏转为中国共产党党员。他激动地写道:"共产党员——这是一个极尊贵的名词,我加入了共产党,做了共产党员,我是如何的引以为荣啊!从此,我的一切,直到我的生命都交给党去了。"

第一次国共合作期间,他先后任国民党江西省党部执行委员兼农民部部长、中共江西区委工委书记、中共江西省委农民协会秘书长。1925 年冬,党组织派他回家乡开展农民运动。1926 年 4 月,他作为江西省代表赴广州参加第二次农民代表大会。其间,他第一次见到毛泽东和彭湃,并到东江、大埔一带考察农民运动。1927 年 3 月,他赴武汉,参加由毛泽东、邓演达主持的粤湘赣鄂豫农民协会执委会和农民自卫军联席会议,与毛泽东、彭湃、邓演达、谭平山等 13 人当选中华全国农民协会临时委员会执行委员。他完全赞同毛泽东在《湖南农民运动考察报告》中提出的思想和主张。

大革命失败后,1927 年 8 月下旬,他化装成贫苦农民从吉安步行回到弋阳,任弋阳、横峰等五县工作委员会书记兼武装起义总指挥,中共弋、横、德中心县委书记以及江西省委委员,传达八七会议精神,组织农民武装,进行暴动准备。1928 年 1 月,他与邵式平、黄道等领导赣东北弋阳、横峰地区农民起义,创建了赣东北革命根据地,领导组建中国工农红军第十军。1930 年起,先后任赣东北省、闽浙赣省苏维埃政府主席,红十军政治委员,中华苏维埃共和国中央执行委员,中共闽浙赣省委书记。1934 年 1 月,在中共六届五中全会上方志敏当选为中央委员。他把马克思主义普遍真理与赣东北实际相结合,创造了一整套建党、建军和建立红色政权的经验,毛泽东称之为"方志敏式"的根据地。

1934 年 11 月初,以红七军团组成的北上抗日先遣队到达闽浙皖赣边区,与红十军组成红十军团,方志敏任红十军团军政委员会主席,奉命率红 10 军团北上抗日,在皖南遭国民党军重兵围追堵截,艰苦转战两月余,被 7 倍于己的敌军重重围困在怀玉山区。他带领先头部队奋战脱险,但为了接应后续部队,冒着雨雪和危险,复入重围,寻找部队,终因寡不敌众,弹尽援绝,于 1935 年 1 月 29 日被俘。被俘时,国民党士兵搜遍方志敏全身,除一块怀表和一支钢笔,没有一文钱。

在狱中,面对敌人的百般诱降和严刑逼供,他正气凛然,坚贞不屈,断然表示,宁为玉碎,不为瓦全,为革命而死,虽死犹荣!在极端艰苦的条件下,方志敏用自己的心血写下了《可爱的中国》《清贫》《狱中纪实》等著名篇章。他写道:"清贫,洁白朴素的生活,正是我们革命者能够战胜许多困难的地方!""不怕饥饿,不怕寒冷,不怕危险,不怕困难。一切难于忍受的生活,我都能忍受下去!我能舍弃一切,但是不能舍弃党,舍弃阶级,舍弃革命事业,我有一天生命,我就应该为它们工作一天!""敌人只能砍下我们的头颅,决不能动摇我们的信仰!因为我们信仰的主义乃是宇宙的真理!为着共产主义牺牲,为着苏维埃流血,那是我们十分情愿的啊!"这些激动人心、掷地有声、感人肺腑的语言,给我们留下了宝贵的精神财富。1935 年 8 月 6 日,方志敏在江西南昌英勇就义,时年 36 岁。

(参见:新华网 中国青年网)

案例 3:英年早逝的一大代表王尽美

王尽美是中共创始人之一,也是山东党组织建立的最早发起人,作为中共一大代表曾与毛泽东一起参加会议,结下了革命友谊。遗憾的是王尽美 27 岁英年早逝。1936 年,美国记者斯诺到延安采访。在谈到中国共产党早期创始人的时候,毛泽东对斯诺说:"王尽美和邓恩铭是山东支部的创始人。"1949 年,毛泽东在参加第一届全国政协会议的时候,对山东代表马保三说:"革命胜利了,不能忘记老同志。你们山东要把王尽美、邓恩铭烈士的历史搞好,要收集他们的遗物。"他还非常动情地介绍说:"王尽美耳朵大,长方脸,细高挑,说话沉着大方,很有口才,大伙都亲热地叫他'王大耳'。"

出身贫苦 渴求进步

王尽美出生在一个贫苦的佃农家庭,是山东省莒县(今诸城市)大北杏村人。王尽美在出生前四个月,父亲突然暴病身亡,还未成人爷爷也病故了。为生活所迫,王尽美的奶奶只好去地主家当用人,母亲则在家里日夜纺线挣钱糊口,艰难度日。王尽美四五岁时开始跟着母亲赶集,把母亲纺出的线卖掉,换回棉花再纺线。到了上学的年龄,王尽美渴望读书,却因家贫如洗,只能到学堂窗子底下偷听私塾先生的讲课。后来恰巧村里有两户富家子弟找人做陪读,王尽美由此得到了学习机会,先后去这两家做了陪读生。王尽美聪明好学,在本族亲人的关怀下考上了本村开办的初级小学,因为表现良好当上了大学长,学校免去了他的学费。后来他又考上高小,直到毕业回家务农,挑起了家庭生活重担。

王尽美在求学的道路上,并没有满足旧式学堂提供的教育内容,开始接触进步思想。辛亥革命爆发后,各种进步思潮破除了人们长期僵化禁锢的头脑,新的思想、新的精神犹如春风吹拂着神州大地。王尽美经常通宵达旦读书学习,涉猎的知识越来越多,他在学习中不断进行深入思考、寻求答案,看到当时存在的各种社会问题,已经严重地阻碍了中国的进步与发展,是导致中华民族灾难不断的根本原因。

为了追求更高的理想,1918 年,20 岁的王尽美在奶奶、母亲支持下凑了一块银圆,决定离开家乡继续求学。那年省城济南恰好有免费学校可以报考,王尽美积极准备,顺利考入山东省立第一师范学校,开始学习更广泛的知识。眼看着要去省城济南学习,王尽美漫步家乡的乡间小道,登上村前的乔友山,举目远望蜿蜒东去的潍河水,踌躇满志之余又有些恋恋不舍。看着脚下养育自己的这片黄土地,王尽美思绪万千,情不自禁地沉吟:"沉浮谁主问苍茫,古往今来一战场。潍水泥沙挟入海,铮铮乔有看沧桑。"

投身五四 出席一大

在山东省立第一师范学校学习的时候,王尽美开始接触革命党人,涉足革命活动,在五四爱国运动中发挥了积极作用,带领山东的学子与北京等地的活动遥相呼应,成为山东学生联合会的领袖人物。这个时候,王尽美与另一位中共早期的创始人邓恩铭在济南共同开展工作,结为革命挚友。随着五四运动的广泛开展,全国各地的学生组织已经与北京各院校的学生会建立联系,进行联合斗争。王尽美作为山东学生运动的领导人物前往北京等地交流工作,参加了马克思主义学说研究会,认识了李大钊,最终在革命实践活动中找到了马克思主义这个真理。

作为早期的革命先驱李大钊,非常关心山东的党组织建设工作。王尽美、邓恩铭在李大钊具体指导下积极准备,于 1921 年春天在济南建立了共产主义小组,在齐鲁大地播下了革命的火种。1921 年,王尽美作为代表参加中共一大会议,向大会报告了山东建立党组织的详细情况,并结合工作开展现状,提出自己的建议。

中共一大后,王尽美的思想觉悟进一步提高,更加坚定了救国救民的革命决心,为表达未来革命"尽善尽美"之心意,他将自己的名字王瑞俊改为王尽美。王尽美回到济南立即开展工作,学习传达中共一大会议精神,号召大家认真学习讨论《共产党宣言》等资料。

艰苦斗争 积劳成疾

在中共中央的支持领导下,王尽美在山东建立了中国共产党山东区支部,任书记。王尽美不分昼夜地工作,担负着艰巨的任务,担子越来越重。他开始走出学校,发动群众,积极组织工人运动,逐渐成为一名职业革命家。

为学习借鉴苏联革命的成功经验,王尽美等人于 1922 年初来到莫斯科,参加远东各国共产党及民族革命团体第一次代表大会,参观了列宁工作的场所,见到了列宁。王尽美深刻地感受到了苏联社会主义革命取得的伟大成就,开阔了眼界,坚定了信心,更加明确了中国革命道路的方向。

1922 年 7 月,王尽美参加了在上海召开的中共二大,这次大会第一次明确了反帝反封建的民主革命纲领,提出了中国革命的目标。为了指导中国的工人运动,王尽美与邓中夏、毛泽东等人联系当时中国的现状,一起编写《劳动法大纲》。随后王尽美根据中央指示,在山东广泛建立了党团组织,促进了党的各项工作进展。接着北上开展工农运动,组织参加了京奉路全路工人罢工、开滦五矿大罢工。在艰苦卓绝的斗争中,王尽美随时面临生命危险,但他毫不畏惧,把个人安危置之度外。

在终日奔波与艰苦的生活中,王尽美积劳成疾,感染了肺结核病。在休养了一段时间后,看到革命斗争正在全面开展,特别是工人运动开始进入关键时期,他不顾身体尚未痊愈,毅然投入到革命运动中。他先后去北京、济南、青岛、上海、广州等地,深入组织开展工人运动。

1925 年春节前夕,王尽美病情加重,吐血晕倒,住进医院。8 月 19 日,王尽美病逝于青岛,时年 27 岁。在病魔缠身的时候,王尽美支撑着虚弱的身体,躺在病床上已经不能拿笔,他不顾病痛让党内同志记录下遗嘱:"全体同志要好好工作,为无产阶级和全人类的解放和共产主义的彻底实现而奋斗到底!"

毛泽东对于英年早逝的一大代表王尽美始终挂在心上,对他的家人表达了深切的关怀。在 1952 年去山东视察的时候,毛泽东意味深长地对山东的有关同志说:"你们山东有个王尽美,是个好同志。听说他母亲还活着,你们要养起来。"1959 年,王尽美烈士的遗骨由家乡迁往济南英雄山脚下的革命烈士陵园进行安葬。1969 年,毛泽东在党的九大怀念革命先烈,首先提到的就是牺牲的一大代表王尽美。

(参见:《学习时报》2020 年 9 月 25 日)

案例 4:张富清:战争年代九死一生 和平年代深藏功名

2018 年 12 月 3 日下午,湖北省来凤县退役军人信息采集点接待了一位特殊的军属——张富清的小儿子张健全。他带来的一个红色包裹,揭开了张富清不为人知的红色过往,让很多当地民众,包括张富清的同事、朋友都惊讶不已。

这个包裹里,放着写有"人民功臣"四个大字的荣誉奖章,而奖章的背后,又是怎样的传奇人生呢? 近日,央广记者去到当地,深入走访。

95 岁老英雄张富清在解放战争中战功赫赫,却直到 2018 年底湖北恩施土家族苗族自治州来凤县退役军人事务局进行退役军人信息采集工作时,他才出示了自己尘封 63 年的军功证明。退伍军人信息采集处采集员聂海波说:"把红色包裹打开,露出了一枚奖章,上面写着'人民功臣',我知道,这种奖章不是一般人能够得到的。他是在某种大型战役之中,对整个战局有突出贡献,经过九死一生才能够获得的荣誉奖章。我立马打开那张奖状和那个立功证书,才发现那张奖状原来是西北野战军总司令兼政委彭德怀元帅给张爷爷家的特等功报功书,我当时立马有一种钦佩之情。"

1948 年,张富清参加解放军西北野战军,1948 年三月份解放战争期间先后荣获西北野战军特等功一次,军一等功一次,师一等功、二等功各一次,团一等功一次,两次被授予战斗英雄称号,获得西北军政委员会颁发的"人民功臣"奖章,被问到他为什么要把自己的功绩"尘封"起来,老英雄说,他牺牲的战友们才是真正的英雄,他没有资格把自己的军功拿出来显摆。张富清说:"我想起和我并肩作战的战士,有几多都不在了,比起他们来,我有什么资格拿出立功证件显摆自己啊,比起他们我有什么功劳啊?"

从陕西一直打到新疆喀什,直到解放全中国。1955 年,张富清作为连职干部在武汉的中央军委航空速成中学完成了两年的文化学习后,面临复原转业。张富清一打听,了解到湖北最艰苦的地方是恩施,恩施最偏远的地方是来凤,他二话没说,便把工作地选在了来凤。妻子孙玉兰也跟着他到了来凤,从此,二人几乎再没有回过陕西老家。张富清说:"来以前,学校的党组织找我打过招呼,恩施来凤是湖北三省交界最困难、最艰苦的地方,作为一个受到党多年培养的老同志,我在战场上,死都没有怕,我还会怕苦吗?"

从到来凤的那一天起,张富清就封存了所有的战功记忆,一心一意干好每件工作。他先后在县粮食局、三胡区、卯洞公社、外贸局、县建行工作,1985 年在县建行副行长岗位上离休。

张富清任卯洞公社革委会副主任时,照样保持着突击队员的作风。公社班子分配工作片区,张富清抢先选了最偏远的高洞片区,那里不通路、不通电,是全公社最困难的片区。在那里,张富清带领社员们投工投劳,一起放炮眼、开山修路。张富清的老同事向致春回忆说:"修高洞公路,他和民工一样,带头挑崖、打炮眼,有时候十天半月不回家,看不出是卯洞公社的副主任。卯洞公社几万干部群众,没有一个知道他当过兵。"

当时不少干部会向集体借钱,对困难干部,组织上也会给几十元的补贴。但是直到张富清离开卯洞公社,他既没向集体借过一分钱,也没有享受过组织对困难干部的补贴。张富清老同事田洪立说:"因为我们都住在一起,看到有时候他们家的生活还赶不上公社伙食团的生活,他从来没有向领导说过什么困难,每次向他了解哪些干部有困难,他都是提别人,从来不涉及自己。"

张富清夫妇俩生养了四个孩子,几个孩子没有一个是依靠父亲的赫赫战功谋得一官半职。张健全表示,他们理解父亲。他说:"因为父亲一直以来都是用自己的行为要求我们、教育我们,该怎么做不该怎么做,在我们心里都有一杆标尺,以前我们不知道父亲的战功,也根本没想过依靠父亲的战功获得什么东西,后来知道以后,父亲依然是平常的心态,我们非常理解父亲的做法。"

现如今,张富清老人已经 95 岁高龄了,他说自己最大的愿望就是祖国能够早日统一,"部队不怕吃苦,永听党的话,党叫做什么就做什么。官兵在政治上能够提高,在工作中要有坚强的意志。"张富清说。

新中国走过了 70 年的风风雨雨,张富清老人的岗位、身份也一再改变;唯一不变的是他对党的绝对忠诚。从老人身上,人们看到了不改初心、淡泊名利和克己奉公,看到的是一个共产党员的本色。

(参见:央广网,2019 年 5 月 27 日)

案例 5:全国道德模范杜富国:纯粹的人 勇敢的心

"你退后,让我来!"陆军某扫雷排爆大队战士杜富国生死关头说出的话语令人难忘。2018 年 10 月 11 日,杜富国随队参加排雷作业时,危急时刻冲锋在前,为掩护战友,以血肉之躯挡住危险,被待清除的手榴弹炸伤,失去双眼和双手,用鲜血书写了"四有"新时代革命军人的风采荣光。

杜富国,南部战区陆军某大队士官,1991 年 11 月生于贵州省遵义市湄潭县,2010 年 12 月入伍,2016 年 11 月入党。他先后被陆军表彰为"四有"新时代革命军人标兵,被评为"感动中国 2018 年度人物""全国自强模范",中宣部授予其"时代楷模"称号,荣立一等功 1 次。

杜富国始终把忠诚和信仰刻心中,把使命和责任扛在肩上。2010 年,杜富国参军来到驻滇某部的一个边防连队。扫雷并不是他的专业,但在 2015 年 6 月,当得知要组建扫雷大队的消息后,第一时间递交了申请,给连队党支部的请战书上他这样写道:"正如我 5 年前参军入伍时一样,那时我思考着怎样的人生才真正有意义有价值。衡量的标准,是真正为国家做了些什么,为百姓做了些什么……这就是我的使命。"

杜富国清楚,扫雷是高危作业,专业知识是上雷场的"合格证"。到扫雷大队后,他训练刻苦扎实,为训练探雷针手感,每天坚持练习上万针,熟练掌握了 10 余种地雷的排除方法,临战训练考核课目被评为全优,是全队公认的"排雷尖兵"。

"无论是在连队、还是在别处,都是在为国家、为百姓奉献,我渴望着更多的牺牲奉献。"这是杜富国英勇负伤之前日记里的内心独白。在雷场背运炸药,战友扛一箱,杜富国总是争着扛两箱,第一个进雷场、第一个设置炸药、第一个引爆,他成为扫雷队排雷最多的人之一。在马嘿雷场,面对一枚反坦克地雷,杜富国抢先上前,成功排除。在天保口岸雷场,发现一枚引信朝下的火箭弹,杜富国让战友撤离,独自排雷。2018 年 9 月,驻地发生特大泥石流灾害,12 名学生被困二楼,杜富国不顾安危,将他们逐个转移到安全地带。到敬老院抢险时,他又第一个跳入河中蹚路,将被困老人逐个背离险境。

杜富国先后进出雷场 1000 余次,累计排除爆炸物 2400 余枚,处置险情 20 多次,被誉为"扫雷英雄"。在他和战友的共同努力下,一个个标有骷髅标志的雷区变成了致富果树林、黄金口岸地。

如今,在杜富国负伤的那片土地上,麻栗坡人民将今年采摘下来的新茶命名为"富国茶"。当山茶花盛开的时候,他们希望这位"新时代最可爱的人"重返故地,喝一杯别样的老山"富国茶"。

(参见:中国军网 综合作者:潘娣)

问题三:社会主义道德建设为什么要以为人民服务为核心、以集体主义为原则

(一) 社会主义道德建设以为人民服务为核心的依据

道德建设的核心问题就是为什么人服务的问题,对这一个问题的回答决定并体现着一个社会道德建设的根本性质和发展方向。社会主义道德建设以为人民服务为核心,是党的十四届六中全会决议提出的科学命题,是中国共产党人在伦理思想上的一大突破和贡献。

说起为人民服务,早在 1939 年的时候,毛泽东在致张闻天的信里面,就已经提到为人民服务的重要性。1944 年 9 月 8 日在共产主义战士张思德的追悼会上,毛泽东做了一次演讲,演讲的主旨后来发布在《人民日报》上,就叫作《为人民服务》。随后在 1945 年党的七大里面,把为人民服务确立为中国共产党的根本宗旨。同时也是在《论联合政府》的这篇报告当中,毛泽东提出人民军队的唯一宗旨就是为人民服务。在 2017 年党的十九大报告里面,人民这个词出现了 203 次。时隔 70 多年,我们还在强调为人民服务,不仅没有过时,而且还是社会主义道德建设的核心。社会主义道德建设以为人民服务为核心有着深刻的理论依据和实践基础。

从理论上看,马克思主义历史唯物主义的根本观点就是人民群众是社会历史的创造者,人民群众不仅是社会物质财富的创造者,还是社会精神财富的创造者,社会变革的决定性力量。这就要求在发展中必须坚持为人民服务,坚持以人民为中心,坚持人民至上,坚持人民的立场,体现了马克思主义政党的政治立场和社会主义制度的核心价值取向。因此为人民服务是唯物史观具体化的产物;是唯物史观在道德领域里的客观要求。

从现实上来看,为人民服务作为社会道德建设的核心首先是社会主义经济基础和人际关系的客观要求。党的十九届四中全会中对我国的基本经济制度进行了丰富和完善,我国的基本经济制度包括以公有制为主体、多种所有制经济共同发展,按劳分配为主体,多种分配方式并存,社会主义市场经济体制等。这一经济制度是为人民服务的根本制度保证,也决定了在社会主义中国,每一个劳动者和建设者,只是社会分工不同,没有高低贵贱之分,每个人都是服务对象,每个人也都在为他人服务。其次为人民服务是社会主义市场经济健康发展的要求。市场经济是由市场配置资源,促使个人和企业利益最大化的经济形式。需要注意的是,市场经济属于资源配置方式的范畴,并不具有社会制度的属性。资本主义社会中的市场经济体现了资本主义社会追求个人利益、追求垄断利润的价值目标。而在我国,社会主义为市场经济明确了方向,社会主义市场经济本质上要求为人民服务。社会主义市场经济与为人民服务不是对立的,社会主义市场经济的本质要求人们在经济活动中,要正确处理个人与社会、竞争与合作、效率与公平、先富与共富、经济效益与社会效益的关系,形成健康有序的社会经济生活规范。同时,每一个市场主体都应该有为人民服务的思想,自觉地为人民服务、为社会服务,更好地将个人利益与国家利益、社会整体利益结合起来。最后,为人民服务是先进性要求和广泛性要求的统一。在社会主义中国。社会全体成员都是社会主义制度和社会主义经济建设的主体,由于个体的差异,存在着不同的利益群体和不同觉悟程度的人,因此为人民服务的要求也不完全一样。但是为人民服务的具体要求可以通过不同层次、不同形式呈现出来。每个公民无论从事何种职业、处于何种岗位、不论职务高低、能力大小,在自己的岗位上做出贡献,就是在践行为人民服务。

(二)社会主义道德建设以集体主义为原则的依据

集体主义是中华民族基因里的价值观,深入到民族的血脉之中。在中国人的精神谱系中,国家与家庭、社会与个人,是密不可分的整体,而集体主义早已成为调节国家利益、社会整体利益和个人利益的基本原则。在社会主义中国,国家利益、社会整体利益和个人利益在根本上趋于一致,因此集体主义得以在全社会贯彻实施。在我国,把集体主义作为社会主义道德建设的原则,有着理论和现实的依据。

从理论上看,首先集体主义体现了社会主义按劳分配和实现共同富裕的本质要求。按劳分配是社会主义初级阶段解决利益分享的原则。劳动者按照劳动的数量和质量分配相应的利益,既保障了个人利益和个人价值的实现,同时又鼓励个人创造更多的社会财富,从而满足社会利益的实现。集体主义作为社会道德建设的原则,就在于调节国家利益、社会整体利益和个人利益,把个人利益和国家利益、社会整体利益相结合起来,实现共同发展、相互增益、相得益彰。其次,集体主义体现了社会主义民主政治的精神要求。社会主义民主政治以实现政治平等为目标,保障人民当家做主的权利。社会主义公民只有具有集体主义精神,才能真正进入主人角色,充分行使自己的权利。集体主义体现了个人和社会的有机统一性和不可分割性。社会主义民主政治要求实现每个人都自主选择自己的权利,就必须反对只顾个人而不顾社会整体、国家的个人主义。再次,集体主义植根于经济生活的公平要求,它也是公民在社会文化生活中实现个人全面发展的必然形式。人的全面发展,自由地施展个人的个性和才能需要一定的条件,而社会主义公平合理的经济发展道路,就是在为其创造条件。为了最大限度地保障公民实现自由而全面地发展,公民必须有集体主义精神。因为只有在集体中,个人才能获得全面发展其才能的手段,也就是说,只有在集体中才可能有个人自由。没有集体主义精神,不可能有每个人的自由而全面地发展。

从现实情况看,集体主义强调国家利益、社会整体利益和个人利益的辩证统一,强调国家利益、集体利益高于个人利益,重视和保障个人利益的实现。集体主义是对中华优秀传统美德的继承和发展,又有着现实的基础。在我国拥有坚持集体主义的经济、政治、文化前提,其中以公有制为主体、多种所有制经济共同发展的基本经济制度,为集体主义的实施提供了经济前提;人民民主专政的国体和人民代表大会制度的政体,为集体主义的实施提供了政治前提;以马克思主义为指导的社会主义先进文化,为集体主义的实施提供了文化前提。同时,集体主义也是社会主义市场经济的必然需求。在社会主义市场经济条件下,集体主义可以有效帮助市场克服自身的弱点和缺陷,有助于形成良好的社会风气,保障社会主义市场经济的有序健康发展。

案例 1:时代楷模——张桂梅

20 多年前,滇川交界的华坪仍处于交通不便、封闭落后、贫困面大的境地,山区农民对子女教育和学习文化知识的重要性意识淡薄,山区孩子特别是女孩子读书的机会微乎其微。

这一切,因张桂梅的到来而改写。

1996 年,张桂梅来到华坪中心中学任教,开始了她"让每一个贫困学子享有公平教育"的初心。但她未曾想到,这件事,将成为她苦心孤诣一生的事业。

坚守"让不幸的孩子都有妈妈"的信念,张桂梅全身心呵护孤儿,19 年坚定不移;每天 5 时起床管理学生、管理学校,直到次日凌晨两点才睡下,11 年风雨无阻;家访 1345 户,里程达 1 万多公里,身患重病亦未曾停歇;为贫困山区教育事业累计捐款 100 余万元,24 年从未间断……张桂梅既像一位慈祥的母亲,又像一名勇敢的战士,把自己的汗水、心血和生命,投入到党的教育事业中,在平凡的岗位上默默书写人间大爱。

全国优秀教师、全国十佳师德标兵、全国十大女杰、全国十佳最美乡村教师、全国百名优秀母亲、全国劳模、全国先进工作者……40多项荣誉,在人们心中矗立起一位扎根边疆民族地区,努力用"扶志"和"扶智"改变贫困孩子命运的母亲般的优秀人民教师榜样;而一直不变的,是她每天只睡三四个小时,女高—福利院—家访的日常生活轨迹。

让不幸的孩子都有妈妈

"136个孤儿,背后是136个不幸的故事,我要用爱去融化孩子们心中的寒冰,让他们找到光明、温暖和希望。"

今年63岁的张桂梅出生在黑龙江省牡丹江市,1972年跟着姐姐来到云南参与"三线建设"。20世纪80年代后期,她认识了自己的爱人,从中甸到大理追随他当了老师,伉俪双飞令人羡慕。不料1995年,丈夫查出患了胃癌晚期,她花光所有积蓄,依然没能挽留住丈夫的生命。

为了缓解悲痛,张桂梅决定离开伤心地,申请调动工作,最终选择了从未去过的华坪县任教。到华坪后,张桂梅拼命用上课来化解心理创伤。学校里,有的孩子只打饭、不吃菜,有的为了省钱两三个月都不回一次家,有的床上垫的是包装箱的硬纸壳……眼前的情景深深刺痛着张桂梅,她开始缩减伙食费,省下钱来接济孩子。

由于工作出色,对孩子充满爱心,2001年,华坪县儿童福利院找到张桂梅,希望她能担任福利院的负责人。张桂梅想都没想就一口答应了下来,成了54个孩子的妈妈。"每个孩子背后都有一个不幸的故事,每个孩子心里都揣着一块冰。"说起儿童福利院孩子们的身世,张桂梅一脸难过,"所以我要加倍对这些孩子好,让他们找到光明、温暖和希望"。

有一年中秋节,华坪县法院的工作人员找到张桂梅,告诉她"儿童之家"的几个小男孩把法院围墙的铁栅栏偷了。张桂梅回到福利院,严厉地批评了孩子。在她的追问下,孩子们委屈地说把偷了的铁栅栏拿去卖了买月饼了。张桂梅含泪对孩子们说:"妈妈最近工作太忙,忘了到中秋节要给你们买月饼,这是妈妈不对,可你们乱拿别人的东西是违法的,以后再也不能这样做了。"当晚,福利院食堂桌上摆满了月饼和水果。

"我直到现在还记得那个中秋节的场景。"福利院孩子张惠华说,院长对我们兄弟姐妹一直都很严厉,但从那天起,我们就把院长当成了自己的妈妈。

在张桂梅的关爱和悉心教导下,张惠华成了儿童福利院第一个加入中国共产党的孩子,还考上了华坪县石龙坝镇的公务员,在基层一线担任扶贫工作队员,帮助贫困群众发展产业、脱贫致富,像张桂梅一样为贫困山区做贡献。

"妈妈收养的孩子已经有136个,像我这样从华坪儿童福利院出来的,有50多个走上了工作岗位。"张惠华说,每逢过年过节我们都会回来看望无家无子的妈妈,因为我们心里明白,是妈妈用无私的爱改变了我们的人生,教会我们怎样成为对社会有用的人。

办一所贫困女子高中,让山里的女孩子都能免费接受高中教育,使她们拥有一个公平教育的机会,让她们的希望飞越大山,实现自己的梦想。

"孩子们和学生身上的故事,直到现在都让我一阵阵心痛,他们为了求学读书、改变自己的命运,付出了很大的代价。"说到创办华坪女子高中的初衷,张桂梅面色凝重。山区孩子读书难,山区女孩子读书难上加难,"贫困山区的落后主要是教育落后,女孩的受教育程度更低,形成了低素质女孩—低素质母亲—低素质下一代的恶性循环。要从根本上解决山区贫困问题,就必须从提高妇女素质入手"。

2002年,当张桂梅萌生创办一所全免费女子高中的想法时,周围许多人感到不解,"要办一所免费女子高中?你是不是有精神病?"不管别人如何冷嘲热讽,张桂梅义无反顾踏上了创业之路。

为筹集建校资金,张桂梅四处奔波。她吃过闭门羹,被人当作疯子、骗子,甚至被人放狗出来追咬……那些日子异常艰难,可她始终初心不改。

历经重重艰辛,2008年8月,在省、市、县各级党委、政府的支持和社会各界广泛的捐助下,全国第一所全免费的女子高中建成,当年在丽江一区四县招收了100名农村贫困女学生。

世事多舛,首创更难。张桂梅和老师们挺过了建校初期只有一栋教学楼,没有食堂、厕所,学生和女教师只能挤在教室里睡觉,男教师则睡在楼梯间的艰难,却没有挺过考试成绩不如人意的失落,17名教师有9名辞职离开,6个学生提出转学,教学工作近乎瘫痪。

屋漏偏逢连夜雨。就在这时,张桂梅的身体也出现了问题,额头、后脑、手臂上鼓起很多小包,长骨瘤,肺上有结节,经常呼吸困难,产生剧痛。每天,她一边与病魔做斗争,一边想办法把学校办下去。整理档案时,她发现留下来的8名老师中有6名是共产党员。"党员在,党组织就在;有党组织,就没有克服不了的困难。"张桂梅脑中立刻有了主意。

随后,她把6名党员教师集中起来,重温入党誓词,诵读《为人民服务》《纪念白求恩》《愚公移山》等经典文章,大家郑重宣誓:一定要把女子高中办好,一定要把大山里的女孩送入大学!

学校党支部很快成立起来,每位党员的胸前带上了党徽;每个周一的早晨,7名党员面向党旗,重温入党誓词;每个周末的晚上,召开支部大会,学习党章党规,总结一周的教学工作,进行批评与自我批评;坚持不懈组织党员和教师学习习近平总书记系列讲话,让每位党员时刻牢记自己是一名党员,要不忘初心,践行使命,让红色文化教育融入学校思政教育的各个环节。

没有山重水复,哪来柳暗花明。10多年间,华坪女子高中毕业了1645名学生,连续10年高考综合上线率保持100%,连续8年居丽江市高考升学率第一名。

2006年,张桂梅的侄儿病危。当时,张桂梅刚刚获得"兴滇人才奖",有30万元奖金。姐姐向她求助借钱救侄儿时,张桂梅告诉姐姐:这笔钱不属于她,得用到贫困山区的孩子身上。随后,她把30万元捐给了丁王民族小学修建教学楼。

等张桂梅赶到昆明,侄儿已经去世。看着姐姐撕心裂肺地哭泣,张桂梅心如刀绞,觉得无颜面对亲人。

有人暗地议论指责张桂梅没有人情味,更有甚者说张桂梅是在作秀。

面对指责和非议,张桂梅没有辩解,默默地回到儿童福利院的仓库里,看着侄子生前捐助的卫生纸,伤心自责。抹去泪水,她又立刻冲到第一线,照顾孩子,管理学校。

爱人去世,没有子女,亲人不理解……20多年来,张桂梅有时也会觉得心里空空的,到哪都不是家的感觉,就像秋天的落叶,随风飘零。

特别是有一次,张桂梅无意中看到福利院孩子的一篇作文写道:"我长大了,一定要把爷爷、奶奶接出来和我一起住,我要孝敬爷爷、奶奶。"当时,张桂梅心里有些不舒服,她把这个孩子从两岁养到大,整篇文章却没提她一个字。事后,这件事一直盘旋在张桂梅脑海里。回忆与思考中,党旗下宣誓的情景让她豁然开朗——女中和福利院就是她的家,孩子们就是她的亲人,让贫困孩子健康成长成才就是最大的"值"。

从"有教无类"的教育公平理念到传道授业解惑的教学方法,从最初"让贫困孩子有书读"的朴素感情到为实现中华民族伟大复兴中国梦而教书育人的高度自觉,张桂梅用仁爱与忠诚播撒真善美,摒弃假恶丑,让孩子心底从小种下人生的良种。

由"知心"而"教心",由"启能"而"扶志",张桂梅潜心发现和拨动每个孩子心中独特的琴弦,联通知识世界—生活世界—心灵世界,让他们在健康成长成才中激发精神力量。

有过青春梦想,有过中年奋求,更有晚年痴心不改的守望。如今,从金沙江畔到玉龙雪山,从教育系统到社会各界,在认识不认识她的人们心目中,张桂梅就是贫困孤儿的母亲、山区女孩的保护神、点亮孩子心灵的明灯。

出名后的张桂梅,自己花钱一如既往能省则省,每天还是乘坐助手的两轮电瓶车穿过街巷,来往于女中与福利院之间;到医院看病,仍像过去一样排队等候,但如果是孩子病了,她会千方百计"找关系"请最好的医生诊治。

"锦上拈花易,雪中送炭难",2004年张桂梅应邀到中国教育电视台作访谈时,我国著名画家王成喜受其精神感动,专门为她画了一幅挺拔绽放的红梅图上所题,深得喜爱书画的张桂梅珍视。但当有人觊觎此画甚至开出10多万元想买走时,她干脆连同近200件奖品奖章全部捐给了县档案馆。"生不带来,死带不去,留着惹事干啥!"谈起她曾经"最值钱"的东西,张桂梅若无其事地说。

"现在我最大的愿望,是有更多时间和精力和孩子们在一起,能看到明年女高所有的毕业生都能考上一流的大学,有进清华、进北大的!"向记者说这话时,张桂梅显得很平静、快乐。

从1997年发现肿瘤到如今18种疾病缠身,张桂梅没有退缩、放弃,只有坚守、进取。对自己漠不关心地"冷",对孩子满腔热忱地"暖"。张桂梅20多年扎根华坪孜孜以求的无声行动,感染、激励着周围越来越多的普通人。在人们心目中,她就是华坪精神最鲜活的代言人。

"他乡的生活提纯着您温暖的善良,人生的苦难从未撼动您执着的坚强,没有孩子却被几百个孩子称呼为'妈妈',日子清苦内心却总能安享另一种阳光……"这是"中国好人"评选活动给张桂梅的颁奖词。

"张桂梅如同一盏灯,以一生的坚守永葆初心,点亮了学生的内心世界;如同一团火,以对贫困学子的深情大爱践行初心,温暖了学生的心灵;如同一面旗,以对党和人民的感恩滋养初心,引领学生听党话跟党走;如同一颗星,以对事业的情怀担当彰显初心,启迪学生仰望星空、脚踏实地、健康成长。"这是张桂梅先进事迹报告会上,丽江市委书记崔茂虎的深情总结。

夏夜如歌,校门前的大树挺拔葳蕤,辉映着运动场石壁上"共产党人顶天立地代代相传"的红色大字,周围盛开的鲜花芬芳四溢。

(参见:云南文明网)

案例2:方桌矮凳 见证扶贫深情

苗族老人龙德成住在深山里,不熟悉公历纪年,但有一个年份,她张口就能说出——2013年。这一年的11月3日,习近平同志风尘仆仆来到湖南十八洞村,在这里首次提出"精准扶贫"重要论述。

照片定格下了这样一个温暖瞬间:在龙德成家门前的空地上,一群人围坐一圈,习近平同志微笑着握住龙德成老伴施成富的手,施成富笑开了花。他们面前,摆了张方形木桌,桌上的簸箩里装满了花生、板栗、土豆、柿子。总书记是来问计于民的。他说:"我这次到湘西来,主要是看望乡亲们,同大家一起商量脱贫致富奔小康之策……"

"扶贫攻坚就是要实事求是,因地制宜,分类指导,精准扶贫。"习近平同志一句一句,为乡亲们细辨贫困症结,他明确要求:不仅要自身实现脱贫,还要探索"可复制、可推广"的脱贫经验。

农家院落、田间地头,一张方桌、几把矮凳搭起一个临时会场,总书记用家常话问生计、讲政策、说希望,同村干部、乡亲们面对面交流、互动,这样的场景温暖又熟悉。

在贵州花茂村村民王治强经营的农家乐小院子里,桌椅板凳,每一样摆设都与总书记来的那天一模一样。"'党中央的政策好不好,要看乡亲们是笑还是哭。如果乡亲们笑,这就是好政策,要坚持;如果有人哭,说明政策还要完善和调整。'总书记的这一金句,就是在我家院坝说的。"2015年6月16日那天的一幕幕,至今让王治强既感动又自豪。

习近平同志在花茂村提出的这一重要论述,如今已成为全国脱贫攻坚工作遵循的一项基本原则。"这5年,变化大咯。我们的日子越来越好了,游客也越来越多了。"王治强喜上眉梢。

习近平同志2019年到重庆华溪村考察时,村里尚有8户19人没有脱贫,如今已全部甩掉了穷帽。身处脱贫户马培清家院子,可以望见一座座新盖的楼房点缀在青山之中、一条条平整的道路蜿蜒伸向远方。去年4月15日,就在这里,习近平同志与村民代表、扶贫干部、乡村医生围着一张漆面斑驳的四脚方桌,开了场"面对青山、背靠小楼"的座谈会。你一言我一语,乡亲们争相发言。"过去,我两口子要抚育一儿一女上学,还要照顾瘫痪的老母亲,一家人的日子过得很恼火……"村民汪从兴没说两句就哽咽了,迎着总书记鼓励的目光分享了自己的脱贫故事:孩子们都享受了助学补助,科学养蜂也成了一家人摆脱贫困的一条"捷径"。

习近平同志认真倾听,不时插话。"我今天乘飞机、坐火车、坐汽车,先后用了三种交通工具,专程来这里看望大家。"总书记深情表示,"看到大家不愁吃、不愁穿,教育、医疗、住房安全越来越有保障,心里感到很托底。"

声声关切,都是温暖;句句精辟,着眼未来。

"总书记叮嘱我们,幸福是奋斗出来的,脱贫致富不能等靠要。"村里的致富带头人刘益洪记忆犹新,"总书记离开村口后,很多人久久不愿散去。"

"乡亲们一天不脱贫,我就一天放不下心来。"这些年,习近平总书记访贫问苦的脚步不曾停下。一张方桌、几把矮凳，是问计于民的研讨所，也是共话桑麻的会客厅，见证了一个个动人的故事，铭记着人民领袖对扶贫事业的一往情深。

（参见：央视网，2020 年 12 月 11 日）

案例 3：记"中国肝胆外科之父"吴孟超院士

吴孟超，1922 年生于福建，1956 年入党。1991 年当选为中国科学院院士，1996 年被中央军委授予"模范医学专家"荣誉称号，2006 年荣获 2005 年度国家最高科学技术奖。他是中国肝脏外科的开拓者和创始人、国际肝癌研究的重要开拓者、肝脏外科事业的重要推动者。1996 年，吴孟超创建了我国第一所肝胆外科专科医院和肝胆外科研究所。先后获得国家最高科学技术奖等奖励近 40 项和各种荣誉 30 多项。创造了中国肝脏外科的无数个"第一"。2021 年 5 月 22 日因病医治无效，在上海逝世。

回想走过的人生路，吴孟超曾说："选择回国，我的理想有了深厚的土壤；选择从医，我的追求有了奋斗的平台；选择跟党走，我的人生有了崇高的信仰；选择参军，我的成长有了一所伟大的学校。"

吴孟超在自己选择的路上执着地前行着。他说："即使有一天，倒在手术室里，也将是我一生最大的幸福！"

1922 年 8 月，吴孟超出生于福建闽清，5 岁随母亲到马来西亚。抗日战争爆发后，中国共产党的抗日主张和英勇作战的事迹成为马来西亚华侨的热议话题。身为班长的吴孟超说服同学们把毕业聚餐的钱寄给了延安。为此，他们还收到了八路军总部以毛泽东、朱德的名义发来的感谢电。受到这次事件的鼓舞，1940 年，18 岁的吴孟超和 6 名同学相约回国抗日，从此把毕生交给了党的事业。"是党让人民看到中国的希望，是毛泽东和朱德为我们捐钱给延安的事专门回信，坚定了我为党奋斗终生的决心。"9 年后上海解放，吴孟超从当时的同济大学医学院毕业并获得学士学位，信仰的火焰在他心中越燃越旺。他先后 19 次递交入党申请，但由于华侨的身份，"组织决定，'你还需要经受考验'。"直到 1956 年，吴孟超终于"三喜临门"——被发展为党员、参军、晋升主治医生。为了这一刻，他等了 7 年。

然而，1969 年冬，又是因为华侨身份，党支部停止了吴孟超的组织生活。"对我来说，党员不仅是身份，更是信仰，是灵魂的寄托！"吴孟超做了两个决定：每月如期交党费，每周给党组织写一份思想汇报。4 个多月后，吴孟超恢复了组织生活，并被选为支部委员。

军旗党旗下发出的庄严誓言，与他从医时宣读的希波克拉底誓言一起，在吴孟超的生命中刻下了最深的印记。

要让中国肝胆外科站到世界最前沿

吴孟超是世界上90岁高龄仍然工作在手术台前的唯一一位医生。作为我国肝脏外科医学的奠基人,50多年间,他推动中国的肝脏医学从无到有、从有到精,创造了中国肝胆外科领域的众多"第一":

带领"三人小组"提出了肝脏结构"五叶四段"解剖理论,到目前为止它仍被全世界认为是最经典的肝脏解剖理论;

主刀实施了中国第一例成功的肝脏肿瘤切除手术;

成功实施了世界上第一例中肝叶肿瘤切除手术;

创造发明了"常温下间歇肝门阻断切肝法",使肝脏手术成功率一下子提高到90%以上……

1991年,吴孟超当选为中国科学院院士,2005年获国家最高科学技术奖,2011年中国将17606号小行星命名为"吴孟超星"。

在他的培养下,不少学生在各自的研究领域里已崭露头角,有些人青出于蓝。自1978年以来,在他的指导下第二军医大学第三附属医院共培养博士后研究员18名、博士研究生70名、硕士研究生105名。他们目前大都成为学科骨干和带头人,在国内外取得了许多骄人的成绩。"我现在94岁了,攻克肝癌,在我这辈子大概还实现不了,我要培养更多人才,让以后的人继续往前走。"吴孟超动情地说,"作为医生,一定要设身处地为病人着想,替病人算账。"

"在实践中始终坚持共产党人的理想信念,忠实践行全心全意为人民服务的宗旨,为党的事业忘我工作。这才是一名合格的共产党员。"吴孟超是这么说,也是这样做的。他牢牢记得,在入医学院之初,恩师裘法祖就讲过这样一句话:医术有高有低,医德最是要紧。

"病人生病已经非常不幸了,为了治病他们可能已经花光了家里的钱,有的还负债累累。作为医生,一定要设身处地为病人着想,替病人算账。"这是吴孟超对年轻医生说得最多的话。他手术时用的麻醉药和消炎药都是最普通的,缝合创面切口从不用专门的器械,他说:"用器械咔嚓一声1000多元,我用手缝合分文不要。"

作为一名享誉海内外的肝胆外科权威,慕名前来找他看病的病人排成长龙,不少患者求医心切,常常在马路上将他的车子拦下,而他总是耐心接过病人的病历和片子细心询问查看,热心安排治疗。他人到哪里,看病到哪里,外出考察、开会的间隙常常是他为病人就诊、手术的时间。出差归来,他总是先到病房看望病人,然后再回家。吴孟超说:"我现在的身体情况,自己还能坚持。我的锻炼是看病、查房、看门诊,时间用在看病上,我高兴。肝癌是我今生最大的敌人,手术室是我一辈子的战场,我要永远战斗下去!"

(参见:微信公众号共产党员,"我这一生有三条路走对了:回国、参军、入党。"2021年5月22日)

问题四:如何认识网络道德作为社会公德在网络空间的作用

网络道德是时代的产物,与信息网络相适应,人类面临新的道德要求和选择,于是网络道德应运而生。根据中国互联网络信息中心(CNNIC)发布的第45次《中国互联网络发展状况统计报告》,截至2020年3月,中国网民数量为9.04亿人,互联网普及率达64.5%。互联网切切实实在影响和改变着人们的交往空间,亿万网民的思维方式、价值观念、交往方式等受到很大影响。"网络空间天朗气清,生态良好,符合人们利益。网络空间乌烟瘴气、生态恶化,不符合人民利益。"网络交往从本质上来说依然是人与人的交往,是人的真实生活。因此营造清朗的网络空间,需要一定的网络道德约束人们的行为。网络道德作为人与人、人与人群关系的行为法则,是人们在网络生活中为了维护正常的网络公共秩序而共同遵守的基本道德准则,是社会公德在网络空间的运用和扩展。

提高信息获取能力,增强信息辨别能力。互联网时代,大数据、云计算、自媒体在深深改变着大学生获取信息的途径和方式。越来越多的大学生依靠网络渠道获取信息,但是这些信息是真实与虚假、高尚与低俗并存,更有西方国家意识形态的渗透和价值观的输入。多元的信息需要大学生提高辨别能力,正确使用网络工具,增进信息的应用能力,坚守道德底线和意识形态底线,筑牢思想领域里的"防火墙"。

树立自我保护意识,进行健康的网络交往。网络空间具有虚拟性,但是虚拟空间与现实空间一样都有道德规范。网络不是法外之地,更不能因为其隐蔽性而忘乎所以,随心所欲而忘记行为准则。网络空间为人们交往开拓了新的媒介和工具,方便了人们的交往,但是也带来了安全隐患。不法分子利用网络进行网络诈骗等违法活动,触犯了法律底线,也违背了网络道德要求。大学生要树立法治思维,坚守网络道德底线,避免受骗,避免给自己带来人身和财产安全带来的危害。

合理安排网络时间,加强网络自律。面对丰富多彩的网络空间,部分大学生容易出现上网成瘾、沉迷于网络的现象。尤其是网络游戏、网络视频等占据大部分的时间,影响了大学生的正常的学习和生活。同时,网络空间的虚拟性和隐匿性让部分学生产生错觉,认为网络空间是绝对自由的,可以为所欲为的做自己想做的事情。以上现象都是缺乏网络自律的表现。大学生应该加强网络道德自律,合理安排上网时间,正确使用网络,做到自律不逾矩,促进网络空间的健康和谐。

引导网络舆论,积极营造清朗网络空间。纷繁复杂的网络空间,充斥着各种各样的言论,黄色信息、带有政治挑衅的信息等都存在,大学生要提高信息辨识能力,带头引导网络舆论,对错误的看法进行及时引导和纠正。"没有调查就没有发言权",对于网络空间的网络事件,大学生也应该坚守道德底线,正确对待和发表言论。对于自己不了解不清楚的事情,做到不信谣不传谣,正确发表言论,不做网络的"跟风者"。

互联网已经成为当前时代生活里不可或缺的一部分,互联网的发展为人类社会生活带来了很大的变化,也不可能避免地带来一系列的挑战。作为当代大学生要正确认识当前互联网发展的趋势,适应时代发展要求,为实现网络安全,营造清朗网络空间贡献自己的青春力量。

案例1:网络不是法外之地,网络言论应守法

网络是个虚拟的空间,但并不是法外之地,网民可以在网络张扬个性、宣泄情绪、表达意见建议,但是,在享受言论自由的同时,必须尊重事实,对自己的言行负责,要遵守相关法律规定,坚守法律和道德底线!

酒驾求被抓,得偿所愿

2月18日,青浦公安接到举报称,有人在朋友圈发布了一段自称酒驾的视频,并配以"求抓"字样。视频中,女子叫嚣"酒驾酒驾!求抓进去!关进去可以月瘦十斤的那种,减肥不是梦!"接报后,警方迅速开展调查处置。经过对该视频的分析,并且调阅路面监控,确定了该女子的行车轨迹,随后锁定该名女子的身份信息为金某。民警立即将其传唤至派出所。"如愿以偿"的金某有些震惊:"你们来真的吗?一本正经的?"最终,金某因饮酒后驾驶机动车被青浦警方依法处以罚款1500元,记12分,并暂扣驾驶证6个月。

抖音上辱警,依法被拘留

伊川警方接群众举报称,有人在抖音上发布辱骂警察的视频。

根据抖音视频显示,警方发现这段视频拍摄地为宁洛高速伊阙站上站口附近。视频中,一个男子手持一张交警部门出具的"公安交通管理简易程序处罚决定书",并配有辱骂警察的话,不堪入耳。

很快,警方锁定该视频发布者豫CN2××重型大货车车主李某涛。经调查,11月12日11时许,违法行为人李某涛(男,36岁,伊川县彭婆镇人,抖音用户名:"没名")驾驶一辆重型大货车途经宁洛高速伊阙站时,因大货车反光标志不清被警方依法处罚。李某涛

便怀恨在心,拍摄了辱骂警察的视频以泄私愤。

12月13日22时许,警方将李某涛抓获。后李某涛被警方依法处以行政拘留十日的处罚。

网络空间是公共场所,但不是法外之地!希望广大网民自觉遵守法律法规,坚持道德准则。如果在网络上发布以下信息,会被追究法律责任!

1. 发布危害国家安全、违反法律法规、影响社会和谐稳定的有害信息。

2. 发表削弱、背离、攻击、诋毁中国共产党领导的言论。

3. 篡改、娱乐化解读我国政治制度和法律制度中的特定名词称谓。

4. 贬损、玷污、恶搞中国国家、民族和历届党和国家领导人的形象、精神和气质。

5. 歪曲、丑化、亵渎、否定革命领袖、英雄烈士事迹和精神。

6. 造谣传谣,传播虚假信息,恶意谩骂、诋毁、诽谤他人。

7. 恶意截取执法人员执法工作过程片段,将执法人员正常执法营造成暴力执法效果。

8. 发布宣扬封建迷信,违背科学精神的内容。

9. 发布渲染暴力血腥、展示丑恶行为和惊悚情景的内容。

10. 展示淫秽色情,渲染庸俗低级趣味,宣扬不健康和非主流的婚恋观的内容。

11. 发布恶搞重大自然灾害、意外事故、恐怖事件、战争等有悖于社会公德的内容。

12. 发布未成年人抽烟酗酒、打架斗殴、滥用毒品、性行为等不利于未成年人健康成长的内容。

(参见:贵阳经开警务)

案例2:中国警方去年破获电信网络诈骗案件25.6万起

2020年以来,全国公安机关持续深入打击电信网络诈骗犯罪活动,集中开展"云剑-2020""断卡""长城2号"等专项行动,共破获电信网络诈骗案件25.6万起,抓获犯罪嫌疑人26.3万名,拦截诈骗电话1.4亿个、诈骗短信8.7亿条,为群众直接避免经济损失1200亿元,打击治理工作取得显著成效。

当前,随着我国经济社会快速发展,以电信网络诈骗为代表的新型犯罪持续高发,已成为上升最快、群众反映最为强烈的突出犯罪。公安部对此高度重视,部署全国公安机关集中打击高发类案,全力铲除诈骗窝点,重拳整治黑灰产业,全面加强预警防范。针对贷款诈骗、刷单诈骗、冒充客服诈骗、杀猪盘诈骗等四类案件多发高发的情况,各地公安机关迅速开展类案攻坚,成功捣毁一大批诈骗窝点,抓获一大批违法犯罪嫌疑人,刷单诈骗案件占比由年初的25.3%下降至13.8%,贷款诈骗、冒充客服诈骗、杀猪盘诈骗等高发类案得到明显遏制。

在部际联席会议机制框架下，有关部门和单位积极落实行业治理责任，对诈骗窝点集中、黑灰产泛滥、行业问题突出的重点地域实施红黄牌警告和挂牌整治制度，着力堵塞监管漏洞、消除安全隐患，一些重点地区面貌大为改观。注重从源头上遏制电信诈骗高发态势，深入推进打击违法1069短信平台、非法网络推广团伙、涉诈App技术开发违法犯罪等集群战役，精准打击为诈骗团伙传播犯罪手法、提供技术支撑和协助转账洗钱的黑灰产业，查处相关犯罪嫌疑人16.3万名。特别是全国"断卡"行动开展以来，各地重拳打击非法开办贩卖电话卡、银行卡违法犯罪活动，对"跑分平台""跑分客"开展集中收网，共打掉涉"两卡"违法犯罪团伙5800余个，抓获犯罪嫌疑人9.9万名，形成强有力的震慑。

在专项行动推进过程中，公安机关充分发挥合成作战平台作用，不断强化预警拦截和紧急止付工作，累计拦截诈骗电话1.4亿个、诈骗短信8.7亿条，封堵诈骗域名网址31.6万个，通过96110反诈预警专号防止970万名群众被骗。同时，切实加强宣传防范，在"百万警进千万家"等活动中开展反诈专题宣传，切实构建全民反诈、全社会反诈的浓厚氛围。

（参见：中国新闻网）

案例3：网络造谣可判刑

网络世界是一个虚拟世界，大部分人上网都会按照规定，文明上网，可是有个别人，在网上微博、论坛、微信群、微信朋友圈上造谣，刻意散播虚假信息。这种行为不仅违反互联网有关规定，严重的还构成违法犯罪。那么传播网络谣言会犯哪些罪？网络造谣罪怎么处罚？在我国，网络造谣生事在达到了一定标准之后就会构成犯罪可以直接适用，直接可适用的罪名主要有：诽谤罪、寻衅滋事罪、商品声誉罪、编造并传播证券、期货交易虚假信息罪、编造、传播虚假恐怖信息罪、战时造谣扰乱军心罪以及战时造谣惑众罪。上述罪名一般均能针对不同类型的网络谣言进行适用。

一、网络造谣罪怎么处罚判刑

《刑法修正案（九）》第三十二条规定，在刑法第二百九十一条之一中增加一款作为第二款："制造虚假的险情、疫情、灾情、警情，在信息网络或者其他媒体上传播，或者明知是上述虚假信息，故意在信息网络或者其他媒体上传播，严重扰乱社会秩序的，处三年以下有期徒刑、拘役或者管制；造成严重后果的，处三年以上七年以下有期徒刑。"

二、网络谣言的行政处罚

如果散布谣言，谎报险情、疫情、警情或者以其他方法故意扰乱公共秩序的，或者公然侮辱他人或者捏造事实诽谤他人的,尚不构成犯罪的,要依据《治安管理处罚法》等规定给予拘留、罚款等行政处罚。

《治安管理处罚法》第25条规定:"有下列行为之一的,处五日以上十日以下拘留,可以并处五百元以下罚款;情节较轻的,处五日以下拘留或者五百元以下罚款:(一)散布谣言,谎报险情、疫情、警情或者以其他方法故意扰乱公共秩序的;(二)投放虚假的爆炸性、毒害性、放射性、腐蚀性物质或者传染病病原体等危险物质扰乱公共秩序的;(三)扬言实施放火、爆炸、投放危险物质扰乱公共秩序的。"

三、网络谣言的民事责任

如果散布谣言侵犯了公民个人的名誉权或者侵犯了法人的商誉,依据我国民法通则的规定,要承担停止侵害、恢复名誉、消除影响、赔礼道歉及赔偿损失的责任。

(参见:湘潭网警巡查执法)

案例4:专门针对大学生的11类网络诈骗案例

近年来,针对大学生的网络诈骗案件持续高发,主要集中在网购、兼职、充值返现上,而冒充好友帮忙充话费,冒充班主任或者老师向同学借钱,购买游戏币、提供考题诈骗的,也时有发生。警方梳理了大学生常见的11类骗局,希望大学生们好好看看这些发生在大学校园中的实际案例,提高警惕,谨防上当受骗。

1. 网上找兼职被骗

2016年4月20日23时45分,刘某在58同城网上投简历找兼职,一个自称是无锡市博柯英腾机电设备有限公司的人与其联系,称可以帮她介绍兼职,刘某同意后在QQ上加对方为好友,通过QQ聊天,对方用刘某的QQ邮箱在亚马逊购物网上注册账号,让刘某帮 yamaxun16888@163.com 这个账号刷单,每刷100元返利8元,刘某第一单刷了100元,对方通过支付宝账号转账108元到刘某支付宝账号里,之后刘某共帮对方刷单2500元,对方一直没有将钱返还。刘某发现自己被骗。

诈骗手法解密:骗子以兼职帮淘宝、京东等网店刷信誉或刷单为由,让学生购买充值卡等虚拟物品或进行实物虚拟购买,骗取学生刷单购买时支付的本金,并以多次刷单才能返回本金及佣金等理由实施诈骗。

民警提示:刷信誉兼职存在很大的风险,虚拟交易中极易发生在本金支付后被骗的情况,而且虚拟刷信誉本就是违法行为。

2. 网上购物退款骗局

陈同学接到一个电话,称他之前在购物网站上购买的物品,由于系统故障,需要先退款给他,再支付一次。接着,对方通过QQ与其联系,他按照对方要求通过网银转账给对方账号12952.8元。之后,对方返现给他2952.8元,但称1万元被冻结了,第二天才能返还。没想到,他此后再也联系不上对方,这才发现自己被骗了。

诈骗手法解密:骗子往往是以淘宝购买物品支付未成功要求退款或支付宝被冻结等理由,以淘宝客服的名义来电话,让受害人加客服QQ,进入由对方给的链接网站,并在该诈骗网站上填写银行卡号、身份信息、密码或验证码等信息后以退款为理由骗学生使用自动取款机按其提示操作转账。

民警提示:正规淘宝客服只用旺旺联系,不用QQ或微信交谈。

3.套取个人信息诈骗

2016年3月3日,王某某在网上寻找兼职,于是添加一个招兼职的QQ,犯罪嫌疑人通过该QQ发来一个二维码,声称这是其即将兼职公司的二维码,王某某扫描二维码后其绑定的支付宝账号自动扣除4680元,发现被骗。

1月3日,李同学的朋友用QQ发信息给他,说是在网上购买手机但厂家没有货,需要借他的银行卡进行退款。他就把自己的银行卡照片发给对方,之后对方又说要他的身份证、银行卡及手机验证码。他没有考虑就全都发给了对方,随后就收到短信说他的银行卡被扣了2000元。直到朋友打来电话说自己的QQ被盗,他才确定被骗了。

诈骗手法解密:在兼职及免费送各类礼品活动中,骗子以入会或填写信息表等理由套取学生的银行卡、身份证、手机号码及验证码等个人信息,转账骗取钱财。

民警提示:只要涉及找你要验证码的电话,或者非正式网银银行网页填写验证码,一律为诈骗。守住网银验证码,就守住了钱袋子。另外千万不要随便扫描不明来历的二维码。

4.机票退改签冒充客服诈骗

1月8日,胡同学收到短信称其预订的航班由于故障取消,让其联系客服办理改签或退票手续,改签需要20元工本费,改签成功后将为每位旅客补偿200元钱,署名＊＊航空。他联系客服后,对方让他去自动取款机操作并询问其银行卡内余额,让其输入4070,说是验证码。因为输入金额比卡里的钱多,他就照做了。之后,他收到短信提示说他的银行卡转入50元,接着又有一条短信称其卡内4070元钱转出,这才发觉被骗。

诈骗手法解密:骗子利用学生不熟悉航空公司流程和网银操作流程的心理实施诈骗。其实,购买机票或者火车票后,因火车站或航空公司的原因造成各种延误改签,均不需要你操作。切记一点,任何需要操作网银或者去自动取款机操作银行卡的客服,都是骗子!

5.冒充老师借钱诈骗

大一新生刘同学接到一个自称是其老师的电话,让他第二天早上去办公室。次日一早,对方又打来电话,称办公室有领导,要给领导送钱,让他去买个信封,之后又说领导不收现金,让他帮忙转账汇钱到指定的账户。刘同学不疑有他,按照对方的要求先后汇了5笔钱,结果被骗走了1万元。

诈骗手法解密:骗子就是利用学生,尤其是大一新生防备意识薄弱,不敢主动找老师核实的心理,通过电话试探受害者心理,然后寻找理由,不见面,电话遥控,转账诈骗。

民警提示:老师找学生借钱本身就有问题,不见面核实却要你汇款百分百是骗子,这类骗局目前升级到同学。熟人之间诈骗。

6. QQ冒充好友充话费诈骗

5月21日,王某的好友宋某的QQ号被盗,王某收到宋某QQ消息,要求王某帮其充话费,后王某共在对方提供的手机号码里充了500元话费,事后王某发现被骗。

诈骗手法解密:这是骗子利用木马程序盗取QQ密码,冒充该QQ账号主人对其亲友实施诈骗。因此,大家不要轻信网络聊天工具,及时与亲友取得联系,了解核实身份即可,切忌轻易转账。

7. 冒充公检法诈骗

今年1月7日,黄同学接到一个自称中国移动的电话,说他在武汉一营业厅办了一张手机卡,涉嫌发送大量推广信息并欠费3170元,让他到当地公安局开一张证明。之后,对方帮他转接当地公安局电话,说他的银行卡涉嫌一起国家级金融诈骗案,让他保密并去银行汇款。他通过自动取款机把3200元汇到对方指定账户,之后对方又要他转12000元。他没有这么多钱,对方就让他加QQ,还要他拍隐私照片发过去,他这才意识到被骗了。

民警提示:公安机关不会通过110电话号码直接拨打用户,也绝对不会要求受访者提供个人的银行卡号、存款账号、密码及身份资料,不要相信所谓的"安全账户"。

8. 银行积分兑换诈骗

3月12日,马同学收到"95588"发来的短信,称其工商银行信用卡已满10000积分,登录网站可兑换5%的现金。他点击进入网站后,按要求操作,结果在把收到的验证码输入后,手机收到一条在网上消费5000元的短信。

诈骗手法解密:骗子将事先编好的积分兑换短信通过"伪基站"伪装成95588等群发诈骗短信,并建立虚假网站,诱惑用户下载安装一个带有木马病毒的软件应用,再通过安装在用户手机上的假客户端,盗刷用户银行卡。

民警提示:收到短信有疑问时,务必联系银行固定客服电话或直接到营业网点咨询。积分兑换不会出现现金,更不会要求提供银行账号、密码、身份证号等个人信息,收到此类短信千万别信。

9. 提供考题诈骗

3月份,王同学在网上报了英语考级。两个月后,有个陌生的QQ联系他说有英语考级的卷题资料,他问对方要了手机号码,并打电话证实了相关信息。对方让他支付报名费960元、保密金3000元和操作密码费800元,他信以为真,就用支付宝转账到对方指定银行账户,随后QQ就被拉黑了。

民警提示:国家组织的统一考试都有严格的保密规定,网络、短信售卖答案的都是诈骗,切勿投机取巧,相信未经证实的虚假信息掉入诈骗陷阱。

10. 娱乐节目中奖诈骗

蒋同学收到短信称,他被《奔跑吧兄弟》节目选为场外中奖人,奖励18万元和电脑一台,他没有理对方。过了几天,对方又打来电话,自称是法官,说当天为领奖最后一天,如果他不把手续费交到浙江电视台,电视台就会起诉他。之后,对方发来一个账号,他心里害怕就通过支付宝转到对方账户12000元,不料再也联系不上对方,这才发觉被骗。

民警提示:抽奖活动一般采取电视抽奖、现场抽奖或到现场兑奖等方式进行,所需个人所得税均已从奖金中直接扣除,不会要求中奖者事先支付,千万不要相信所谓的中奖短信或电话。

11. 购买游戏币诈骗

2015年3月19日,王某准备在网上购买游戏"英雄联盟"的有效装备,遂在百度上搜索到一个名为:炫舞时代金币的网页,并且在网页上找到名为"安妮科技工作室无限接单"的QQ号。随后王某与该QQ号联系,对方让其先打30元订金,之后又以账号激活、系统保护、银行卡激活、不激活将冻结账号、现金不予返还等理由要求王某继续汇款,汇款金额达3750元后王某发现被骗。

今年1月初,林同学上网玩网络游戏,找到一个玩家想卖游戏币,对方在游戏中发来一个链接,让他在该网站购买100元的游戏币。他注册了一个账号,购买了该笔订单。随后,他联系了网页上的客服QQ,对方说他的账号不能认证,要他填写个人资料,再充900元才能完成认证,这样才能交易,但这900元是可以提现的。他根据对方说的操作,对方又称他提现失败,账号被冻结了,要解冻还需充3600元。他又照做了,可充值完后,对方却称要充值到对方财务部才有效,他才知道被骗了。

民警提示:如需购买或出售相关产品,应该在游戏官方平台进行交易,不要轻易相信第三方个人卖家或买家。

(参见:东南商报)

本 章 小 结

　　道德的力量是无穷的,是立身兴国之本,对于个人和社会都具有基础性意义。社会主义道德是实现中华民族伟大复兴中国梦的重要精神力量。大学生做到明大德守公德严私德,最重要的就是弘扬和践行社会主义道德,传承中华传统美德,发扬中国革命道德,并自觉吸收和借鉴人类文明一切优秀道德成果,遵守道德行为规范,向道德模范学习,培养志愿服务精神,大力弘扬时代新风,强化社会责任意识、规则意识、奉献意识,在崇德向善的道德实践中锤炼道德品质,引领道德风尚。

第六章 尊法学法守法用法

本章重难点

(一)我国社会主义法律的本质特征和运行机制

(二)宪法的地位、基本原则和制度

(三)中国特色社会主义法治体系的重大意义和主要内容

(四)全面依法治国的基本格局

(五)必须坚持走中国特色社会主义法治道路

(六)法治思维的内涵和基本内容

(七)尊重和维护法律权威的重要意义和基本要求

(八)法律权利和法律义务的含义及其关系

问题一：为什么说依法治国首先要依宪治国

一、宪法是国家的根本法

2014年12月4日，中国人迎来了第一个国家宪法日。这一天，从国家最高权力机关到各有关部门和地方，从各大媒体到各个校园，都开展了各种形式的宣传教育活动，使人们加深了对宪法的认识，普遍增强了宪法意识。

宪法是国家的根本法，是治国安邦的总章程。党的十八届四中全会审议通过的《中共中央关于全面推进依法治国若干重大问题的决定》明确指出："坚持依法治国首先要坚持依宪治国，坚持依法执政首先要依宪执政。"这个重要论断，明确了宪法在法治中国建设中的核心地位，阐明了依法治国和依宪治国、依法执政和依宪执政之间的辩证关系，对全面推进依法治国、加快建设社会主义法治国家意义深远。

（一）依法治国与依宪治国是什么关系？

宪者，法也，宪法就是法上之法、法中之法。为什么依法治国首先要依宪治国？这是由宪法的独特地位和作用决定的。对一个国家的治理来说,宪法是根本法,是总章程。1982年12月4日通过的我国现行宪法,以国家根本法的形式,确立了中国特色社会主义道路、中国特色社会主义理论体系、中国特色社会主义制度的发展成果,反映了我国各族人民的共同意志和根本利益,成为党和国家的中心工作、基本原则、重大方针、重要政策在国家法制上的最高体现。坚持依法治国首先是坚持依宪治国,最重要的也是坚持依宪治国。

依宪治国体现了依法治国的核心内容。从内涵来看,宪法确立了国家的根本制度、根本任务、思想基础和活动准则,也就是说,国家政治社会生活中最重要最核心的内容,都在宪法中得到确认和体现。依法治国的过程,首先是贯彻落实宪法中所确立的制度和原则的过程。

依宪治国是依法治国的法律基础。从效力上看,宪法在我国法律体系中居于统帅地位,具有最高的法律地位和法律效力。宪法是其他法律的根据和基础,所有法律都是依据宪法制定的,不得同宪法相抵触,否则无效。正是在这个意义上,我们讲宪法是母法,普通法律是子法。依法治国所依之法,首先就是宪法。

依宪治国为依法治国确定了最高准则。从权威上看,宪法是一切组织和个人的根本活动准则,任何组织和个人都必须遵守宪法,不得超越宪法,并负有维护宪法尊严、保证宪法实施的职责。可以说,法治的权威,首先体现为宪法的权威;对法律的遵守,首先是对宪法的遵守。

因此,强调依法治国首先要依宪治国,表明了我们党坚持依法治国、依宪治国的鲜明态度和坚决决心,确立了宪法在国家治理体系和治理能力法治化中心的核心地位。要按照党的十八届四中全会的要求,加强宪法实施和监督,把全面贯彻实施宪法提高到一个新水平。

(二)依宪治国和"宪政"是一回事吗?

党的十八届四中全会提出坚持依法治国首先要坚持依宪治国,在社会上引起了积极反响。同时,也存在一些误解误读。例如,有人认为讲依宪治国,实质上讲的就是"宪政";还有人认为我们搞法治,最终就是要走西方"宪政"道路,等等。要保证依法治国、依宪治国沿着正确方向前进,必须弄清依宪治国和"宪政"的关系,划清两者之间的界限。

的确,"宪政"这个词,单从字面意义上看,好像就是依据宪法来施政,与依宪治国差别不大。有人提出社会主义宪政,初衷也是想推进社会主义法制建设。要搞清这些观点的是非对错,首先要搞清楚"宪政"的来龙去脉,认清有些人宣扬"宪政"的本质所在。

"宪政"这个概念,有其特定的含义。"宪政"是西方资产阶级革命否定封建专制的产物,是对西方资本主义国家政治发展模式的概括,是西方法学理论对自身经验的理论总结。"宪政"在经过西方学者的反复阐释和演绎后,现在已经成为一个具有鲜明指向和特定内涵的范畴,主要包括三权分立、多党制等基本内容。因此,西方宣扬的所谓"宪政",是特指西方的法治发展模式,不能仅从字面上理解。

"百里不同风,千里不同俗。"一个国家怎么搞法治,选择什么样的法治道路,归根结底是由这个国家的历史传承、文化传统、经济发展水平决定的。经过长期探索,中国已走出了一条自己的法治道路,在实践中已见成效。究其原因,就是因为根植于我们独特的文化传统,符合我国的基本国情。我国宪法以根本法的形式,确立了中国共产党在国家中的领导地位,规定我国的政体是人民代表大会制度,国家行政机关、审判机关、监察机关都由人民代表大会产生,对它负责、受它监督。这些都具有鲜明的中国特色,是历史选择和历史形成的,是中国特色社会主义法治道路的基本原则和制度安排。我们讲依法治国、依宪治国,就是要坚持好、落实好这些基本原则和制度安排,使它们更好地发挥作用。如果丢掉了这些根本,盲目地跟着西方所谓"宪政"跑,就无异于削足适履,自毁长城。

反观一些西方国家法治发展历程,它们的所谓"宪政"模式也各不相同,而且也问题多多。特别是近年来,西方宪政民主日益暴露出其弊端和局限性。一些西方学者也承认,西式民主正面临深刻危机,民主制衡演变为权力掣肘,党派博弈绑架国家利益。就连"历史终结论"的提出者弗朗西斯·福山,也不得不修正自己的观点。

近些年来,一些西方国家在世界上大打"宪政"牌,极力推行它们"宪政"模式。但我们从历史和现实都看得很清楚,它们并非真的是为其他国家好,而是以此为手段来搞乱别国、控制别国,最终维护其霸权地位。有些发展中国家没有看清西方兜售所谓"宪政"的本质,盲目照搬照抄,结果适得其反,不仅没有实现国家繁荣发展,反而陷入无休止的政权更迭和社会动荡,教训十分惨痛。

由此可见,对有些人宣扬的所谓"宪政",我们必须头脑清醒,绝不能被其"美丽的外衣"所迷惑。要珍惜好、呵护好我们自己成功走出去的法治道路,并坚定不移地走下去,使之越走越宽广。

(三)怎样健全宪法实施和监督制度

宪法的生命在于实施,宪法的权威也在于实施。宪法的力量不仅因其地位崇高,更源于其有效的实施和监督。

我国现行宪法实施三十多年来,以其至上的法制地位和强大的法制力量,为我国经济社会发展提供了有力法治保障。但同时也要看到,保证宪法实施的监督机制和具体制度还不健全,有法不依、执法不严、违法不究现象在一些地方和部门依然存在;关系人民群众切身利益的执法司法问题还比较突出；一些公职人员滥用职权、失职渎职、执法犯法甚至徇私枉法，严重损害国家法制权威，等等。这些问题不解决，必将影响宪法的效力和权威。

全面贯彻实施宪法，是建设社会主义法治国家的首要任务和基础性工作。党的十八届四中全会指出，全国各族人民、一切国家机关和武装力量、各政党和各社会团体、各企业事业组织，都必须以宪法为根本的活动准则，并且富有维护宪法尊严、保证宪法实施的职责。要贯彻落实好党的十八届四中全会的部署，切实加强宪法实施，使一切违反宪法的行为都得以追究和纠正。

完善宪法监督制度。没有监督制度，宪法就是"没有牙齿的老虎"。目前，世界上有三种宪法监督模式，即议会或权力机关监督模式、普通法院监督模式、专门机构监督模式。我国宪法规定，全国人大及其常委会负责监督宪法的实施。这体现了全国人大是最高国家权力机关、代表人民统一行使国家权力的制度设计，实践证明符合我国国情。要健全监督机制和程序，进一步明确全国人大及其常委会进行宪法监督的对象、范围、方式等，将原则性要求具体化、程序化，使宪法监督更规范、更有效。

健全宪法解释程序机制。宪法解释，就是全国人大常委会依据宪法精神，对宪法的内容、含义和界限作出说明，它比宪法修改更为灵活，能保持宪法的稳定性。现在，随着全面深化改革的不断推进，面临的新情况、新问题很多，更需要运用宪法解释来适应改革需要。要建立完善的宪法解释制度，保证宪法解释贯彻落实，同宪法修改等优势互补，与法律解释等同步推进，使宪法在保持稳定性和权威性的基础上与时俱进。

强化备案审查机制。对行政法规、地方性法规等进行备案审查，是宪法监督的重要内容和环节。要加强备案审查制度和能力建设，把所有规范性文件纳入备案审查范围，依法撤销和纠正违宪违法的规范性文件，禁止地方制发带有立法性质的文件，维护宪法和法律统一。

（四）怎样在全社会弘扬宪法精神

宪法的根基在于人民发自内心的拥护，宪法的伟力在于人民出自真诚的信仰。只有宪法精神、宪法理念深入人心，宪法权威才能真正树立起来。

随着我国法治建设的推进，宪法在中国特色社会主义法律体系中的核心地位已经形成，宪法精神不断深入人心。当然，培育和弘扬宪法精神是一个长期的过程，与建设社会主义法治国家的目标要求相比，全社会自觉遵守、维护、运用宪法的意识还需要不断加强。要按照党的十八届四中全会要求，普遍开展宪法教育，广泛弘扬宪法精神，在全社会树立起对宪法的信仰和敬畏。

设立国家宪法日。设立纪念宪法的节日,是很多国家的通行做法,目的都是增强全社会的宪法意识,用宪法凝聚社会共识、激发公民责任。有的国家把通过、颁布或实施宪法的日子定为国家宪法节,有的国家的宪法日是法定节日,人民在这一天以悬挂国旗等方式庆祝。2014年11月1日,十二届全国人大常委会第十一次会议通过了关于将12月4日设立为国家宪法日的决定。以立法形式设立国家宪法日,必将进一步彰显宪法权威、增强全民宪法观念。

建立宪法宣誓制度。在当今世界142个有成文宪法的国家中,规定相关国家公职人员必须宣誓拥护或效忠宪法的有97个。关于宪法宣誓的主体、内容、程序,各国做法不尽相同,一般都在有关国家公职人员开始履行职务之前或正式就职时举行宣誓。党的十八届四中全会提出要在我国建立宪法宣誓制度,这对于加强宪法实施具有重要意义。要通过法定程序,出台具体实施意见,把宪法宣誓制度具体化。今后,凡经人大及其常委会选举或者决定任命的国家工作人员正式就职时公开向宪法宣誓,这样有利于增强公职人员宪法观念,激励公职人员忠于和维护宪法,也有利于在全社会增强宪法意识、树立宪法权威。

发挥党员干部带头作用。"上邪下难正,众枉不可矫。"党员干部在遵守和维护宪法中具有引领和示范作用。要把宪法作为党员干部教育的重要内容,引导广大党员干部教育的重要内容,引导广大党员干部特别是领导干部带头树立宪法意识,培养宪法思维,把宪法作为判断大是大非的准绳;带头严格依宪法办事,增强依宪观察、分析和解决现实问题的能力;带头推动宪法实施,认真履行宪法赋予的职责,同一切破坏宪法权威、践踏宪法尊严的行为作斗争,使宪法真正成为国家治理的最高规则和开展工作必须遵循的根本准则。

宪法至上,法制才有权威和尊严。坚持依宪治国,依法治国才有根基和方向,法治中国建设才能走上通衢大道。

案例1:违宪行为必究

2014年8月12日凌晨,公安分局民警在处理一起纠纷案件时,发现人大代表张某涉嫌酒后驾车。随后,前来处理的松江交警支队民警对其进行酒精呼气测试,结果为136毫克/100毫升。另经司法鉴定中心检验和鉴定,张某的血液中乙醇浓度为1.25毫克/毫升,达到了醉酒状态。经过侦查,警方认为张某涉嫌危险驾驶罪,根据刑事诉讼法第一百零七条的规定,公安分局决定对张某进行刑事立案。

由于张某有县人大代表的身份,8月14日,公安分局向该县人大常委会发去关于提请批准对涉嫌危险驾驶罪的县人大代表张某采取刑事拘留强制措施的函。

10月24日，县十六届人大常委会二十五次会议听取和审议了关于提请许可对县十六届人大代表张某采取刑事拘留强制措施并暂停其执行代表职务的议案，并依法进行表决。常委会组成人员21名，实到会17名，表决结果：赞成8票，反对1票，弃权8票。因票数未过常委会组成人员的半数，该议案未获通过。11月27日，警方再次提请许可的申请，该县人大常委会审议通过了再次提请议案，许可公安分局对张某采取刑事拘留强制执行，并从即日起暂时停止其执行代表职务。

宪法第五条第四款规定："一切国家机关和武装力量、各政党和各社会团体、各企业事业组织都必须遵守宪法和法律。一切违反宪法和法律的行为，必须予以追究。"在我国，任何组织或者个人都不得有超越宪法和法律的特权。从人大代表履职需要出发，我国相关法律赋予人大代表以特别的人身保障权，但法律保护的是人大代表的合法权益而不是违法行为。人大代表身份不能成为违法犯罪行为的"护身符"，本案的侦办体现了"一切违反宪法和法律的行为，必须予以追究"的宪法规定在司法实践中得到严格执行。

（参见莫纪宏，《全面推进依法治国党员干部读本（以案释法版）》，2016年版）

案例2：宪法的故事

从"五四"宪法到"八二"宪法

中华人民共和国成立以来，我国先后制定了四部宪法，即1954年宪法、1975年宪法、1978年宪法、1982年宪法。四部宪法，见证了新中国的历史变迁，无不留下时代的烙印。

"现行宪法是1982年12月4日由五届全国人大五次会议通过的。形式上看，这部宪法是对1978年宪法的修改，实则不然，它并不是以1978年宪法为基础的，而是以1954年宪法为基础，在党中央的领导下，经过全民讨论，把党的主张和人民的意见结合起来、统一起来，重新制定的新宪法。"十届全国人大法律委员会主任委员杨景宇回忆说。

为什么要以1954年宪法为基础？"实践证明，1954年宪法是一部好宪法。"1980年9月15日，宪法修改委员会举行首次全体会议，宣布正式成立；1982年4月28日，宪法修改草案全文公布，交付全国各族人民讨论，全民讨论至8月31日结束。"全民讨论宪法草案达四个月，讨论规模之大、参加人数之多、范围之广、影响之大，在我国社会主义法制建设的历史上是空前的。"杨景宇对这段历史记忆犹新。

1982年12月4日，几经修改的宪法修改草案提请五届全国人大五次会议全体会议采取无记名方式表决，参加投票的代表3040人，投票结果，赞成的3037票，弃权的3票。宪法修改从启动到出台，历时两年三个月。

以修正案形式与时俱进修改宪法

"宪法应当是稳定的，但同时又必须根据现实需要适时进行修改。"中国政法大学教授、中国宪法学研究会顾问廉希圣说。

三十多年来，根据经济社会发展的客观要求，1988 年 4 月七届全国人大一次会议、1993 年 3 月八届全国人大一次会议、1999 年 3 月九届全国人大二次会议、2004 年 3 月十届全国人大一次会议先后四次对宪法部分内容做了修改。

"这样做，有利于宪法的稳定，有利于国家的稳定。至于修改宪法的方式。经过慎重研究，确定采取修正案的方式。八二宪法历次修改，采用的都是修正案的方式。"廉希圣说。

宪法与公民日常生活密切相连

"1982 年现行宪法通过之时，我正在吉林大学法律系念本科二年级。"中国人民大学法学院院长、中国宪法学研究会会长韩大元回忆说。三十多年后，他依然清晰地记得当时的情景："学校宣传栏几乎贴满了宣传宪法的文本和图片。课堂上，老师一条一条地给我们讲解宪法文本，点燃了我们学习的激情。"

韩大元认为，全面推进依法治国，保障人民的根本权益，应当充分发挥宪法作用，让宪法走进公民的日常生活。"宪法是党领导人民制定的，承载着人民对美好生活的向往和社会的价值共识。宪法来源于人民，保障人民的基本权利。""宪法的实施不只是一套技术，更是一种价值和理念。通过宪法的实施，要构建一种公共生活，让人们在日常生活中切身感受宪法的实际意义，能够在宪法的阳光下获得尊严的、体面的生活。"韩大元说。

让宪法成为每一个人的信仰

清华大学法学院教授林来梵从年轻时代就开始学习宪法、信仰宪法。

20 世纪 80 年代末，林来梵东渡日本学习宪法，一去就是八年。"我本科在福建师范大学学的是政治教育专业。政治学与宪法学关系密切，所以逐渐就对宪法学产生了兴趣。20 世纪 80 年代有一个氛围，学术界、思想界都在讨论中国该向何处去。选择宪法这个专业，完全出自自己的兴趣，也可以说是读书人的情怀。"林来梵说。

留学日本期间，曾有老师提出，希望林来梵改学民商法学。他半开玩笑地回答："民商法是齐家的学问，而宪法是治国平天下的学问，还是更喜欢后者。"林来梵回忆："那时候一边学习，一边越来越深刻地认识到，宪法不只是治国平天下的学问，还是普通老百姓手中的法宝。只要制度齐备，灵活运用，宪法就能成为每个公民保护自己合法权益的武器。"

"宪法一方面制约公权力，一方面保护人民的基本权利。所以列宁有一句名言，宪法就是一张写着人民权利的纸。"林来梵指出，当前宪法实施还存在一些问题，是建设法治中国过程中必须解决的。"现在大家都在讨论对宪法的信仰。我认为，一是要把立法法等现有的制度规定用足用好，二是要调动老百姓的积极性，让大家都参与进来，从宪法实施过程中尝到甜头,自然而然就能形成对宪法的信仰。"林来梵表示。

2014年12月4日,是一个值得永远铭记的日子。在这一天,我国迎来首个"国家宪法日"。设立"国家宪法日",不仅是增加一个纪念日,更要使这一天成为全民的宪法"教育日、普及日、深化日",形成举国上下尊重宪法、宪法至上、用宪法维护人民权益的社会氛围。宪法是国家的根本大法,具有最高的法律地位、法律权威、法律效力,具有根本性、全局性、稳定性、长期性,是治国安邦的总章程。

宪法,最核心的规定就是对人民权利和福祉的保护。宪法是民众日常生活身边鲜活的制度,与普通百姓和全社会福祉都密切相关。与宪法在民众生活中起到的重要性相比,社会对宪法的了解还远远不够。而"国家宪法日"的设立,正是这一努力的最新一步。法治建设不仅仅是国家的事情,也是公民自己的事情,只有民众个人树立了宪法信仰,"依法治国"根基才会更加牢固。

(参见殷泓、王逸吟,《宪法的故事:从五四宪法到八二宪法》,《光明日报》2014年12月3日)

案例3:法律变迁折射西藏社会民主政治巨变

自1965年9月1日西藏自治区正式成立以来,西藏自治区人民代表大会及其常务委员会,充分行使国家宪法和法律赋予的自治权,已制定了255件地方性法规和单行条例,用法律的手段维护了西藏人民的特殊权益,促进了西藏地区的和谐稳定发展。

每年春暖花开的季节,来自西藏各地的人民代表都会齐聚拉萨,参加一年一度的自治区人民代表大会。人大代表们依法行使着自己的民主权利,一项项建立在国家宪法和民族区域自治法框架内的地方性法规和条例、决议、决定,经由他们的手表决出台。西藏的社会主义法制化进程正推动着西藏的民主政治走向全面成熟。

推翻旧"法典"西藏人民才能获得民主权利

在1959年民主改革前的旧西藏,通行的是使用了几百年的《十三法典》和《十六法典》。这些"法典"将人分为三等九级,并用野蛮、残酷的刑罚维护着政教合一的黑暗社会制度,是官家、贵族和上层僧侣"三大领主"对百万农奴进行压迫和剥削的保护伞。

1951年西藏获得和平解放,1959年西藏在平息叛乱后开始实行民主改革,百万昔日生活在社会最底层的农奴第一次抛弃了下等人的身份,有了平等参与政治生活的权利。

1961年4月,西藏各地乡一级基层普选开始,百万翻身农奴穿着节日盛装,手捧哈达,兴高采烈参加投票,行使自己过去连想都不敢想的民主权利。1963年3月,全国人大常委会批准了《西藏自治区各级人民代表大会选举条例》,旧西藏的所有"法典"被宣告彻底废除,百万昔日的农奴在历史上第一次获得了平等的选举权和被选举权,他们踊跃参加选举,并由此产生了自治区各级权力机关。一大批往日身份"低贱"的农奴开始担任各级领导职务。

1965 年 9 月,西藏自治区第一届人民代表大会第一次会议召开,选举产生了西藏自治区自治机关及其领导人,宣告了西藏自治区的正式成立。西藏人民从此享有了自主管理本地区事务的权利,与全国人民一道走上社会主义法制化的发展道路。

社会主义法制成为西藏稳定发展的有力保障

随着 1965 年西藏自治区第一届人民代表大会第一次会议的召开和西藏自治区的成立,人民代表大会制度这一中国根本政治制度在西藏得以实行。1984 年,我国颁布实施了《中华人民共和国民族区域自治法》,将民族区域自治制度确立为国家的一项基本政治制度,对少数民族自治地方在政治、经济、文化等各方面的自治权利及与中央政府的关系做了系统的规定,为西藏人民充分行使自治权利和西藏社会稳定发展提供了有力的法律保障,

据统计,自 1965 年以来,西藏自治区人民代表大会及其常务委员会已相继制定了25 件符合西藏实际,维护西藏人民利益,并具有民族区域自治特色的地方性法规和决议、决定,内容涉及政治、经济、文化、教育等各个方面。这其中包括《西藏自治区文物保护条例》《西藏自治区环境保护条例》《西藏自治区对外国人来藏登山条例》《西藏自治区信访条例》《西藏自治区学习、使用和发展藏语文的规定》《关于维护祖国统一、加强民族团结、反对分裂活动的决议》《关于严厉打击"赔命金"违法犯罪行为的决定》等。

党的十一届三中全会确定建立社会主义市场经济体制后,西藏自治区人大及其常委会加快了经济立法的步伐,相继制定了一批与社会主义市场经济相适应,引导和规范市场的法规,如《西藏自治区商品交易市场管理条例》《西藏自治区文化市场管理条例》《西藏自治区农作物种子管理办法》等。这些法规的制定,不但促进了西藏经济社会的全面发展、进步,同时也进一步完善了人民代表大会制度。

1999 年,西藏自治区人民政府作出了《关于加强依法行政的决定》,使自治区各项事务的管理进一步走向了依法行政、依法管理、依法办事的轨道。

用法律手段维护西藏人民的特殊利益

1981 年,自治区人大常委会从西藏少数民族历史婚俗等实际情况出发。通过了《西藏自治区施行〈中华人民共和国婚姻法〉的变通条例》。这一条例在坚持婚姻法基本原则的前提下,结合西藏各少数民族婚姻家庭关系现存的特殊情况和风俗习惯,将婚姻法规定的结婚年龄在西藏降低两岁;对于执行婚姻法以前形成的特殊婚姻关系,准予维持;尊重各少数民族的传统婚嫁仪式等。这种从实际出发的做法,受到了广大西藏群众的

拥护。

自治区人大于 1987 年通过的《西藏自治区学习、使用和发展藏语文的规定》，使宪法和民族区域自治法中关于"各民族都有使用、发展自己的语言、文字的自由"等规定，在西藏得到了全面贯彻和落实。

自治区人大于 1990 年制定了《西藏自治区文物保护条例》，对于保护西藏各个历史时期的文物，并把文物保护管理工作纳入法制化、规范化轨道，起到了积极作用。

西藏自治区人大还先后颁布了《森杯保护条例》《矿产资源保扩杂例》《野生动物保护条例》等法规条例，实现了自主地保护、开发和利用本地资源。目前，西藏已建立 17 个国家级和自治区级自然保护区，总面积约占全区面积的三分之一。这些地方法规有效地保护了世界屋脊极为脆弱的生态环境，促进了可持续发展。

自治区人大还规定在执行全国性法定节假日的基础上，西藏将"藏历新年""雪顿节"等藏民族的传统节日列入自治区的节假日。目前，西藏每年的节假日比国家法定节假日要多 10 天。另外，根据特殊的自然地理环境，西藏将职工的周工作时间规定为 35 小时，比全国法定工作时间少 5 个小时。

近年来，自治区人大和各级政法机关在西藏开展了 5 次大规模的普法教育活动，全区已有超过 200 万人次接受了普法教育，青少年在校学生的普法率达到了 90% 以上。在西藏县乡换届选举中，选民的参选率基本都保持在 90% 以上。

（参见新华网，2008 年 4 月 28 日）

案例 4：在中华人民共和国成立七十周年之际对九类服刑罪犯实行特赦

特赦是国家依法对特定罪犯免除或者减轻刑罚的制度，我国现行宪法对于特赦制度作出了明确规定。新中国成立以来，我国先后实行了九次特赦。2019 年 6 月 29 日，在中华人民共和国成立七十周年之际，十三届全国人大常委会第十一次会议作出特赦决定，国家主席习近平签署发布特赦令，对依据 2019 年 1 月 1 日前人民法院作出的生效判决正在服刑的九类罪犯实行特赦：一是参加过中国人民抗日战争、中国人民解放战争的；二是中华人民共和国成立以后，参加过保卫国家主权、安全和领土完整对外作战的；三是中华人民共和国成立以后，为国家重大工程建设做过较大贡献并获得省部级以上"劳动模范""先进工作者""五一劳动奖章"等荣誉称号的；四是曾系现役军人并获得个人一等功以上奖励的；五是因防卫过当或者避险过当，被判处三年以下有期徒刑或者剩余刑期在一年以下的；六是年满七十五周岁、身体严重残疾且生活不能自理的；七是犯罪的时候不满十八周岁，被判处三年以下有期徒刑或者剩余刑期在一年以下的；八是丧偶且有未成年子女或者有身体严重残疾、生活不能自理的子女，确需本人抚养的女性，被判处三年以下有期徒刑或者剩余刑期在一年以下的;九是被裁定假释已执行五分之一以上假释考验期的,或者被判处管制的。

国家主席特赦令指示,对2019年6月29日符合上述条件的服刑罪犯,经人民法院依法作出裁定后,予以释放。

特赦是宪法规定的对特定罪犯免除或者减轻刑罚的一项制度,是宪法的基本规范内容和宪法制度体系的重要组成部分。实行特赦制度是一种典型的宪法规定的直接适用。实施宪法规定的特赦制度,是贯彻实施宪法的重要实践,彰显了宪法精神和力量,体现了宪法权威,具有重要的政治意义和法治意义。这是新中国成立以来的第九次特赦,充分彰显以习近平同志为核心的党中央承续中华文明慎行恤囚、明刑弼教的优良传统,推进法安天下、德润人心的仁政,展示执政自信和制度自信,树立新时代盛世伟邦形象。此举传递的是依宪治国、依宪执政的理念,有利于增强全民的宪法意识,形成举国上下维护宪法制度、尊重宪法权威的社会氛围,有助于让宪法思维内化于全体国人心中,并全面推动宪法的贯彻实施。实行特赦制度是对国家尊重和保障人权的宪法规定的落实,充分体现人道主义精神。

(参见《人民日报》,2019年6月30日)

问题二:如何理解全面依法治国的基本格局

2020年5月28日第十三届全国人民代表大会第三次会议审议通过了《中华人民共和国民法典》。民法典共7编1260条、10万多字,是我国法律体系中条文最多、体量最大、篇章结构最复杂的一部法律。这也是新中国成立以来第一部以"法典"命名的法律,是新时代全面推进依法治国的重大成果。

说到全面推进依法治国就要提到2014年10月召开的中国共产党第十八届四中全会,这是首次以全会的形式专题研究部署全面推进依法治国这一基本治国方略,在中国法治史上具有里程碑式的意义。会议通过了《中共中央关于全面推进依法治国若干重大问题的决定》,确立全面推进依法治国的总目标是:建设中国特色社会主义法治体系,建设社会主义法治国家。

全面依法治国必须坚持厉行法治。党的十八大提出了"科学立法、严格执法、公正司法、全民守法"的十六字方针,党的十八届四中全会将其作为全面依法治国的基本格局,并作出了更加明确具体的部署。其中,科学立法是前提,严格执法是关键,公正司法是保障,全民守法是基础。

（一）科学立法

"立善法于天下，则天下治；立善法于一国，则一国治。"党的十九大进一步提出了完善法律体系、深化法律体系建设的目标和任务，这就是"完善以宪法为核心的中国特色社会主义法律体系"，"推进科学立法、民主立法、依法立法，以良法促进发展、保障善治"。在四中全会通过的《决定》中，首先强调和部署的第一项任务，就是完善以宪法为核心的中国特色社会主义法律体系，对于这一"根本大法"的重视可见一斑。对于宪法的高度重视，还体现在了设立每年的 12 月 4 日为国家宪法日，以及设立宪法宣誓制度。

习近平总书记在十九届中央政治局第二十次集体学习时发表的题为《充分认识颁布实施民法典重大意义 依法更好保障人民合法权益》的讲话中说道："民法典……对坚持以人民为中心的发展思想、依法维护人民权益、推动我国人权事业发展……都具有重大意义。""（民法典）符合人民利益和愿望"。坚持以人民为中心，是社会主义国家的本质要求，也是科学立法的立法宗旨。

科学立法还要求要及时立法。法治的前提是"有法可依"，"无法或少法可依"的应急状态是对法治的考验。

（二）严格执法

"天下之事，不难于立法，而难于法之必行。"习近平总书记引用这句古语，认为全面推进依法治国的重点应该是保证法律严格实施，做到"法立，有犯而必施；令出，唯行而不返"。其中，包括严格执法以深入推进依法行政、加快建设法治政府为目标、深化行政执法体制改革、坚持严格规范公正文明执法等。

案例 1：依法执法就是最文明的执法

日前，一段记录上海几名警察执法过程的视频在网上热传，很多网民称之为"教科书式执法"。

从头到尾看完这段视频后，笔者也和众多网友一样，忍不住想给视频中的警察点个赞。口头传唤，连续三次警告，武力升级，行动前提醒无关人员远离，等等，这一系列操作的确堪称"教科书式执法"，整个执法过程透露出一股有理、有据、有节的文明范儿。

有理。执勤民警对违停车辆贴单抄告时，发现一辆无牌车，要求白衣男子把驾驶证、行驶证出示一下，于情于理并无可指摘的地方。白衣男子没有行驶证，也不出示驾驶证，反倒背起手来与民警作出一副"对峙"架势，甚至无视民警连续三次警告，纯属自己找不快活。一错再错,白衣男子当然要对自己的言行负责,为自己的错误"买单"。

有据。众所周知,驾驶无牌车辆上路,本身就是一种违法行为。警察依法对车主进行盘查,这是职责所在。面对白衣男子拒不配合执法,现场民警对他喷射警用催泪瓦斯,并不存在滥用嫌疑。《中华人民共和国人民警察使用警械和武器条例》第二章第七条规定:人民警察遇有以暴力方法抗拒或者阻碍人民警察依法履行职责的,经警告无效的,可以使用警棍、催泪弹、高压水枪、特种防暴枪等驱逐性、制服性警械。由此可见,警方动用警械完全正当且符合法律规定。

有节。据视频显示,即便白衣男子的言行充满挑衅,民警在执法过程中也没有做出什么出格举动。从请其出示证件,到对其口头传唤,再到连续三次警告,一直按照程序进行,始终保持着节制。虽然最后不得不使用警械,但在控制住白衣男子后,民警没有不管不顾当事人的"难受",而是极力安抚他"放弃抵抗,马上帮你清洗"。整个过程都让人觉得,每一步处置适度却不过度,到位并没越位。

另外,现场民警的其他做法,同样有可圈可点之处。比如,在采取强制措施之前,要求无关人员远离现场,避免不必要的伤害;面对围观群众拍摄,民警没有粗暴干涉,只是提醒拍摄者"拍可以,但不能断章取义,掐头去尾,否则要为造成的不良社会后果负责"。从这一言一行当中,我们感受到了可喜的变化,对文明执法充满了期待。

值得一提的是,警察执行公务,是法律赋予的权利。在正常执法过程中,公众尊重警察就是在尊重自己,给予警察方便就是给自己方便。反之,不把执法者放在眼里,由着自己的性子胡来,一旦导致事态升级,等尝到了不配合执法的滋味,后悔可就晚了。

(参见武西奇,人民网,2018 年 5 月 21 日)

(三)公正司法

公正司法是全面依法治国的根本保障。法律的生命力在于实施,法律的权威也在于实施。司法是法律实施的重要方面,是维护社会公平正义的最后一道防线,对全面推进依法治国起关键作用。英国哲学家培根有段名言:"一次不公正的审判,其恶果甚至超过十次犯罪,因为犯罪虽无视法律——好比污染了水流,而不公正的审判则毁坏法律——好比污染了水源。"如果司法这道防线缺乏公信力,整个社会的堤坝就要崩溃,社会公正就要受到广泛质疑,对依法治国具有极大的破坏作用。《决定》提出并落实改革措施190条,重点包括:建立领导干部干预司法活动,插手具体案件处理的记录、通报和责任追究制度;优化司法职权配置,推动审判权与执行权分离;变立案审查为立案登记制度;确立以审判为中心的诉讼制度改革;确立司法责任制度,等等。近年来我国的司法体制与机制改革取得巨大成就,仅平反冤假错案就有多件。这些迟到的正义虽然有些不尽如人意,但仍然是一种正义,是对过往错判的纠正和对受害者及家属的安慰和补偿。通过总结教训,在未来全面依法治国的实践中避免发生类似事件。司法机关的重大改革使司法的公信力得到了提高。

案例2:呼格吉勒图再审被判无罪

12月15日,内蒙古自治区高级人民法院对呼格吉勒图故意杀人、流氓罪一案作出再审判决,并向申诉人、辩护人、检察机关送达了再审判决书。

该案因呼格吉勒图的父母申诉,内蒙古自治区高级人民法院于11月19日决定启动再审程序,另行组成合议庭并依法进行审理。审理中,合议庭查阅了本案全部卷宗以及相关材料,听取了申诉人、辩护人和检察机关意见,经合议庭评议并提交审判委员会讨论,作出如下判决:一、撤销本院(1996)内刑终字第199号刑事裁定和呼和浩特市中级人民法院(1996)呼刑初字第37号刑事判决,二、原审被告人呼格吉勒图无罪。

1996年4月9日晚19时45分左右,被害人杨某某称要去厕所,从呼和浩特市锡林南路千里香饭店离开,当晚21时15分后被发现因被扼颈窒息死于内蒙古第一毛纺织厂宿舍57栋平房西侧的公共厕所女厕所内。原审被告人呼格吉勒图于当晚与其同事闫峰吃完晚饭分手后,到过该女厕所,此后返回工作单位叫上闫峰到案发女厕所内,看到杨某某担在隔墙上的状态后,呼格吉勒图与闫峰跑到附近治安岗亭报案。

呼和浩特市人民检察院指控被告人呼格吉勒图犯故意杀人罪、流氓罪一案,呼和浩特市中级人民法院于1996年5月17日作出(1996)呼刑初字第37号刑事判决,认定呼格吉勒图犯故意杀人罪,判处死刑,剥夺政治权利终身;犯流氓罪,判处有期徒刑五年,决定执行死刑,剥夺政治权利终身。

宣判后,呼格吉勒图以没有杀人动机,请求从轻处理等为由,提出上诉。内蒙古自治区高级人民法院于1996年6月5日作出(1996)内刑终字第199号刑事裁定,驳回上诉,维持原判,并根据当时有关死刑案件核准程序的规定,核准以故意杀人罪判处呼格吉勒图死刑,剥夺政治权利终身。1996年6月10日呼格吉勒图被执行死刑。

呼格吉勒图的父亲李三仁、母亲尚爱云提出申诉。内蒙古自治区高级人民法院于2014年11月19日作出(2014)内刑监字第00094号再审决定,对本案进行再审。

再审中,申诉人要求尽快公平公正对本案作出判决。辩护人辩称,原判事实不清、证据不足,应宣告呼格吉勒图无罪。内蒙古自治区人民检察院认为,原判认定呼格吉勒图构成故意杀人罪、流氓罪的事实不清,证据不足,应通过再审程序,作出无罪判决。

经审理,内蒙古自治区高级人民法院认为,原审认定呼格吉勒图犯故意杀人罪、流氓罪的事实不清,证据不足,对申诉人的请求予以支持,对辩护人的辩护意见和检察机关的

意见予以采纳,判决呼格吉勒图无罪。主要理由是:

一是原审被告人呼格吉勒图供述的犯罪手段与尸体检验报告不符。呼格吉勒图供称从杨某某身后用右手捂杨某某嘴,左手卡其脖子同时向后拖动杨某某两三分钟到隔墙,与"死者后纵隔大面积出血"的尸体检验报告所述伤情不符;呼格吉勒图供称杨某某担在隔墙上,头部悬空的情况下,用左手卡住杨某某脖子十几秒钟,与"杨某某系被扼颈致窒息死亡"的尸体检验报告结论不符;呼格吉勒图供称杨某某担在隔墙上,对杨某某捂嘴时杨某某还有呼吸,也与"杨某某系被扼颈致窒息死亡"的尸体检验报告结论不符。

二是血型鉴定结论不具有排他性。刑事科学技术鉴定证实呼格吉勒图左手拇指指甲缝内附着物检出 O 型人血,与杨某某的血型相同;物证检验报告证实呼格吉勒图本人血型为 A 型。但血型鉴定为种类物鉴定,不具有排他性、唯一性,不能证实呼格吉勒图实施了犯罪行为。

三是呼格吉勒图的有罪供述不稳定,且与其他证据存在诸多不吻合之处。呼格吉勒图在公安机关侦查阶段、检察机关审查起诉阶段、法院审理阶段均供认采取了卡脖子、捂嘴等暴力方式强行猥亵杨某某,但又有翻供的情形,其有罪供述并不稳定。呼格吉勒图关于杨某某身高、发型、衣着、口音等内容的供述与其他证据不符,其供称杨某某身高1.60米、1.65 米,尸体检验报告证实杨某某身高 1.55 米;其供称杨某某发型是长发、直发,尸体检验报告证实杨某某系短发、烫发;其供称杨某某未穿外套,尸体检验报告证实杨某某穿着外套;其供称杨某某讲普通话与杨某某讲方言的证人证言不吻合。原判认定的呼格吉勒图犯流氓罪除其供述外,没有其他证据予以证明。

(资料参见:新华网,2014 年 12 月 15 日)

(四)全民守法

人民权益要靠法律保障,法律权威要靠人民维护。全民守法的要求包括:增加全民法治观念,推进社会法治建设为目标;要弘扬社会主义法治精神,建设社会主义法治文化;推动全社会树立法治意识,深入开展法治宣传教育;要建设完备的法律服务体系等。

"科学立法、严格执法、公正司法、全民守法"四个环节是紧密联系、相辅相成的统一整体,共同构成了全面依法治国基本格局。

习近平同志多次引用先秦法家的杰出代表韩非子的观点:"国无常强,无常弱。奉法者强则国强,奉法者弱则国弱。"法治梦与强国梦是相通的。十九届五中全会提出了到2035 年基本实现社会主义现代化的远景目标,其中包括:基本建成法治国家、法治政府、法治社会。全面推进依法治国是建设社会主义现代化强国的重要制度基础和法治保障。党的十九大上确立了到21世纪中叶把我国建设成为社会主义现代化强国的战略目标,到那时,我国不仅物质文明、政治文明、精神文明、社会文明、生态文明将全面提升,而且将实现国家治理体系和治理能力现代化,也必将成为社会主义现代化法治强国。

问题三:为什么要坚持中国特色社会主义法治道路

在2020年11月16日至17日召开的中央全面依法治国工作会议上,习近平同志对当前和今后一个时期推进全面依法治国要重点抓好的工作提出了11个方面的要求,强调"要坚持中国特色社会主义法治道路"。

中国特色社会主义法治道路,是社会主义法治建设成就和经验的集中体现,是建设社会主义法治国家的唯一正确道路。对于这一重大问题,习近平同志反复强调我们要树立自信、保持定力。

走什么样的法治道路、建设什么样的法治体系,是由一个国家的基本国情决定的。"为国也,观俗立法则治,察国事本则宜。不观时俗,不察国本,则其法立而民乱,事剧而功寡。"全面推进依法治国,必须从我国实际出发,同推进国家治理体系和治理能力现代化相适应,既不能罔顾国情、超越阶段,也不能因循守旧、墨守成规。

中国是一个具有五千多年文明史的古国,中华法系源远流长,成为世界独树一帜的法系,古老的中国不仅为中国特色社会主义法治道路提供了历史参照和法治传承,还为人类法治文明作出了重要贡献。

鸦片战争后,中国逐渐沦为半殖民地半封建社会。为了改变国家和民族的苦难命运,一些仁人志士试图将近代西方国家的政治制度和法治道路移植到中国,以实现变法图强的梦想。但事实证明,资产阶级革命派领导的民主主义革命,照搬西方政治制度模式的各种方案,都不能完成中华民族救亡图存和反帝反封建的历史任务,都不能让中国政局和社会稳定下来,更都谈不上为中国实现国家富强、人民幸福提供道路选择。在中国共产党领导下,中国人民推翻了"三座大山",实现人民当家作主,掌握国家政权,成为国家主人,走上建设社会主义法治国家的道路。

中国特色社会主义法治道路,是我们党领导人民努力推进社会主义民主法治建设的长期实践,本质上是中国特色社会主义道路在法治领域的具体体现,是建设社会主义法治国家的唯一正确道路,从根本上保证了我国社会主义法治建设的正确方向。中国特色社会主义法治道路,是历史的选择、人民的选择和中国社会发展的必然要求。

（一）坚持中国共产党的领导

中国共产党的领导是中国特色社会主义最本质的特征，是社会主义法治最根本的保证，在全面依法治国中具有统领性、全局性、决定性地位和作用。2018年3月，中共中央印发《深化党和国家机构改革方案》。文件中明确提出组建中央全面依法治国委员会。习近平总书记提出明确要求，成立这个委员会，就是要健全党领导全面依法治国的制度和工作机制，强化党中央在科学立法、严格执法、公正司法、全民守法等方面的领导，更加有力地推动党中央决策部署贯彻落实。

社会主义法治必须坚持党的领导，党的领导必须依靠社会主义法治。全面法治国，方向要正确，政治保证要坚强，最关键的就是坚持中国共产党的坚强领导，不能把党的领导和依法治国二者对立起来。习近平总书记强调："这个问处理得好，则法治兴、党兴、国家兴；处理得不好，则法治衰、党衰、国家衰。"

"党大还是法大"是一个政治陷阱，是一个伪命题。对这个问题，我们不能含糊其词、语焉不详，要明确予以回答。习近平同志指出："我们说不存在'党大还是法大'的问题，是把党作为一个执政整体而言的，是指党的执政地位和领导地位而言的，具体到每个党政组织、每个领导干部，就必须服从和遵守宪法法律，就不能以党自居，就不能把党的领导作为个人以言代法、以权压法、徇私枉法的挡箭牌。"

党的十九大报告明确指出了要坚持党的领导、人民当家作主、依法治国的有机统一，最根本的是坚持党的领导。全面依法治国绝不是要虚化、弱化甚至动摇否定党的领导，而是要加强和改善党的领导，不断提高党领导依法治国的能力和水平，巩固党的执政地位。

习近平同志强调，如果说"党大还是法大"是一个伪命题，那么对各级党政组织、各级领导干部来说，权大还是法大则是一个真命题。纵观人类政治文明史，权力是一把双刃剑，在法治轨道上行使可以造福人民，在法律之外行使则必然祸害国家和人民。

依法治国坚持党的领导必须全面从严治党，全面从严治党构成全面依法治国的关键环节。依规治党是全面从严治党的必然选择。习近平同志指出，党的十八大以来，我们制定和修订了140多部中央党内法规，出台了一批标志性、关键性、基础性的法规制度，有规可依的问题基本得到解决，下一步的重点是执规必严，使党内法规真正落地。要发挥依法治国和依规治党的互补性作用，确保党既依据宪法法律治国理政，又依据党内法规管党治党、从严治党。

习近平同志还指出，领导干部必须带头尊崇法治、敬畏法律，了解法律、掌握法律，遵纪守法、捍卫法治，厉行法治、依法办事，不断提高运用法治思维和法治方式深化改革、推动发展、化解矛盾、维护稳定的能力,做尊法学法守法用法的模范,以实际行动带动全社会尊法、学法、守法、用法。任何组织和个人都不得有超越宪法法律的特权,绝不允许以言代法、以权压法、逐利违法、徇私枉法。

(二)坚持人民主体地位

在社会主义法治国家,人民是依法治国的主体和力量源泉,坚持人民主体地位是依法治国的基本原则。必须把人民当家作主贯彻到依法治国的全过程,保证人民的广泛参与。

坚持人民主体地位,必须坚持法治建设为了人民、依靠人民、造福人民、保护人民,以保障人民根本权益为出发点和落脚点,保证人民依法享有广泛的权利和自由、承担应尽的义务,维护社会公平正义,促进共同富裕,为保证人民当家作主提供坚实的法治基础。在立法上,要保证人民的意志和利益得到体现,也要保证人民能有充分的机会表达自己的意见,使每项立法都体现人民意志,都得到人民的拥护。在法律实施上,要确保立法上体现的人民意志得到实现,要保障人民依法享有各种程序性权利,通过法律的实施切实维护自己的合法权利。

人民权益要靠法律保障,法律权威要靠人民维护。依法治国的根本目的是实现人民幸福,尊重和保障人权。要把体现人民利益、反映人民愿望、维护人民权益、增进人民福祉落实到依法治国全过程,保证人民在党的领导下,依照法律规定,通过各种途径和形式,行使管理国家事务和社会事务、管理经济和文化事业的权利。

(三)坚持法律面前人人平等

平等是社会主义法律的基本属性,是社会主义法治的基本要求。坚持法律面前人人平等,充分显示了中国特色社会主义制度的优越性,使人民在依法治国中的主体地位得到尊重和保障,从而有利于增强人民群众的主人翁意识和责任感,对于坚持走社会主义法治道路具有十分重要的意义。

坚持法律面前人人平等,要求公民不分民族、种族、性别、职业、家庭出身,宗教信仰、教育程度、财产状况、居住期限等,都应当平等享受公民权利、平等履行公民义务。坚持法律面前人人平等,一方面要求违法必究,一切违反宪法法律的行为都必须予以追究。法治意味着不管什么人,不管涉及谁,只要违反法律就要依法追究责任。另一方面要求非歧视,即无差别地对待。只要是正当权益诉求,就应当在法律上得到平等对待;只要是合法权益,就应当依法得到平等保护。要着力反歧视,特别要强调弱势群体合法利益的法律保护。

法律面前人人平等,是东西方共用的法治格言。这句格言的潜台词就是反对特权,用法律约束权力,这其实就是法治的题中之义了,因此法治的基本属性和理想状态,就是法律面前人人平等。尽管不同时代,不同国家,凡是推崇法治理想的,都曾提出过类似法律面前人人平等的政治愿景,但是真正实现的程度却大不相同。我国先秦法家也提出过法律面前人人平等的政治理想。管仲提出,"君臣上下贵贱皆从法,此谓大治"。韩非提出,"法不阿贵,绳不绕曲。法之所加,智者弗能辞,勇者弗敢争,刑过不避大臣,赏善不遗匹夫"。这些主张其实就是讲法律面前人人平等,也就是老百姓理解的"王子犯法与庶民同罪"。而这句话连同上述法家的观点,有时是容易引起误解的。事实上,"王子犯法与庶民同罪"的正确理解应该是王子犯法同庶民犯法一样,同样要治罪,即"法不阿贵,绳不绕曲",但这并不意味着给王子与庶民治不同的罪,王子有王子的罪,庶民有庶民的罪。即使治同样的罪,也并不意味着将王子与庶民施同样的刑,王子有王子的刑,庶民有庶民的刑。我国古代法治中,有各种各样对贵族阶层犯罪减免量刑的制度。

(四)坚持依法治国和以德治国相结合

习近平同志提出:"改革开放以来,我们深刻总结我国社会主义法治建设的成功经验和深刻教训,把依法治国确定为党领导人民治理国家的基本方略,把依法执政确定为党治国理政的基本方式,走出了一条中国特色社会主义法治道落,这条道路的一个鲜明特点,就是坚持依法治国和以德治国相结合,强调法治和德治两手抓、两手都要硬。这既是历史经验的总结,也是对治国理政规律的深刻把握。"

法治和德治,是治国理政不可或缺的两种方式,如车之两轮或鸟之两翼,忽视其中任何一个,都将难以实现国家的长治久安。习近平同志强调,法律有效实施有赖于道德支持,道德践行也离不开法律约束。法治和德治不可分离、不可偏废,国家治理需要法律和道德协同发力。要既讲法治又讲德治,重视发挥道德教化作用,把法律和道德的力量、法治和德治的功能紧密结合起来,把自律和他律紧密结合起来。必须坚持依法治国和以德治国相结合,使法治和德治在国家治理中相互补充、相互促进、相得益彰,推进国家治理体系和治理能力现代化。法安天下,德润人心。

法治与德治相结合,不单是实现道德与法律功能上的互补,更强调道德对法理念、法灵魂的价值统摄性,要求在法律的立改废释中,坚持价值引领原则,使社会主义法律法规反映和体现社会主流价值,从源头上减少或避免合乎法定程序但与善性相悖的立法的产生。习近平同志明确指出,"法律法规要树立鲜明道德导向,弘扬美德义行,立法、执法、司法都要体现社会主义道德要求,都要把社会主义核心价值观贯穿其中,使社会主义法治成为良法善治"。为了提高立法质量,保障法律的良善性质,必须推进科学立法、民主立法、依法立法,以良法促进发展、保障善治。

(五)坚持从中国实际出发

"为国也,观俗立法则治,察国事本则宜。不观时俗,不察国本,则其法立而民乱剧而功寡。"建设法治中国,必须从我国实际出发,同完善和发展中国特色社会主义制度、推进国家治理体系和治理能力现代化相适应,既不能罔顾国情、超越阶段,也不能因循守旧、墨守成规。

从我国实际出发,不等于关起门来搞法治。坚持走中国特色社会主义法治道路,必须学习借鉴世界上优秀的法治文明成果。法治的精髓和要旨对于国家治理和社会治理具有普遍意义。学习不是简单的拿来主义,不能将以某种法治理论或成果当成唯一准则,不能企图有一种法治模式来改造整个世界。必须坚持以马克思主义法学理论为指导,坚持以我为主、为我所用,合理吸收国外法治理论、法学概念、法律话语、法律方法,不能搞"全盘西化",不能搞"全面移植"。

站在历史新起点上,我们要坚定不移走中国特色社会主义法治道路,坚持建设法治中国的方向不变、道路不偏、力度不减,推动新时代全面依法治国伟大事业走得更稳、行得更远。展望未来,中国特色社会主义法治道路必将继续展现其独特优势,在解决自身发展实践问题的过程中彰显更加鲜明的中国特色、中国风格、中国气派,并对人类法治文明发展作出新的更大贡献。

案例1:集体财产成了老支书自己碗里的菜

"驳回上诉,维持原判。"随着法槌落下,6月18日,宿迁市中级人民法院做出终审裁定,驳回江苏省沭阳县梦溪街道官西居委会原支部书记佘树祥的上诉,维持一审判决——以犯挪用公款、挪用资金、贪污罪数罪并罚,判处佘树祥有期徒刑一年二个月,并处罚金10万元。

佘树祥初中毕业后便一直在村里工作,从小队会计一路干到村党支部书记岗位。30多年来,佘树祥自认一心一意把精力放在村里的发展上,直到2010年,一件他以为自己能"当家作主"的小事,让这位村民眼中兢兢业业的老支书走上了一条违法乱纪的不归路。

佘树祥所在的官西居委会地处城乡接合部,2009年村里迎来了开发建设高潮。2010年8月,街道安排居委会发放一笔被征地农户补偿款,恰巧此时,朋友徐某某找到佘树祥,希望周转10万元钱用于急用。碍于情面,佘树祥便自作主张将补偿款借给了徐某某,而这一借就是7年之久。

"当时没想那么多,觉得这点'家'自己还是能当的。"佘树祥说,自己也多次催要,但徐某某总以各种理由推脱。2013年2月、2017年10月,徐某某分两次归还了9.7万元。其间,佘树祥采取拆东墙补西墙的方式,把其他项目补偿款发放给了被征地农户。

挪用公款未被发现,让佘树祥的胆子变得越来越大,他不停故伎重演,自以为神不知鬼不觉。经查,2010年至2016年,佘树祥利用协助政府从事土地征用补偿款发放的职务便利,安排时任村会计吴某某挪用公款18万元,进行营利性活动或者超过三个月未还。

"资历老,在村里说一不二,谁的话也听不进去了。村里的事情基本都是他一人当家做主。"一些村民这样评价佘树祥。长达20年的"一把手"任职,让佘树祥逐渐变得自负,村委会成了他的"一言堂",把集体财产当成自己"碗里的菜",任意支配。

2013年11月,沭阳经开区某项目征用七雄街道夹滩居委会及梦溪街道官西居委会部分土地。经双方确定,官西居委会被征土地面积为5亩,补偿款以夹滩居委会胡庄组组长吴某某的名义对上申报。2014年5月补偿款下拨后,吴某某将涉及官西居委会的133935元补偿款汇入村民组长徐某某的账户。

习惯了"当家作主"的佘树祥在未履行任何手续的情况,安排徐某某将上述款项中的11万元转到自己卡上,作为自己做生意的流动资金,直到一年后才归还。还完钱不到一周时间,佘树祥再次从徐某某处挪用11万元,一年多才还上。

连连得手让佘树祥尝到了权力带来的甜头,在违纪违法道路上越走越远,甚至明目张胆地打起了征地补偿款的主意。

2016年11月,佘树祥与村干部吴某某等人商量,利用协助政府从事申报土地附属物补偿款的机会,通过虚列附属物数量等方式骗取补偿款328680元。因佘树祥个人借了会计吴某某46115元,佘树祥让吴某某从虚报的补偿款中、以做账方式处理掉这笔欠款,用集体公款为自己买单。

集贪污、挪用公款、挪用资金三罪于一身,66岁的佘树祥没能保住晚节。"总认为自己书记时间干得长,慢慢就变得狂妄自大、目中无人起来,思想一步步退化,想干什么就干什么,套用资金吃吃喝喝,为自己支付很多不合理的开支,一步一步走上犯罪道路。"回想自己的所作所为,佘树祥后悔不已。

(参见中央纪委国家监委网站,2020年12月15日)

案例2:深入推进司法体制改革

司法体制改革是不断推动中国特色社会主义司法制度发展和完善的关键环节。改革开放以来,我们从建立比较规范的刑事审判、民事审判、行政审判制度开始,逐步扩大审判公开,提升司法公信力。党的十八大以来,在前期改革的基础上,我们瞄准制约司法公正和司法能力的体制机制问题深化司法体制改革,取得历史性成就。这主要是因为我们坚持走中国特色社会主义法治道路,做到了信念坚定、方向明确、目标清晰、方法得当。今后,我们要继续保持改革定力,深化司法体制综合配套改革,继续增强广大人民群众的司法获得感,更加彰显中国特色社会主义司法制度的优越性。

促进社会公平正义、推进法治中国建设,司法体制改革是"重头戏"。改革开放40年来,在党中央坚强领导下,我们紧密结合自身国情,及时回应社会需要,合理借鉴国际经验,使我国的司法体制改革渐次展开、与时俱进,成功走出一条具有中国特色、符合司法规律的司法体制改革之路,有力推动了中国特色社会主义司法制度的发展和完善,全面依法治国迈出坚实步伐。

司法体制改革取得历史性成就

1979年刑法、刑事诉讼法颁布,人民法院正常的审判职能逐渐恢复。着眼于服务保障党和国家工作大局、维护和促进社会公平正义,司法工作围绕司法为民、公正司法这条主线逐步展开。从20世纪80年代开始,我们逐步建立起比较规范的经济审判、行政审判制度,扩大审判公开,加强法院建设,颁布法官法,对法官制度进行重大改革。党的十五大提出依法治国是党领导人民治理国家的基本方略,站在从制度上保证司法机关依法独立公正行使司法权的高度,首次提出推进司法改革。

从那时起,司法改革就成为不断发展完善中国特色社会主义司法制度的关键环节。本着先易后难的原则,我们党进行顶层设计、系统规划,先后推出一系列基础性、阶段性和技术性的司法改革举措,推动中国特色社会主义司法制度日益成熟、定型。党的十八大开启了深化司法体制改革的新阶段。新一轮司法体制改革是在前期改革的基础上,立足全面依法治国进行的一场系统性、全方位、深层次改革,深刻触及制约司法公正和司法能力的体制机制问题,在一些重要领域和关键环节取得突破性进展。

司法权运行更加规范。本轮改革遵循司法中立性、亲历性、权责一致性等基本原则,重点建立和完善权责明晰、权责一致的司法责任制,重塑司法权运行机制。全国法院普遍实行"谁审理、谁裁判、谁负责"的办案机制,司法权运行更加符合司法规律。

司法机关管理体制更加科学。推动省以下地方法院、检察院人财物统一管理,有效避免了地方保护主义。推进司法机关内设机构改革,通过整合部门职能、精简机构、调配人员,构建以审判为中心的机构设置模式和管理体制,使整个司法运行和管理更加科学高效。实行法官、检察官员额制,切实提升司法队伍正规化、专业化、职业化水平。

司法过程更加公开。依托信息化手段,司法公开的广度和深度前所未有。比如,截至 2018 年 2 月底,中国裁判文书网已公开超过 4200 万份裁判文书,公开数量位居世界前列。人民法院、人民检察院还利用各种新媒体,拓展公开内容和公开渠道。司法公开不仅成为人民群众了解司法、参与司法、监督司法的重要渠道,也成为世界了解中国司法的重要窗口,成为中国司法的一张亮丽名片。

诉讼机制更加便民。人民法院全面落实立案登记制,充分保障当事人诉权;深入推进案件繁简分流,开展刑事速裁和认罪认罚从宽制度改革,有效提升司法效率;深化执行体制改革,及时维护当事人合法权利;在全国范围内建设多渠道、一站式、综合性诉讼服务中心,最大限度方便当事人集中办理除庭审之外的其他司法事务。

在改革中积累宝贵经验

党的十八大以来,司法体制改革能够取得历史性成就,这其中的根本原因就在于我们始终高举中国特色社会主义伟大旗帜,坚持以习近平新时代中国特色社会主义思想为指导,坚持走中国特色社会主义法治道路,不断发展、改革和完善中国特色社会主义司法制度,做到了信念坚定、方向明确、目标清晰、方法得当。

坚持"四个自信",确保司法体制改革方向正确。司法体制改革是政治体制改革的重要组成部分。推进这一改革,必须始终坚定中国特色社会主义道路自信、理论自信、制度自信、文化自信,做到头脑清醒、立场坚定,矢志不移坚持和发展公正高效权威的社会主义司法制度。正是因为坚持"四个自信",我们才能从社会主义初级阶段基本国情出发,继承我国优秀法律文化传统,汲取改革开放中积累的宝贵经验,同时借鉴国外有益成果,不断发展和完善中国特色社会主义司法制度。

坚持党的领导,确保形成强大改革合力。党的集中统一领导是推进司法改革最大的政治优势。司法人员分类管理、落实司法责任制、人财物省级统管改革等保障司法机关依法独立行使司法权的重大改革举措,都来自以习近平同志为核心的党中央的决策部署。以习近平同志为核心的党中央紧抓司法体制改革关键环节,重大改革战略由党中央全会决定,重大改革方案由中央深改领导小组(委员会)审议,为司法改革提供正确指引,形成了强大改革合力。

坚持问题导向,确保人民群众获得感增强。改革就是要奔着问题去、瞄着问题改,这样才能带给人民更加充实、更有保障、更可持续的获得感、幸福感和安全感。我们把司法为民理念贯穿于改革全过程,从人民群众期盼的事情做起,从人民群众不满意的问题改起,下决心改革影响司法公正的深层次问题。我们以司法责任制改革破解"审者不判、判者不审、权责不清"的顽疾,以司法公开压缩"权力寻租、暗箱操作"的空间,以执行信息化寻求解决"执行难"的新思路,为人民群众带来看得见的公平正义。

坚持司法规律,确保改革举措科学有效。尊重司法权作为判断权的根本属性,司法改革着力塑造符合司法权运行规律的体制机制;尊重审判的中心地位,调整司法机关的职权配置,改革人财物管理体制。坚持科学的改革方法论,着力抓好五个方面的结合:坚持顶层设计与地方探索结合,坚持改革于法有据与改革创新结合,坚持重点突破与系统集成结合,坚持落实主体改革责任与争取群众广泛支持结合,坚持制度性改革与技术性革新结合。

推进司法体制综合配套改革

按照党的十九大提出的要求,今后一个时期,司法体制改革的任务是深化司法体制综合配套改革,全面落实司法责任制,努力让人民群众在每一个司法案件中感受到公平正义。我们应深刻把握新时代司法体制改革的新要求,坚持以习近平新时代中国特色社会主义思想为指导,坚持全面推进依法治国,保持改革定力,继续攻坚克难,深化司法体制综合配套改革,更加彰显中国特色社会主义司法制度的优越性。

健全完善组织体系。加强最高人民法院巡回法庭建设,深化跨行政区划法院改革,加强知识产权法院体系建设,扩大互联网法院试点范围,建立"一带一路"国际商事争端解决机制和机构,推进法院内设机构改革,修改完善人民法院组织法,为公正司法提供组织保障。

全面落实司法责任。完善员额制,坚持有序放权与规范用权、强化监管相统一,细化权力运行规范,优化审判资源配置,明确问责追责程序。优化完善诉讼程序,扎实推进以审判为中心的刑事诉讼制度改革,坚持诉讼以审判为中心、审判以庭审为中心、庭审以证据为中心,发挥庭审在查明事实、认定证据、保护诉权、公正裁判中的决定性作用。

持续深化司法公开。进一步完善审判流程、庭审活动、裁判文书、执行信息四大公开平台,加快质效型运维体系建设,依靠科技创新为司法现代化注入新动力。提升司法公开质量,规范裁判文书说理,加强司法案例宣传,完善司法与媒体良性互动机制,以阳光司法增强司法公信力,以司法公正引领社会公正。

(参见《人民日报》,2018年10月28日05版)

案例3:法治中国 步履铿锵

立法保障——民法典护航人民美好生活

"真的要小心,太危险了!"前不久,北方某地一位居民被楼上掉下的一块玻璃吓了一跳,赶紧在微信群里提醒大家:"大风天,大家一定要小心楼上掉下东西。"高空坠物、抛物严重威胁生命安全。2020年3月,海口市秀英区人民法院对一起高空坠物致人死亡案作出判决,判决坠物房屋业主承担70%赔偿责任,小区物业承担30%赔偿责任,引起社会热议。在现实生活中,高空抛物、宠物伤人、高铁霸座等违法失德现象时有发生,但经常面临权责不明等问题。

今年5月28日,十三届全国人大三次会议表决通过了《中华人民共和国民法典》,自2021年1月1日起施行。作为我国第一部以法典命名的法律,民法典被誉为"社会生活的百科全书"。民法典分为总则、物权、合同、人格权、婚姻家庭、继承、侵权责任7编,共1260个法条,涉及人们生活的方方面面,既为公民的各种民事行为提供了指引和规范,也为司法机关提供全面、权威、系统的裁判规则。老百姓的权益从法律层面得到更全面的保障。

我国的民法典蕴含着以人民为中心的发展思想,始终把人民愿望置于首位。民法典编纂过程中,先后10次通过中国人大网公开征求意见,累计收到42.5万人提出的102万条意见建议;人格权、侵权责任单独成编,设定多元化权益救济措施,紧密围绕与人们生活息息相关的基本权利,对中国特色社会主义民事法律制度体系进行了丰富和完善,处处体现着"民有所呼、法有所应"的价值追求。

法律是治国重器,良法是善治前提。民法典的出台,为人民美好生活提供了更坚实有力的法治保障。

司法为民——打官司变得更便捷了

"被告在外省,原告在自己家门口的法院就可以办理立案,不用跑到外省去,省时省力。"12月10日,记者在广西壮族自治区崇左市中级人民法院看到,当事人刘女士用不到20分钟的时间便立上了案。今年,全国中级、基层法院和海事法院全面实现3类案件跨域立案服务,当事人在全国任何一家中级和基层法院都能享受与管辖法院同品质的立案服务。

不仅立案更便捷,在崇左中院诉讼服务中心,记者看到缴费、执行、信访等窗口一字排开,当事人可以享受"一站式"服务。大量矛盾纠纷在立案时,法官会引导其通过调解解决。调解室里,专业的调解员正在释法说理、讲法讲情。达成一致的,当即请法官进行司法确认。"一站式"解纷,实现了"走进一个厅,官司全理清"。

今年以来,全国法院深入推进多元解纷和诉讼服务体系建设。全国95%以上法院开通网上立案功能,让人民群众"足不出户可立案"。全国98%的法院建立诉讼服务大厅,98%的法院运行诉讼服务网。全国3331家法院运行调解平台,平台入驻调解组织3.3万个,调解员11.9万名,累计汇聚调解案件743万件,调解成功率61%。"打官司变得更便捷了,公平正义来得更快了"是当事人普遍的感受。

"各级法院充分运用'一站式'建设成果,全面畅通网上服务渠道,为当事人提供立案、开庭、调解、送达等网上诉讼服务,及时定分止争。今年2月3日至7月3日,全国法院网上立案280万件、网上开庭44万次、网上调解129万件,同比分别增长46%、895%和291%。'一站式'建设成果经受住了实战的检验。"最高人民法院立案庭庭长钱晓晨说。

简政放权——"放管服"改革释放更多红利

"三天就办好了开店需要的手续,真是太方便了!"前不久,上海一家商贸公司负责人孙琦拿着成功申领的开办便利店所需的"行业综合许可证",满脸喜悦。之前孙琦新开一家店,需要先办理营业执照等好几张证照,现在多证合一,通过统一的受理窗口一起申请,办理时间大大缩减。

这得益于政府"简政放权"的深化。11月11日,国务院决定在上海浦东新区开展市场准入"一业一证"试点,选取与群众生活息息相关的31个行业,将企业需要办理的多张许可证整合为一张行业综合许可证,实现市场主体"一证准营"。

"一业一证"改革正是今年以来各级政府推行"简政放权"的一个缩影。2020年以来,"多证合一、一照一码"改革全面推进,有效降低开办企业的制度性交易成本。"证照分离"改革继续推开,"准入不准营"问题得到有效缓解。同时,行政审批制度改革深入推进,非行政许可审批事项全部取消,行政审批事项大幅压缩。目前,国务院部门行政审批事项削减超过40%,工业生产许可证种类减少1/3以上。

除了营商环境的优化,今年以来通过不断深化"简政放权","最多跑一次""不见面审批""马上办、网上办、一次办"等创新模式不断涌现,给群众的日常生活带来更多红利。12月21日起,吉林省全面实行20项户籍业务"全省通办",以"数据跑路"代替"群众跑腿";11月28日,浙江省将老年人优待证办理、最低生活保障家庭认定及保障金给付等与群众切身相关的38项县级审批服务权限赋予乡镇(街道),以便利百姓生活。

扫黑除恶——人民群众的安全感更足

11月18日上午,遵照最高人民法院下达的执行死刑命令,江西抚州市中级人民法院对江西省宜黄县一起特大组织、领导黑社会性质组织案件主犯陈辉民依法执行死刑。

2004年以来,以陈辉民为首的黑社会性质组织100余人,在抚州市宜黄县长期为非作恶、称霸一方,严重破坏当地经济和社会秩序。该团伙采用暴力、威胁或者其他手段,有组织地实施了故意杀人,故意伤害,寻衅滋事等犯罪90余起,造成6人死亡、3人重伤等严重后果。曾经不堪陈辉民团伙暴力威胁的陆先生,从整日提心吊胆,到如今欢欣鼓舞。"得知黑恶被除,我感觉人生都明朗了。"

人民群众的获得感、幸福感和安全感,正是对扫黑除恶专项斗争取得成效的最好注解。

2018 年 1 月，以习近平同志为核心的党中央作出开展为期 3 年的扫黑除恶专项斗争的重大决策部署。过去近 3 年来，随着专项斗争深入推进，对黑恶势力的强大攻势已经形成。一批老百姓敢怒不敢言、在当地横行多年的黑恶势力被扫除。截至今年 8 月底，全国累计打掉涉黑组织 3347 个、涉恶犯罪集团 10564 个，专项斗争 5824 名目标逃犯到案 5512 人，到案率达 94.6%。

"今年是扫黑除恶收官决胜之年，按照全国扫黑办统一部署安排，各地全面启动线索清仓、逃犯清零、案件清结、黑财清底、伞网清除、行业清源'六清'行动，坚决打赢扫黑除恶专项斗争收官之战。"全面扫黑办相关负责人表示。

（参见《人民日报》，2020 年 12 月 31 日 18 版）

案例 4：念斌案——司法公正力量的最好注脚

在公众的印象中，典型的冤假错案，如余祥林案、赵作海案，是由于"真凶再现"或者"亡者归来"而真相大白。但是党的十八大以来纠正的冤假错案中，大多数是因为"证据不足"，如徐辉案、念斌案。2014 年纠正的 12 起重大冤假错案中，仅有 2 起是因为出现了真凶。专家认为，"真凶再现型"和"亡者归来型"冤假错案不难纠正，因为真相显而易见；而纠正"证据不足型"冤假错案，却压力重重。人民法院敢于纠正这些冤假错案，说明其在依法独立公正行使审判权，落实尊重和保障人权、无罪推定、疑罪从无、证据裁判等理念方面有了长足的进步。这是一个非常可喜的变化。

念斌案，就是一起没有真凶和归来亡者的改判案件。

2006 年 7 月 27 日夜，福建省平潭县澳前村 17 号两户居民家中多人出现中毒症状，其中两人经抢救无效死亡。警方经过侦查，很快确定是人为投入氟乙酸盐鼠药所致，认为其邻居念斌有重大作案嫌疑，念斌随后被逮捕，被提起公诉。

8 年时间里，念斌先后被判了 4 次死刑，3 次因证据不足被发回重审。2014 年 8 月，因证据不足，念斌被无罪释放重获自由。

过些年，念斌的姐姐念建兰在福州、北京等多地来回奔走，为弟弟呼救喊冤。这些年，念建兰很怕接电话，害怕是法院让她去"拿骨灰"的通知。在北京东三环外的一处公寓，重获自由的念斌和姐姐念建兰接受采访说，感谢媒体、感谢律师、同样的也感谢司法的进步与公开。

"最高法法官讲了一句我今生今世都不会忘记的话"

2006 年 8 月，念斌被警方带走调查。2006 年 12 月 13 日，最高人民法院审判委员会召开第 1409 次会议，讨论通过了《最高人民法院关于统一行使死刑案件核准权有关问题的决定》。2007年1月1日,最高人民法院统一行使死刑案件核准权。念斌正好赶上。

2010年4月,念斌一案的死刑判决被送到最高法进行死刑复核。如果复核通过,念斌就会被执行死刑。2010年6月的一天,最高法的法官在看守所提审了念斌。"那天是快到中午了。我在看守所看到了最高法的两位法官,一男一女。他们讲了一句我今生今世都不会忘记的话。他说念斌,我现在是来死刑复核,即使你今天说都是你做的,我们也不会采纳,我们是讲证据的,用证据来说话。我当时听到这句话,心里真的很高兴。"念斌说,最高法的法官,是第一个来看守所找他核实情况的法官。

2010年10月,最高法就此案做出"不核准"死刑的裁定。念建兰说,2011年4月,她的律师给最高法打电话才知道,死刑复核的结果早已发回福建省高院,在律师的一再过问下,福建省高院才通知念建兰死刑复核未通过要重新开庭。现在念建兰依然不敢想象,如果死刑复核权还在省高院手里,念斌一案的结果将是什么。"福建省高院自己判死刑,再自己核审,肯定是能通过的。"

代理律师:是司法的进步从刀下救了念斌

2013年1月1日,新刑诉法正式实施,对物证的出示,以及鉴定人、证人、侦查人员的出庭进行了明确的规定。2013年7月4日。2014年6月,念斌案两次开庭时,辩护律师一方申请的警察、专家证人等全部到庭,这是以前的庭审没有出现过的。

2014年8月,福建省高院认定念斌无罪。念建兰说,当天她给远在北京的代理律师张燕生打电话,只说了一句话,"念斌,出来了。"

张燕生当了15年法官,后来又做了20年律师。她说,念斌案是她所有案件中最极致的一件。"不断地发现新的证据,不断地挖掘和证明我们的判断被印证。而且,就像为了印证我国司法进步一样,念斌一案一直伴随着司法环境的变化。所以我们也感受到司法的进步。"张燕生说,她认为,念斌案从司法程序上、实体上都是一个标杆,对全国有类似案件的审判都会产生影响。"因为这个案件毕竟没有'真凶再现',没有'亡者归来',这应该是大部分冤案的常态。"

尊重和保障人权是现代社会的基本价值追求,是民主法治的核心标志。虽然以个人权利为核心的"人权"概念产生于近代西方,但人权观念并非西方专有。伴随着2004年"尊重和保障人权"载入宪法,使之成为一项宪法原则,人权保障受到党和国家及全社会的高度重视。"国家尊重和保障人权"作为宪法关于公民权利原则性规定,既赋予人权概念以确定的内涵,又从原则上提升了公民权利概念的实质含义和价值。

(参见人民网,2014年12月26日)

问题四：大学生如何培养法治思维

2019 年初大学生小王携带零食进入上海迪士尼乐园时被园方工作人员翻包检查，小王认为这一做法侵犯了他的合法权益并一纸诉状将上海迪士尼乐园告上法庭，要求认定上海迪士尼乐园禁止游客携带食品入园的格式条款无效并赔偿损失。此事引起社会公众的广泛关注，有人认为当今社会就是需要有这样的较真儿精神，依靠法律武器维护自身的合法权益。更有网友称小王是英雄挑战巨龙。面对质疑声，上海迪士度假区仍以遵循惯例为由并称其规定合理合法。对此人民网等国内主流媒体纷纷发文质疑迪士尼的做法。中消协也明确表示，支持小王对上海迪士尼提起诉讼。在社会各方和舆论的持续关注和强烈要求下，上海迪士尼终于低下傲慢的头，经法院调节原被告双方自愿达成调解协议。9 月上海迪士尼度假区宣布允许游客携带自己食用的食物进入乐园，同时表示将进一步优化安检流程，尽可能降低安全检查对游客体验的影响。3 月 15 日，中国消费者协会将"啄木鸟奖"授予华东政法大学学生王洁莹，以表彰她作为新一代年轻消费者的代表，不向消费侵权行为妥协，不畏经营者强势，依法依规理性维权，为广大消费者争取合法权益的行为。

敢于维权，依法维权，权利才能生动起来。这也是大学生具有法治素养的体现。但现实中也有不少缺乏法治素养的案例。河南大学生闫某发现自家大门外有个鸟窝，于是和朋友架梯子将鸟窝里 12 只雏鸟掏出来，养了一段时间后出售，后来又掏了 4 只。2015 年 11 月 30 日，闫某和朋友犯非法收购、猎捕珍稀、濒危野生动物罪分别被判刑 10 年半和 10 年，并处罚款。"掏鸟窝"大学生获重刑事件经媒体曝光后，瞬间引爆舆论场。很多人认为量刑过重，为其喊冤的声音如潮。特别是闫某掏鸟窝被抓后，老家土楼村的全体村民签署了一份"联名信"，向政府求情希望减轻处罚，给他一个悔过自新重返校园的机会。表面看人们的态度和村民的做法合情合理，闫某才 20 出头，要在监狱中度过 10 年最美好的青春年华，以后工作、生活等都会遇到重重门槛。但这些打抱不平的声音，实质是人们感情用事、法律意识淡薄的表现。无独有偶，大学生赵某与女友钱某乘坐公交车时看见前排有人将随身携带的笔记本电脑放在地上，两人便合谋实施了盗窃，后双双被刑拘。该案中两人生活条件较好，也均有笔记本电脑，对于作案动机，赵某、钱某均辩解只是为了好玩，认为自己的行为不构成犯罪。而 2002 年发生的震惊全国的"伤熊事件"的某高校大学生刘某面对审问时说："我只是觉得好奇，并不是存心想伤害它。"这种对法律的麻木无知令人震惊。

从上述案例中我们不难看到，如果大学生仅仅掌握了科学文化知识，却不具备一定的法治素养，就难以保证他们能学有所用，更难以想象将来如何服务人民、奉献社会。法治素养是指人们通过学习法律知识、理解法律本质、运用法治思维、依法维护权利与依法履行义务的素质、修养和能力,对于保证人们尊崇法治、遵守法律具有重要的意义。大学生需要在学习中养成,在实践中锤炼,尊重法律权威,培养规则意识,自觉养成法习惯,不断提升法治素养。

学习法律知识。学习和掌握基本的法律知识,是提升法治素养的前提。一个对法律知识一无所知的人,不可能具备法治素养。学习法律知识,就要求弄明白享有哪些权利和应当履行哪些义务,什么事能干、什么事不能干,心中高悬法律的明镜,手中紧握法律的戒尺。如果不学习,没有正确的法律知识和理论作为基础和支撑,个人的法治素养难以养成。在具体的学习过程中,不仅要注重掌握法律知识和理论,理解中国特色社会主义法律体系的构成、法律的本质特征、运行机制和内在规定,而且要注重掌握法治理论,理解中国特色社会主义法治体系,把握法治道路的精髓。在学习方式上,大学生既可以采取自学的方式,如阅读法律书籍、报纸、杂志,收听法治广播、观看电视节目,或者运用网络进行自主学习,也可以通过参与公共课或选修课等课程在专业教师的指导下进行学习。社会主义法治在不断地发展和进步,大学生的学习也必须不断地与时俱进、持之以恒,法治素养才能不断得到提升。

参与法律实践。"说得千般明晓,不如行得一事到底。"法律的生命在于实施,法治素养提升的关键在于实践。法治实践既是法治素养的外在表现和综合反映,是衡量一个人法治素养高低的重要标志,也是提升法治素养的关键环节。法治实践既有助于加深个人对法律和法治的认识和信仰,也能有效地锤炼其践行法治的能力和意志,促进法治行为习惯和素养的提升。脱离了生动的实践,法治素养就成了空中楼阁,虚幻缥缈。在现代社会,大学生参与法治实践的方式和途径有很多,既可以在日常生活实践中积极地运用法律知识和方法思考、分析、解决生活和学习中的问题,依法行使法律权利,履行法律义务,使尊法学法守法用法成为一种行为习惯,也可以有意识地去参加一些诸如立法讨论、模拟法庭、法律诊所、校园法治建设等实践活动,来提升和锤炼自己的法治素养。

尊重法律权威。法律的权威源自人民的内心拥护和真诚信仰。人民权益要靠法律保障,法律权威要靠人民维护。法律是一种规则体系,它通过调整社会关系,规范人的行为,保障社会成员的利益,实现稳定合理的社会秩序。尊重法律权威,就要信仰法律、遵守法律、服从法律、维护决律。信仰法律就是相信法律、信奉法律,对法律常怀敬畏之心,常思敬重之情;遵守法律就是要用实际行动捍卫法律尊严,保障法律实施,参与社会活动,实施个人行为,都要以法律为依据,不得违反法律规范;服从法律就是接受法律的约束、履行法定的义务,服从依法进行的管理,承担相应的法律责任;维护法律就是争当法律权威的守望者、公平正义的守护者、具有良知的护法者。

以下案例1中的苏格拉底并没有因法律对自己的处罚不公平而不遵守法律,即使被处死他也不愿违背法律,破坏法律的权威。苏格拉底不惜以牺牲自己的生命来维护法律的尊严,体现了他对法律的权威性和神圣感的尊重。公民的自觉守法对于法律的施行以及法治的实现都具有十分重要的作用。尊重法律权威,自觉守法,不仅是实现法治的重要保证,也是现代法治国家的重要标志。

培养法治思维。大学生是未来国家建设的中坚力量,法治思维是当代大学生必须具备的思维能力。法治思维就是运用法律的思维,是依靠法治本身固有的运行特性和对法治的信念来认识事物、判断是非、解决问题的思维方式。大学生培养法治思维,一要增强尊崇宪法、尊崇法律的法治意识,树立宪法至上的法治观念;二要增强规则意识,明确守法守规是每一个法治国家中公民的基本素养,坚持依法办事,在学习和生活中,当代大学生应当做到懂规矩、守规则、依规范,坚守规则红线、明确法律底线;三要增强程序意识,明确"程序是法律的生命",学会依靠程序办事,遵循程序要求,形成程序观念;四要增强平等意识,自觉维护和遵循"法律面前人人平等""法律之上没有特权",坚持公平正义;五要增强权利意识,依法维权、护权,尊重和保障他人的权利,自觉维护自身的权利,以法律为武器,自觉与任何侵权和不法行为作斗争。

养成守法习惯。法律要发挥作用,需要全社会信仰。大学生不仅要有基本的法治知识、正确的法治理念、遵守法律的意志、坚定的法治信仰,更要有自觉守法、遇事寻法、办事依法、解困靠法的习惯。在向着建设法治中国不断前进的道路上,新时代的大学生要做弘扬社会主义法治精神和信仰法治的表率,要带头树立起崇高的法治信仰、坚定地法治信念、饱满的法治信心、良好的法治风范,成为在未来社会主义法治建设中依法办事的重要组织者、推动者和实践者,成为社会主义法治的忠实崇尚者、自觉遵守者和坚定捍卫者。

案例1:苏格拉底"守法即正义"

在爱琴海边,坐落着世界上最古老的城市——希腊首都雅典(Athens)。它位于巴尔干半岛南端,三面环山,一面傍海,西南距爱琴海法利龙湾八公里。雅典市内多小山,基菲索斯河和伊利索斯河穿城而过。雅典是希腊最大的城市,面积90万公顷。雅典对欧洲及世界文化曾产生过重大影响,有记载的历史就长达三千多年,自古有"西方文明的摇篮"之美誉。在古代希腊,苏格拉底和他的学生柏拉图及柏拉图的学生亚里士多德被并称为"希腊三贤"。

苏格拉底是古希腊著名的哲学家,出生于雅典,被后人广泛认为是西方哲学的奠基者。他爱好广泛,喜欢思考,喜欢批判。公元前339年,苏格拉底被雅典的教会民主派以侮辱雅典神、引进新神论和腐蚀雅典青年思想之罪名处以死刑。这位一生热爱智慧、追寻美德和知识的人却被雅典人经过民主的审判判处死刑，为什么会发生这个悲剧呢？

在古代希腊，人民除了信奉奥林匹亚山的神以外，整个城邦还信奉自己专有的神，在雅典是"说理"女神倍多和"议会之神"宙斯阿戈拉奥斯，这是雅典民主的象征。但是苏格拉底却不信奉这两个神，因为他鄙视雅典的民主和议会制度。他经常把那些在当时看来反教义的理论灌输给青年们。

苏格拉底遭到了起诉。起诉苏格拉底的是雅典的三个公民，一个代表演讲家，一个代表诗人，一个代表手工艺人和政治领袖。控告苏格拉底的起诉书称苏格拉底是个做坏事的人，因为他腐蚀青年，教导他的年轻朋友蔑视现行制度，使得他们强暴起来。不相信国家所信奉的神，而相信还有其他新的精神存在。

苏格拉底的案件由来自社会各阶层的500名陪审员组成的法庭来审理。由于陪审员们常常被口才折服，常常忘记了正义，而苏格拉底的能言善辩是赫赫有名的。因此，苏格拉底最亲近的弟子央求他准备一份雄辩而有力的辩护词，但苏格拉底却拒绝了。他说他信奉的神灵告诉他不要这么做，他并不想取悦于陪审团而获得同情。在第一次投票前，苏格拉底在法庭上的发言丝毫不能博得陪审团的同情和宽恕，相反，陪审团被苏格拉底的自负激怒了。苏格拉底自称他有自己的神灵指导，神殿里的神谕宣称没有人比他更贤明。苏格拉底像一个饶有兴致的斗牛士，而不是来寻求陪审团息怒。在对苏格拉底的第一次投票中，以280票对220票判定苏格拉底有罪。应当说，判定有罪和无罪的票数非常接近，如果有30个陪审员把有罪票改投无罪票，陪审团的两派意见就各有250票。而根据当时雅典的制度，不相上下的表决最后是按有利于被告一方解决的。

在雅典的刑事案件中，陪审团共投两次票。第一次投票是要表决有罪还是无罪，如果裁定有罪，陪审团又要在量刑上再投一次票。但是陪审团不能自己决定刑罚，得在起诉方面所建议的刑罚和辩护方面所建议的刑罚之间作一选择，而不是折中。虽然第一次投票被判定有罪，但在实施刑罚上作出轻一些的裁决则是完全有可能的。不过这一次苏格拉底依然放弃了宽大处理的机会。最终，在第二次投票中，苏格拉底非但没有获得陪审团的好感，本来有利于他的80票也投到了对方的阵营，360票对140票，苏格拉底被判处死刑。

苏格拉底还有挽救自己生命的机会。他在监狱里被关押期间，他忠诚而富有的朋友克里多千方百计搭救苏格拉底，克里多告诉苏格拉底，他们已经准备好了一笔钱帮助苏格拉底逃跑，他的仰慕者则做好准备接应他及其家人。但苏格拉底不肯接受这个方案。因为在他看来，法律一旦裁决，便即生效。即使这项制度的裁判本身是错误的，任何逃避法律的制裁也是错误的。

苏格拉底说:"假定我准备从这里逃走,雅典的法律就会来这样质问我:'苏格拉底,你打算干什么? 你想采取行动来破坏我们的法律,损害我们的国家,难道能否认吗? 如果一个城邦已公开的法律判决没有它的威慑力,可以为私人随意取消和破坏,你以为这个城邦还能继续生存而不被推翻吗?'法律规定,判决一经宣布就生效。我们能这样说吗? '是的,我是打算破坏法律,因为在我的审判中国家通过错误的判决,冤枉了我。'"

他又借助雅典法律说:"如果我们(指雅典法律)想要处死你,并坚信这样做是公正的,难道你以为你有特权反对你的国家和法律吗? 你以为你可以尽力摧毁你的国家及其法律来作为报复吗?""你将要离开这个世界,但你并不是我们法律的错误的牺牲品,而是你的同胞们的错误的牺牲品;如果你以不光彩的方式逃离这个地方,以冤报冤,以罪还罪,破坏与我们订立的契约,伤害了你最不应伤害的——你自己、你的朋友、你的国家以及我们的法律——那么,你生前将遭到我们的憎恨,死后当那个世界的法律知道你企图伤害我们——他们的兄弟,他们也就不会友好地对待你。"

苏格拉底终究没有逃走。苏格拉底在饮下毒鸩之前,还与他人讨论哲学问题,在行刑的人告诉他毒药需要活动才会发作时,他毫不迟疑地活动起来。他用自己接受不公的判决践行了他对法律的忠诚和信仰。

法治思维的一项基本内容就是法律至上。本案例中,苏格拉底认为,古希腊的城邦依法治理,任何人的地位都不得高于法律。在他看来,城邦的法律是公民们一致制定的协议,应该坚定不移地执行。苏格拉底并没有因法律对自己的处罚不公平而不遵守法律,即使被处死,他也不愿违背法律,破坏法律的权威。

公民自觉守法对于法律的施行以及法治的实现都具有十分重要的作用。法律制定的目的在于将法律用于调整具体的社会关系,在社会中具体实施。而法律在社会中实施除了必须依赖执法、司法之外,更重要的还必须依赖社会成员的自觉遵守,因此,自觉守法不仅是实现法治的重要保证,也是现代法治国家的重要标志。苏格拉底不惜以牺牲自己的生命来维护法律的尊严,体现了他对法律的忠诚与信仰。

苏格拉底虔诚守法的行为表明,法治思维已经深入到了苏格拉底的骨髓,是基于他的法治信仰,经过长期修炼形成的一种习惯。从苏格拉底以身殉法的故事中,或许我们可以读到什么才是真正的法治思维和法治信仰,法治思维的养成是一个多么复杂甚至痛苦的过程。我们可以将苏格拉底以身殉法的行为解读为法治思维养成过程中的"内化于心"。

(参见蔡飞,《苏格拉底之死》,中国法院网,2011 年 12 月 6 日;宋会谱,《苏格拉底以身殉法的启示》,中国法院网,2005 年 2 月 6 日)

案例2:武汉首起"高考移民"案

2008年8月,就读于新疆维吾尔自治区乌鲁木齐市南湖某中分校的黄燕,参加了全国普通高考后被武汉理工大学录取。此后的四年,黄燕就读于该校文法学院法学专业。大学期间,黄燕不仅各科成绩良好,而且担任了学院的学生会干部,在学院组织的新生才艺大赛、"书海文风"综艺文化节目等活动中表现优异,多次夺得奖项。

然而,正当这位各方面表现突出的法学本科生修满各科学分、准备毕业的时候,命运却与她开了一个大大的玩笑。2011年10月,武汉理工大学接到举报信,称黄燕本来是湖北人,高考前落户到新疆参加高考,是所谓的"高考移民",根本不符合学校的录取条件,应该将其清退。

接到举报后,学校向新疆维吾尔自治区招生委员会办公室(以下简称新疆招生办)出具协查函,请求后者核查黄燕的报考资格。

2012年1月12日,新疆招生办向武汉理工大学回函:"经查,贵校2008年法学专业录取的新疆考生黄燕,考生号08650104110246××,户籍不符合我区普通高考的报名资格。根据教育部有关文件规定,恳请贵校按规定取消考生黄燕的学籍",并附上乌鲁木齐市教育招生考试中心招生科的说明一份。

2012年3月7日,武汉理工大学依据该函件,以黄燕户籍不符合新疆地区普通高考的报名资格为由,作出了《关于取消学生黄燕学籍的决定》。决定载明:根据教育部《2008年普通高等学校招生工作规定》第11条第65款及该校《普通全日制本科学生学籍管理规定(试行)》第2章第2条的规定,经学校校长办公会审议,决定取消黄燕全日制普通本科学籍。

接到决定后黄燕不服,向武汉理工大学提出书面申诉,称本人家庭户口本、新疆维吾尔自治区普通高考考生户籍情况审查登记表以及新疆维吾尔自治区治安总队户政处出具的常住人口信息等均证明,自己及父亲于2005年11月23日落户新疆吐鲁番市大河沿镇,符合新疆维吾尔自治区关于当地应届高中毕业生普通高考报名条件的规定,即考生本人及父母户口迁入新疆的时间,距离当年高考不少于两年。

校方受理申诉后,再次向新疆招生办发出协查函,后者于2012年4月18日回复:"经公安机关确认,黄燕在新疆吐鲁番市公安局大河沿镇派出所落户时间为2007年11月23日,不符合该区当年普通高考的报名资格。该生高考报名时所提供的户籍信息不实,恳请贵校按规定取消考生黄燕的学籍。"回函附有新疆维吾尔自治区公安厅2012年4月16日出具的"关于黄燕户籍迁入迁出情况的说明"及鄂迁字第00287553号户口迁移证,证实2007年11月23日黄燕及其父亲落户时,相关民警违规操作将二人的身份证号码进行了更改,并将二人的人口信息系统落户时间提前了两年。

随后,武汉理工大学学生申诉处理委员会经过票决,作出处理决定书:维持武汉理工大学《关于取消学生黄燕学籍的决定》。

黄燕不服,以校方所作处理决定明显缺乏事实依据,且在作出处理决定前未依法组织听证,也未让其陈述、申辩,违反法定程序为由,于2012年4月向武汉市洪山区人民法院提起行政诉讼,请求撤销学校作出的取消学籍决定。

合议庭经认真审理后认为,武汉理工大学在对黄燕的申诉审查过程中,再次委托新疆招生办协查,收集了新疆招生办向其提供的新疆维吾尔自治区公安厅"关于黄燕户籍迁入迁出情况的说明",对黄燕及其父亲的户籍在迁入后发生的变动进行了追查,但该材料应属武汉理工大学在作出处理决定之后收集的证据,不能作为认定武汉理工大学具体行政行为合法的依据。因此,应当认定武汉理工大学在作出取消黄燕学籍的决定时,仅以新疆招生办出具的意见为依据,属事实证据不充分。

2012年12月,洪山区人民法院依照《中华人民共和国行政诉讼法》第54条第(2)项第1目、第3目,第74条的规定,判决撤销武汉理工大学于2012年3月7日作出的《关于取消学生黄燕学籍的决定》的行政行为。

宣判后,武汉理工大学不服,向武汉市中级人民法院提出上诉。

2013年5月,武汉中院依据《中华人民共和国行政诉讼法》第61条第(1)项的规定,判决驳回上诉,维持原判。

做一件事情,往往需要按照一定的程序,只有按照程序做,才能取得高效率、好效果。法治建设更要重视程序法治,违反程序办事办案,不仅会办错事、出错案,而且这种行为本身就是违法行为。两级法院判决高校败诉,不是因为该女生"高考移民"的身份不成立,而是因为学校的具体行政行为违背了正当、公正的程序。换言之,该女生是否属于"高考移民"、该不该被取消学籍,学校应遵循正当、公正的程序进行全面、客观的调查和取证,然后再作决定。本案中,两级法院的判决,根本就没有谈到"高考移民"的是非问题,也就是说,法院在这个判决中并没有对相关学校能否取消涉嫌"高考移民"学生的学籍作出评判。

只有严格按照法律程序办事办案,处理结果才可能公正并具有公信力和权威性。正当程序的正当,表现在程序的合法性、中立性、参与性、公开性、时限性等方面。这起"高考移民"胜诉案的最大看点是对程序正义的捍卫。武汉市两级法院此次作出的学校取消"高考移民"学生学籍的判决,让许多人似乎看到了"高考移民"合法化的希望。然而,这个判决无关于"高考移民"的实质问题,主要是强调了学校依法行事时必须遵循正当程序。

（参见李丽、徐丹丹、顾青,《武汉首起"高考移民"案》,《中国审判》2013年第9期）

案例3:替他人"代跑"的代价

2014年,上海立信会计学院发现网站后台遭"黑客"频频侵袭,大学生晨跑数据被篡改。警方随之介入,一起罕见的"网络代跑"黑色产业链浮出水面,始作俑者竟是两名风华正茂的在校大学生——阿波和小景。利用自身掌握的计算机技术,互不相识的阿波、小景两人相互合作,通过篡改校方晨跑数据的方式,以每次二十余元的价格,先后替两百余名学生"代跑",总计获利数万元。案发后,两人被公安机关依法采取刑事强制措施。

阿波,上海立信会计学院会计专业大一学生,平时喜欢看计算机方面的书,希望考研可以考取自己中意的计算机专业。

大学生活开始没多久,晨跑成为困扰阿波的一大难题。按照学校规定,男生每学期必须完成20次晨跑,女生必须完成18次。除了次数上的限制,晨跑本身也异常严格,全程绕校园展开,总长约1500米,不允许抄近道。为防止代跑,校方还将男女生晨跑的时间段错开。饱受晨跑"折磨"的阿波想到了自己之前在网上看到过的"黑客"技术。"或许可以想办法进入学校晨跑管理系统的后台,把数据修改掉。"他决定尝试一下,一来可以检验自己的计算机技术,二来如果成功,可以让自己从此摆脱晨跑。小试身手就大获成功后,阿波心里得意万分。他开始有意无意地跟几个朋友炫耀自己的"能力",并帮他们也修改了数据。

得知阿波的"能耐",一些不认识的学生慕名而来,甚至表示愿意出钱请阿波替他们"代跑"。来的人多了,阿波从中嗅到了商机。2013年四五月份,他在论坛上发帖称可以替人"代跑",费用是10元一次。让他意外的是,闻风而来的学生还真不少。

同是大一学生的小景也看到了这条帖子。很快,小景联系到了阿波,表示自己可以帮他拉到"客源",分工合作赚钱。这一"代跑"组合很快运作了起来。小景在同学中充当介绍人,并利用论坛、交易网站等发布"代跑"信息,每次"代跑"开价15至20元不等。将收集来的信息统计、打包后,他再将需求反馈给阿波,由后者统一处理,他则赚取其中的差价。

短短几个月,阿波、小景两人通过"代跑"共获利数万元,涉及两百余名学生的"委托"。

随着阿波、小景两人的疯狂"入侵",2014年3月,学校方面察觉到了异常。校方发现,学校体育成绩系统的网站后台被非法入侵,大批学生晨跑数据被篡改,当即决定报警。与此同时,一些学生也向老师、学校反映,称在论坛上经常可以看到有关"代跑"的信息。

没多久,松江警方锁定了阿波、小景,并将他们带去派出所问话。

"我会不会被判刑啊? 会不会被学校开除?"阿波坦言,他知道自己做的事情不对,但他并没有觉得有多严重。直到警方找来,两人才意识到"摊上大事儿"了。如今,阿波、小景均后悔不迭。他们原先只不过想利用小聪明赚点零用钱,不想却将自己的前途搭了进去。

案发后,校方已将成绩管理系统漏洞修复。由于涉嫌破坏计算机信息系统罪,阿波、小景已被公安机关依法采取刑事强制措施。

警方表示,我国法律法规均对计算机犯罪有明确的界定,希望广大网络技术爱好者将技术用于正途,切莫利用互联网从事违法犯罪活动。(文中人物为化名)

学习和掌握基本的法律知识,是培养法治思维的前提。一个对法律知识一无所知的人,是不可能形成法治思维的。本案例中的两位同学明显缺乏法律知识。

参与社会活动,实施个人行为,都要以法律为依据,不得违反法律规范。处理问题、作出决定时,要事先问问在法律上是否合法可行。在处理守法与违法的关系时,要防微杜渐,防止因小失大。在面临选择的重大关头,要依法冷静权衡,防止头脑发热或心存侥幸而铸成大错。本案例中两位同学为了一己私利而触犯了法律,值得深思。

(参见谢磊,《立信学生"黑"进学校网站,"代跑"获利数万元》,《新闻晨报》2014年5月8日)

案例4:让法律成为信仰

"法律必须被信仰,否则它将形同虚设。"通过公正审判,使每个当事人受到一次活生生的法治教育,成为法治的忠实崇尚者、自觉遵守者、坚定捍卫者。只有让尊法、学法、守法、用法成为人民群众的共同追求,法治才能成为一种"国家信仰",法治才有最坚强的支撑。广西壮族自治区防城港市法院的司法实践,生动地展示了实现司法公正、传播法治理念、确立法律信仰的生动过程。

材料一:从"私了"到"公了"

2014年9月6日傍晚,72岁的老黄在某农场修建公厕时突然发生意外,被倒塌的墙体压住身亡。事故发生后,家属认为死者是农场的退休员工,现在又因帮助农场修建公厕而不幸罹难,属于因工死亡,按照工亡的赔偿标准,农场应当支付80万元赔偿金。而农场则坚称老黄并非工亡,只愿意站在人道主义的立场赔偿20万元。双方争执不下。在农场,刘法官把双方当事人召集到了一起。

"施工队雇佣老黄做工,双方形成雇佣关系,对于雇员所受的损害,应当承担赔偿责任。此外,农场将工程发包给工程队来施工,双方形成承揽合同关系,承揽人在完成工作过程中对第三人造成损害或者造成自身损害的,发包人不承担赔偿责任。但发包人对定作、指示或者选任有过失的,应当承担相应的赔偿责任。农场将工程发包给没有资质的施工队进行施工,存在过错,也承担一定的赔偿责任。"刘法官讲得头头是道,双方也听得心服口服。

最终,双方都对刘法官的建议表示认可和采纳,愿意当场达成调解协议,约定由农场和工程承包方赔偿死者家属死亡赔偿金、丧葬费、误工费、精神抚慰金31万元。同时,死者家属自行将尸体抬出农场妥善处理。

材料二:从"任性"到"认理"

2012年11月,上思县某单位考虑到某出租房小区属于危旧房,便决定将出租房小区进行重新规划,遂发出公告,要求出租房小区内的租户限于2012年12月20日前结清房租并搬出小区。眼看其他住户相继搬离,却只剩下刘老汉、黄老太没有要走的意思。在多次沟通协商未果后,该单位于2013年4月24日诉至上思县法院,经法院依法开庭审理后判决,限刘老汉、黄老太于判决生效之日起15日内搬离小区。然而,黄老太在判决确定的履行义务期限内仍然无动于衷,申请执行人只好向法院申请制执行。

在法院执行的过程中,刘老汉在执行人员的耐心劝说下搬离了出租房,黄老太却依然"稳坐钓鱼台",甚至拒绝签收执行人员送达的执行通知书,成了出租房小区内唯一的"钉子户"。

为了保障执行工作能够顺利完成,执行人员改变执行策略,首先是依靠亲情的力量,找到黄老太的子女说明案件的缘由、拒不履行义务的法律及继续居住在出租小区内的人身安全问题,动员他们去做老人的思想工作,叮嘱黄老太的子女尽快帮助老人在其他地方租好房子保证其搬离小区后有房住。同时,执行局法官还贴心地帮黄老太申请办理了低保,让黄老太能够更加安心地定居在县城。

2014年1月27日,黄老太经过充分的权衡利弊后,终于答应搬离租房小区,并欢欢喜喜搬进了"新居":"这里住得好,还有低保拿,也不愁没人做伴,比以前住的那个出租房还舒坦呢!"

材料三:从"信访"到"信法"

2011年5月,由于与上思县在妙镇联合村七门村民小组引起山界林权纠纷,上思县在妙镇联合村婆门村民小组作为原告,以不服县政府作出行政处理决定为由,将县政府告上法庭。上思县法院审理后认为,县政府于2010年6月做出的行政处理决定认定事实清楚,适用法律准确,依法予以维持。婆门村民小组随后向防城港市中院上诉。中院继续维持一审判决。

考虑到村民们对判决仍有强烈的抵触心理,两级法院在判决生效后迅速开展辨法析理工作,使大部分村民小组接受了法院的判决。但梁某看到利益诉求得不到实现,认为法律程序既然已经行不通,也只能依靠上访来解决实际问题。于是从2011年到2012年期间,他独自一人先后数次向各级有关部门反映情况,不到两年时间,便成了远近闻名的上访"专业户"。

分管涉诉信访工作的副院长梁家产,深知该案如果一天得不到解决,人们对法律权威就会多一丝质疑,其产生的后果是无法估量的。随后,梁家产召集该案原主办法官和合议庭成员研究化解措施。但化解之路远远没有那么平坦。梁家产耗费半个多月时间,走遍上思、防城及钦州南宁等地后,在北海某家修理厂找到了梁某,上门为他逐条逐项解释判决依据。

"不访了,不访了,都说法官是法律的化身,肯花这样的功夫为百姓奔走的法官,我信得过!"在修理厂,梁某干脆利落签下了息诉息访承诺书。

法律要发生作用,需要全社会的信仰。否则,公民认为靠法律解决不了问题,而总是想找门路、托关系,或者采取极端行为,那就不可能建成法治社会。在上述案例中,通过当地法官的细致耐心的工作,我们看到当事人转变了原有的观念,开始相信法律、信奉法律,执法者的这些努力增强了人民群众对法律的信任感、认同感。

尊重法律权威要求每一个人都要服从法律,要拥护法律的规定、接受法律的约束、履行法定的义务、服从依法进行的管理、承担相应的法律责任。对一切依据法律和事实作出的决定,真心接受与认可,自觉予以执行。正如上述案例中所涉及的情况,因违法受到行政处罚或者被采取行政强制措施的,要认真履行;对人民法院依法公正作出的生效裁判处理,要主动履行,维护法律权威。

每一位公民都有义务争当法律权威的守望者,公平正义的守护者,具有良知的护法者。或许有人说,这三个案例都发生在法院法官和当事人之间,距离我们很遥远。然而,维护法律权威不仅仅是法官的职责,我们每一个普通人都可以成为新时代的护法使者。从这个意义上说,"法律信仰"这个似乎看不到、摸不着的东西,离我们很近。

(参见乔晓莹、林昱钢、刘帅武,《让法律成为信仰——防城港市法院弘扬法治理念二三事》,《广西日报》2015年5月5日)

本 章 小 结

　　本章是《思想道德与法律基础》第六章"尊法学法守法用法"的教辅参考。第六章"尊法学法守法用法"主要包括六个学习专题,分别是社会主义法律的特征和运行,以宪法为核心的中国特色社会主义法律体系,建设中国特色社会主义法治体系,坚持走中国特色社会主义法治道路,培养法治思维和依法行使权利与履行义务。本章围绕教学重点和难点,提出了四个在面向高职学生教学过程中比较重要和必须要阐明的问题,分别是为什么说依法治国首先要依宪治国,如何理解全面依法治国的基本格局,为什么要坚持中国特色社会主义法治道路和大学生如何培养法治思维。通过对问题的解答和相关的案例分享,引导高职学生科学认识社会主义法治精神的内涵,尤其深刻理解坚持走中国特色社会主义法治道路、依法治国必须坚持党的领导、依法治国与以德治国相结合和宪法作为根本法的地位和作用。大学生作为时代新人,在充分理解法治道路、法治思维和法律权威内容的基础上要提高自身法治素养,真正做到学法、尊法、守法、用法,并切实维护社会主义法律权威,培养法治思维,增强法治理论认知能力和政治辨别力,弘扬社会主义法治精神。

参 考 文 献

[1] 本书编写组.思想道德修养与法律基础(2018年版)[M].北京:高等教育出版社,2018.

[2]《马克思恩格斯全集》第三卷,[M].北京:人民出版社,2006.

[3]《马克思恩格斯文集》第十卷,[M].北京:人民出版社,2009.

[4]《马克思恩格斯全集》第十九卷,[M].北京:人民出版社,2009.

[5]《毛泽东选集》第三卷,[M].北京:人民出版社,1991.

[6]《毛泽东选集》第二卷,[M].北京:人民出版社,1991.

[7]《习近平谈治国理政》,[M].北京:外文出版社,2014.

[8]《习近平谈治国理政》第二卷,[M].北京:外文出版社,2017.

[9]《习近平谈治国理政》第三卷,[M].北京:外文出版社,2020.

[10]《疫情里读懂中国》[M].天津:天津人民出版社,2020.

[11]《津门战"疫"纪实》[M].天津:天津人民出版社,2020.

[12]《中国共产党历史》[M].北京:中共党史出版社,2002.

[13]《新时代大学生理想信念研究》[M].北京:中央编译出版社,2020.

[14]《沐浴红色文化经典坚定革命理想信念/大学生体验式实践教育系列丛书》[M].安徽:合肥工业大学出版社,2019.

[15]《把理想信念牢固立起来》[M].北京:国防大学出版社,2015.

[16]《新时代大学生理想信念教育研究》[M].北京:中国社会科学出版社,2020.

[17]《信仰书简:与当代大学生谈理想信念》[M].北京:中国青年出版社,2012.

[18]《大学生理想信念教育研究(1978－2018)》[M].北京:光明日报出版社,2020.

[19]《共产党员理想信念教育研究》[M].北京:人民出版社,2020.

[20]《"中国梦"与大学生理想信念教育研究》[M].广东:暨南大学出版社,2017.